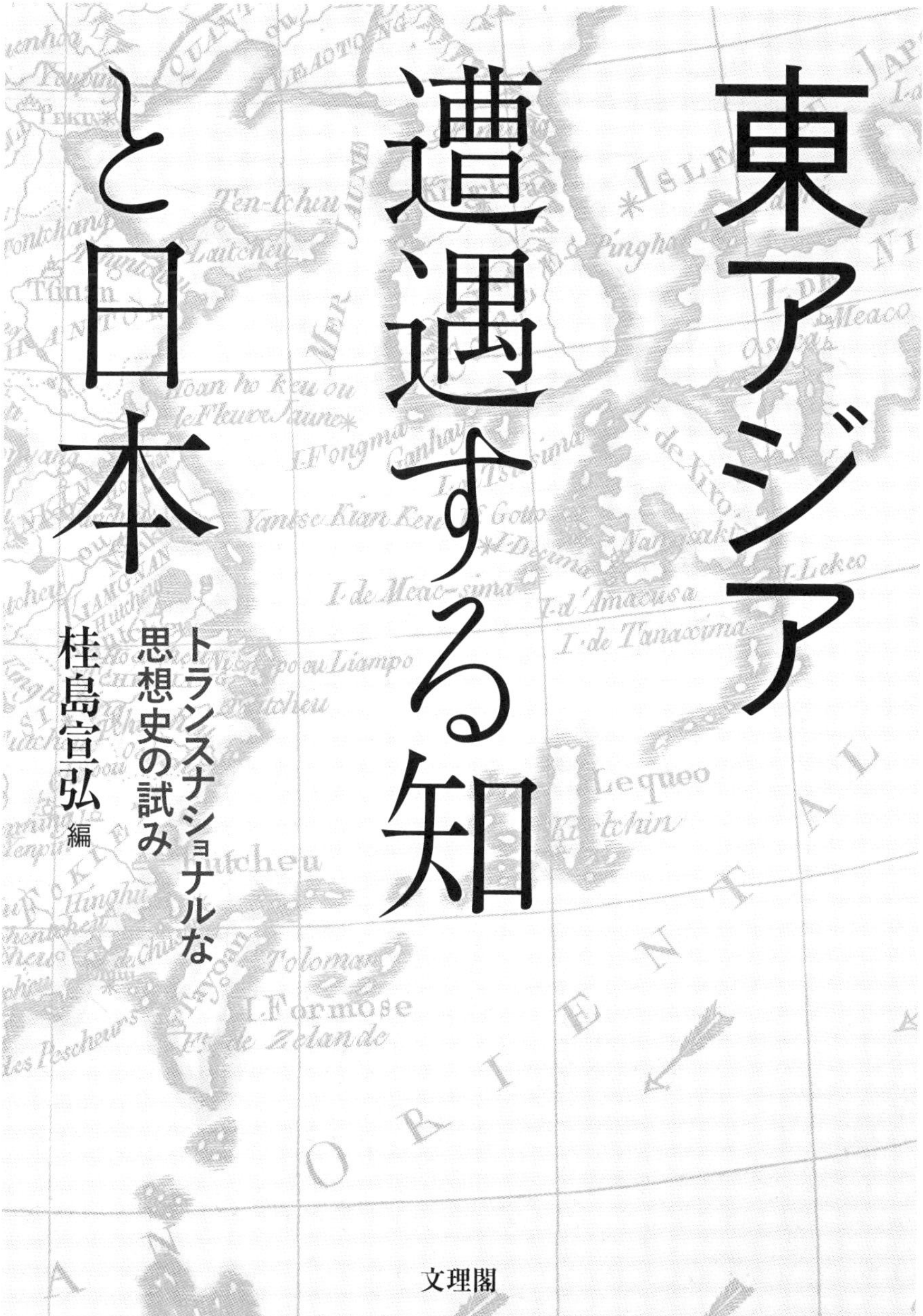

東アジア 遭遇する知と日本

トランスナショナルな思想史の試み

桂島宣弘 編

文理閣

序論

本書を「東アジア 遭遇する知」と冠したのは、一九四五年以降、「ようやくにして」東アジア、ことに日・中・韓・台湾の歴史研究者がごく日常的に出会い、共同の研究課題を論じられるようになったことに由来している。確かに一九四五年以降、日・中・韓・台湾がある意味では隔絶したかに見えた歴史を歩み、この三〇年来、幾多の齟齬を経験しながら、その距離を少しずつ埋めてきたという意味では、「ようやくにして」という感慨は決して大袈裟なものではない。だが、いうまでもなく、それ以前に遡ってみれば、東アジアはむしろ共時的歴史を刻んできた期間がはるかに長かったわけであり、「遭遇する知」はむしろ常態であったことが看過されてはならないだろう。徳川時代ということでいえば、なるほどかなり厳格な海禁体制が東アジアで布かれていたとはいえ、知識人にとっては「遭遇しない知」などは思いもよらなかったことであり、この意味では、「ようやくにして」と感慨深く表明しているわれわれの方が、はるかに「異常」であるといわなければならない。

一例を挙げるならば、阿波徳島藩儒の那波魯堂（一七二七〜一七八九）は、徳川時代の儒学史書とでもいうべき『学問源流』（一七九四年奥田元継序文）を著している。この書自体は、古文辞学から朱子学に転じた魯堂が、「時時学風ノ世ニ随テ推移」してきたことを徂徠学・仁斎学批判も交えのべたものであるが、古代に遡っての儒学伝来以後、清朝学に至るまでの「遭遇する知」を簡略にまとめた論述となっており、そこに徳川日本思想をあくまでも東アジアの共時的思想展開から捉える視座、「中華已ニ如此ナレハ、其他日本朝鮮琉球ノ諸国皆準シテ知ルへシ」という視座に揺るぎはない。

したがって、「遭遇する知」とは、いわば近代以前の知の様態が率直に表明していたものであったといわなければならない。だが、無論近代を経験したわれわれにとって、それが強固に構築してきたナショナル・ヒストリーが眼前に立ちはだかっている。いわば、「遭遇する知」をナショナルな国境の内部へと回収し、ナショナルな「固有性」の背景として説明する知の様式にわれわれはあまりに馴致させられてきたのだ。那波魯堂との対照でいえば、明清・朝鮮思想は、あくまで構築さるべき日本思想史との比較で登場し、かくて日本思想の特色が主題として語られる学術として日本思想史学は存在してきたのである。付言するならば、それは一九八〇年代まで具体的な学術交流がほとんど存在していなかった日・中・韓・台湾の関係性にも似つかわしいものだったといわなければならない。

ところで、こうした状況が反省的に捉えられ、近年では「人類の歴史を巨視的なパースペクティヴから、気候や自然条件などの環境や他の生物・生命体との関係から捉え」「多元的な視点、……ネットワーク論的な視点から地域、……モノとヒト、さらに情報などの交錯といった問題に着目」するグローバル・ヒストリーが注目を集めている（岡本充弘「グローバル・ヒストリーの可能性と問題点」『思想』一一二七号、二〇一八年）。すでに、妹尾達彦『グローバル・ヒストリー』（中央大学出版部、二〇一八年）などの優れた理論的教科書もあり、『シリーズ　グローバル・ヒストリー』といったシリーズも刊行されている（第一巻は羽田正が執筆、東京大学出版会、二〇一八年）。これらの動向は無論歓迎さるべきことであり、これらの論考に学ぶことも多い。

だが、歴史をグローバルな視点から捉え叙述し直すためには、自らの専門的な分野（大方は一国史の枠組みに閉じ込められている場合が多いのだが）に加え、文字どおり国境を越えた同時代的・共時的事象への幅広い洞察も求められており、到底一人の研究者のなしうるところではない。ましてや、ナショナリティを同じくする者のみで行いうるものではない。ナショナル・ヒストリーの寄せ集めではないという意味での世界史的地平から事象・思想を捉えるためには、文字どおり国境をまたいでの数多くの研究者との共同研究が目指されなければならないのだ。

さらに、徳川時代の儒者の「遭遇する知」に学んでいえば、かれらの「遭遇」は、相互に揺るぎない普遍性への信頼が横たわっていたことが凝視されねばならない。現代のわれわれから見れば、いかに限界を負ったものであったとしても、「異域ノ我ガ国ニオケルハ、風俗言語異ナリトイヘドモ、ソノ天賦ノ理ハ、未ダ嘗テ同ジカラズンバアラズ」(藤原惺窩［一五六一～一六一九］「舟中規約」)という「天賦ノ理」こそが、相互の共時性への確信を支えていたのである。この点はことに強調されなければならない点であろう。だとすると、「脱宗教化」「脱イデオロギー化」がいわれる現代にあって、われわれは国境を越えて、どのようにして相互に信頼しうる普遍性を共有できるのだろうか。

本書は、上記してきたことからすると、未だ途上にある研究成果の一端を示したものにすぎない。だが、われわれは二〇〇五年来、立命館大学を中心に東アジア思想文化研究会を組織し、日・中・韓・台湾の研究者も招きながらほぼ月一回の研究会を開催してきた。また、課題に応じて、『朝鮮史』研究会(二〇〇七～二〇一〇年)、東アジア史学思想史研究会(二〇一四年～二〇一八年)をその内部に組織し、適宜研究会・シンポジウムを開催し、成果は『東アジアの思想と文化』一～一〇号、『季刊日本思想史』七六号(ぺりかん社、二〇一〇年)などとして公刊してきた。本書は、こうした模索・試行錯誤の上で纏められたものであり、本書に何がしかの意味があるとすれば、「遭遇する知」(グローバル・ヒストリー)のための模索の現在を率直に表明したところにあるといえるだろう。意図をくみ取りいただき、いまだ熾烈なナショナリズムの吹き荒れる現代世界に、棹さしつつ一歩を踏み出す一助となれば、これにすぐる喜びはない。

なお、東アジア思想文化研究会で報告などを行っていただいた日本（立命館大学関係者は除く）・中国・韓国・台湾の研究者は以下のとおりである（報告順。所属は当時のもの。複数回ご報告いただいた方は初回のみ掲載）。

権錫永（北海道大学）、尹恩慧（韓国・東西大学校）、全成坤（韓国・高麗大学校）、金仙熙（同上）、長志珠絵（神戸市外国語大学）、高吉嬉（山形大学）、河宇鳳（韓国・全北大学校）、三ツ井崇（東京大学）、柳美那（韓国・国民大学校）、木村直也（産業能率大学校）、金哲培（韓国・全北大学校）、申載弘（韓国・暻園大学校）、朴正眠（韓国・全北大学校）、柳采延（同上）、羅ハナ（同上）、崔官（韓国・高麗大学校）、磯前順一（国際日本文化研究センター）、鄭炳浩（韓国・高麗大学校）、金津日出美（同上）、金東僖（同上）、徐興慶（台湾・国立台湾大学）、朴晋雨（韓国・淑明女子大学校）、劉岳兵（中国・南開大学）、安相憲（韓国・忠北大学校）、金成恩（韓国・全南大学校）、安志英（韓国・高麗大学校）、高偉（中国・北京大学）、李昡鎮（韓国・高麗大学校）、李嘉慧（同上）、金珍暎（同上）、金大浩（同上）、張曼妮（同上）、金芸華（同上）、張悦（哈爾浜師範大学）、于菲（同上）、青野正明（桃山学院大学）、永岡崇（大阪大学）、韓錫政（韓国・東亜大学校）、齋藤希史（東京大学）、権明娥（韓国・東亜大学校）、小路まき子（同志社大学）、高永爛（韓国・高麗大学校）、姜文姫（同志社大学）、朴炯辰（京都大学）、尹海東（韓国・漢陽大学校）、鄭多函（韓国・祥明大学校）、張信（韓国・歴史問題研究所）、張世眞（韓国・翰林大学校）、富山仁貴（関西学院大学）、尹健次（神奈川大学）、崔真碩（広島大学）、鄭栄桓（明治学院大学）、米谷匡史（東京外国語大学）、洪宗郁（韓国・ソウル大学校）、車承棋（韓国・朝鮮大学校）、呉佩珍（台湾・政治大学）、黄秉周（韓国・国史編纂委員会）、張若瑾（中国・四川大学）、武立祥（同上）、ウィリアム・マツダ（同上）、崔テソク（韓国・忠北大学校）、金ヒョン（同上）、許オン（同上）、呉光輝（中国・厦門大学）、呉炳守（韓国・東北アジア歴史財団）、朝井佐智子（愛知淑徳大学）、金杭（韓国・延世大学校）、黄鎬徳（韓国・成均館大学校）、盧官汎（韓国・ソウル大学校）、廣瀬陽一（大阪府立大学）、権赫泰（韓国・聖公会大学校）、戸邉秀明（東京経済大学）、許怡齢（台湾・中国文化大学）、張憲生（中国・広東外語外貿大学）、肖琨（中国・暨南大学）、鄭駿永（韓国・

ソウル大学校）、鄭尚雨（韓国・翰林大学校）、辛珠柏（韓国・延世大学校）、李廷斌（韓国・忠北大学校）、余新忠（中国・南開大学）、李亨大（韓国・高麗大学校）、姜制勲（同上）、邊明燮（同上）、洪瑾恵（同上）、梁正賢（同上）、李在燮（韓国・済州大学校）、朴建度（同上）、柳珍玉（同上）、金現英（同上）、張舜順（韓国・全州大学校）、黄泰默（同上）、文瓊得（同上）、金貞和（同上）。

二〇一九年一月一七日

桂島宣弘

東アジア　遭遇する知と日本―トランスナショナルな思想史の試み―◎目次

第二部　近世思想史研究の新視点

第四部　宗教／知識／権力

第一部　総論

第一章 〝東アジア〟――どのようにみるべきか、どのように作っていくべきか

尹海東
（翻訳：沈煕燦）

一　東アジア、どのようにみるべきか

「東アジア思想史」を論ずる前に、まず東アジアの人びとが「東アジア」をどのようにみているのかを考えてもらいたい。東アジアとはなにかを明確にすることが、東アジアの思想史を問う前提になると思うからだ。東アジアをめぐる議論のなか、もっとも強力に一般大衆の目を引いているのは、おそらく反西欧的文明言説のそれではないかと思う。もはや東アジア文明が西欧文明を圧倒し、西欧より優位に立つ時代が到来するとか、西洋から「東洋」へと大々的な力の移動が行われるだろうとよくいわれる。東アジアの人びとの自意識を満足させるこれらの俗流東アジア論は、脱冷戦以降、いわゆる「アジア的価値」あるいは「オクシデンタリズム」の名を借りて政治言説およびメディアの紙面を飾ってきた(1)。マハティール・ビン・モハマド元マレーシア総理（二〇一八年に再び総理となった）と石原慎太郎元東京都知事の議論は、その一例となるだろう(2)。

他に、東アジア地域の諸政府と官辺知識人の間で提起されている国民国家を中心とするいくつかの議論がある。これらの議論は、一見すると反西欧的文明言説にもとづいている前記の議論と大きく異なるように思われるが、東アジアを中心とする特殊性を掲げる点では類似性を帯びているといわなければならない。二〇〇〇年代前半、韓国の盧武鉉政権期に示された「東北アジア均衡者論」、または「東北アジア経済中心国家論」などを、その代表的な例としてとりあげることができよう。その具体的な現実性や可能性はさておき、こうした議論が重要な含意を孕んでいることは間違いない。しかしながら、これらの議論は、国民国家としての韓国の役割を強く意識しているため、地域としての東アジアの可能性を予め制約する側面をもっている。

中国で提起される東アジア論には、この種のものが多い。わけても閻学通の議論が代表的である。閻学通は中国の主導する東アジアが、近い将来（二〇二三年）に世界の中心に屹然と立つだろうと予想する。世界はアメリカと中国という超大国の両極体制、とりもなおさずＧ２体制に転換するだろうともいう。[3] その現実性はさておき、こうした主張は、習近平の執権以来、中国の公的言説を支える議論の一つになってきた。現代中国で儒学が復興し、保守主義やナショナリズムが強烈に浮上しているのも、[4] さまざまな改革言説や東アジア関連言説が国民国家を中心とする議論を支持していることと無関係ではなかろう。二一世紀の中国は過去の中華帝国の遺産を継承しつつ新しい帝国への変身を試みているとか、習近平政権が打ちだしている〝中国夢〟は〝帝国夢〟の別名にすぎないという指摘が、あながち間違いではないように思われるのはそのためである。[5]

要するに、反西欧的文明言説としての「東アジア」中心の「俗流的」議論が流行る一方で、「国民国家」中心の「便宜的」な東アジア地域論が注目を受けているのである。さらに、もう一つ、東アジアをしっかり論じようとするさいに障害となるものがある。「アジアのパラドクス」がそれである。東アジアにおける経済的相互依存に相応する制度化の不備により、それがもたらす平和効果（pacifying effect）が充分発揮できていないというのが

「アジアのパラドクス」である。ただし、この「アジアのパラドクス」という概念そのものが西欧中心主義の産物かもしれないことに注意を払わねばならない。もちろん、東アジア地域の経済的相互依存が、互いの葛藤を緩和し、紛争の拡散を阻止することに大きく寄与しているのは明らかである。[6]もし欧州連合（EU）をもって政治的統合が地域の統合を率いる事例とみなすことができるなら、東アジアの場合は、市場の統合が政治的統合を率いている事例とみなすことができるだろう。[7]すでに東アジアはヨーロッパ以上の経済的相互依存の体系を形成しているし、それによる政治的効果も決して少なくないということをまず確認しておく必要がある。

二一世紀は東アジアの時代になる、という言葉がしばしば耳に入る。アメリカ中心の世界は衰退し、東アジアが中心となる時代が到来するという指摘は、いまや東アジアが北米、ヨーロッパとともに世界経済の三大軸となっていて、しかも世界経済においてもっともダイナミックな地域になっていくだろうという展望を前提としている。これからは東アジアこそが世界の経済を牽引する役割を担うようになるというのだ。人口や経済の規模において、東アジアはもはや世界最大のスケールに至っている。したがって、経済的な統合だけでなく、政治・軍事的な安定と政治社会的統合をも成し遂げることができれば、本当に東アジアが地球の中心となる時代が到来する可能性もある。

振り返ると、朝鮮戦争以後、たとえ冷戦が強固に持続してきたとはいえ、東アジア地域は長い間平和を保ってきた。いわば「冷戦下の平和」といえよう。もちろん、その実態については種々の議論があるだろうが、この長期間の平和を土台に東アジアが急激な経済成長を実現することができたのはたしかである。冷戦が崩壊した一九九〇年代以来、地域内の経済的相互交流と相互統合は驚くほど幅広く、また急速に行われてきたし、各国の相互依存も次第に緊密になってきた。このことは、「東アジアとはなにか」をしっかり議論しなければならない現実的理由でもある。二一世紀に入り、欧州連合を中心にグローバルな次元において「地域統合」が拡大している。

多様な形で議論されてきた東アジアの地域統合も、こうした世界的動きと関わっている。地域統合に関して「東アジア経済圏」「東アジア経済共同体」「東アジア共同体」など、多彩な議論が登場しているのは、とても芳しいことである。

他方、一九九〇年代以後、貿易および資本の移動を中心とする経済や政治・軍事分野での協力、つまり上からの東アジアの交流も活発に行われてきた。現在、東アジアでは中国を中心とする貿易が飛躍的に拡大しているが、なかでも中韓・日中・日韓の域内貿易の比率が急上昇している。アセアン（ＡＳＥＡＮ、東南アジア諸国連合）を含めると、域内の貿易量はさらに高まる。東アジアの経済的相互依存は日々深化している。東アジアにおける域内投資の流れはいまだ物足りないようにもみえるが、それは主に日本の域内投資が少ないためである。将来、東アジア諸国間にＦＴＡが締結されれば、経済的相互依存はさらに深まっていくだろう。

その他に、環境、エネルギー、農業、通貨・金融分野においても相互協力の可能性が期待される。たとえば「東アジア環境共同体」は、環境問題に共同で対応するために是非とも必要なものである。中国内陸地方の砂漠化が韓国や日本にもたらしている「微細ホコリ（ＰＭ２・５など）」および黄砂の被害は、東アジアが共同で直面している深刻な環境問題であるが、これをある一国が独自的に解決するのはほとんど不可能に近い。

また一九九〇年代末、東アジアにおいて外国為替問題が生じたときに、すでに「東アジア通貨共同体」を作ろうとする動きが登場していた。もちろん、中国が主導するＡＩＩＢ（Asian Infrastructure Investment Bank、アジアインフラ投資銀行）が二〇一六年に設立されたことで、アメリカ中心の通貨体制に対する抵抗がはじまったわけだが、これがただちに東アジアにおける通貨体制の形成に甚大な亀裂をもたらすとは考えにくい。

軍事的・政治的側面での「東アジア共同安保協力体制」の形成は、経済分野に比べると相対的に遅れているようにみえる。とはいえ、敵対意識を高潮させている「北朝鮮核問題」の究極的な解決のためにも、東アジア共同の安保協力体制を構築しようとする努力を怠るべきではない。東アジア共同の安保協力体制の構築における最大の躓きの石として、今までアメリカの覇権主義と二国間主義（bilateralism）が往々指摘されてきた。ただし、経済的側面での協力が進むと、政治的・軍事的分野においても協力関係が築かれていく可能性が高い。さらに、必ずしもアメリカが東アジアの域内協力体制から排除される必要はない。不安定な軍事的状況が東アジアに存在するなか、アメリカの軍事力は、しばらくの間均衡の維持に役立つのではないかと思う。だが、北朝鮮の核問題をどのような形であれ解決し、それを踏まえて究極的には東アジアによる東アジア安保協力体制を構築しようとする試みが、絶対に必要になってくるだろう。

さて、こうした上からの東アジアよりもっと重要なのが、下から形作られている東アジアである。一九九〇年代後半から「韓流」は東アジアに強いインパクトを残している。韓流以前に「日流」があったが、韓流ほどの注目を集めることはなかった。韓流であれ日流であれ、商業的大衆文化が東アジアで急速に広まっていることは、文化の交流からしてきわめて肯定的な現象であろう。というのは、韓流を資本の論理が貫かれる空間として放っておくわけにはいかないことを意味する。韓国の文化が他の地域に拡散していくことで、韓国も他地域の文化を受容し、韓国の文化をより豊富なものに作っていかねばならない。

その一方、日本をはじめ韓国でも「高齢化」が急速に進行しているが、中国も近々同様の問題に否応なく迫られるだろう。東北アジア三国の労働力が減少していくことはもはや避けられる問題ではなく、外部から労働力をとり入れないかぎり、自国の経済が維持できないのは明らかである。すでに「高齢社会」に進入した日本と韓国では、東南アジア地域から輸入された労働者の数が、ものすごい勢いで増加している。東アジアはもはや東南アジアを積極的に包摂しているといっても過言ではない。

知識人と文化人たちの交流も盛んに行われている。まだ高い水準に至ってはいないものの、さまざまな次元で個別国家を乗り越えた「東アジア認識共同体」が作られつつある。このように、東アジアの域内ではすでに国境を越える文化と労働の交流・移動が活発に行われているし、その影響で各国の市民社会もまた「多文化社会」へと変貌している。新しい東アジアが下から誕生しているのだ。

ここ最近は、アセアンが東アジアにおける地域統合の議論を引っ張っている。一九六七年に地域協力機構として創設されたアセアンは、しかしながら、その後なにか重大な役割を果たすことはおおむねなかった。一九九〇年代後半となり、東北アジアの三国――日中韓――を含めた「ASEAN＋3」首脳会談を開催しはじめてから、その重要性を増してきたといってよいだろう。下から進展している広範な労働や文化の交流を勘案しつつ、東北アジアだけでなく、東南アジアをも包括する東アジアの地域統合が議論される必要がある。

東アジア共同体を実現していくためには、まず経済分野において確固たる協力体制を設けていくことが大事である。FTAをはじめ、幅広い経済協力にもとづいた「東アジア経済共同体」を作りたてることができれば、それを材料として政治や安保の側面での地域協力をも伴う「東アジア共同体」構築を論じることが可能となる。その意味でも、現在の状況を一概に悪く捉える必要はない。〝下から誕生している東アジア〟が、安定した東アジア共同体を固めていく基礎となろうからだ。

二　東アジアとはなにか

「東アジア」ないしは東北アジア（そして東南アジア）という名称は、実は非常に曖昧なものである。その地域を表す境界が明確ではないためだ。東アジアという言葉には東北アジアと東南アジアが同時に含まれている。しかし、韓国で東アジアをいうときには、東北アジアを指す場合が多い。文脈によって東アジアの代わりにアジア・太平洋、またはインド・太平洋などの用語を使うときもある。その場合はアメリカやオーストラリア、さらにはインドなどの南アジアまでが含まれるため、きわめて範囲が広がる。

東アジアは、政治・経済・宗教・歴史・人種・民族などにおいて、すこぶる多様な文化と社会を含んでいる。しかも前近代において中国が長期にわたって維持してきた帝国の秩序、すなわち「中華秩序」と、近代以後日本が戦争を通して築きあげようとした「大東亜共栄圏」が喚起する支配と侵略の歴史が大衆の記憶に根深く刻まれている。かかる現実的・歴史的条件は、東アジアにおける地域統合論の展開を遮ってきた。だが、闘争や葛藤をいうなら、欧州連合における歴史的記憶が、東アジアのそれより平和的なものだったとはいえないだろう。要するに、東アジアの歴史的・現実的諸条件が、地域統合や共同体の形成において著しく悪い環境にあるとはいえないのだ。

「アジア」は本来「他者性」を帯びた言葉である。言葉の起源からして、この他者性は二つの意味をもっている。まず、アジアという言葉は、アジアに住む人びとが自らを規定するために創ったものではない。ヨーロッパ人らが創ったのである。アジアやアフリカのごとく地域を示す言葉は、大概政治的強者たちが考案したものが多い。東南アジアや東北アジアという地政学的用語もまた、同様な起源を有している。「東南アジア」という用語は、第二次世界大戦の後、冷戦における戦略的重要性を考慮してアメリカが作製したものである。東北アジアという言葉も同じく地政学的意味を兼ね備えた冷戦の産物である。西欧とアメリカはそれぞれの地域を定義することで、世界を自分たちの意図にしたがって再編しようとした。

他者性のもう一つの意味は、日本が帝国主義の侵略性を隠すためにアジアという言葉を使うことで生まれた。一九世紀の後半、日本は帝国主義的膨張を裏づけようとして「(東) アジア」「東洋」という新たな地域概念を使いはじめる。いわば東アジアは「日本のオリエント」として創られたのである。日本にとってアジアは、主体的に近代化を遂行することのできない地域とみなされた。地理的にはアジアに属するも、文明的にはすでにアジアを脱している日本だけが、アジアを近代化することができると思われた。同様に、二〇世紀の初期に日本が形作った「東洋史」は、アジア地域の起源を説明する「歴史物語」として新しく発明されたものである。日本は、自分たちが創案した「東洋史」が西洋中心の国際的な位階秩序を代替しうると信じていた。そしてこの論理は、後日、大東亜共栄圏における侵略の論理を説明する歴史物語として用いられる。

アジアという言葉を創ることで、逆説的にも日本のアイデンティティは絶えず揺れ動いていくことになる。そのため日本人のアイデンティティは、持続的な脅威を強いられざるをえなくなった。日本は帝国主義的支配の正当性を確保しようとして脱亜入欧の必要性を強調した。にもかかわらず、本当の西欧人にはなれないという現実は、深刻な劣等感と苦しみを産み落とした。他方、西欧帝国主義との戦争においてアジアの人びとを動員する必要があったときは、日本を中心に団結し西欧からの解放を成し遂げようと強弁した。日本のアイデンティティは、振り子のように西欧とアジアの間を往復していたのである。

このようにアジアや東洋という言葉は、西欧の植民地主義、あるいは日本帝国主義の「植民政策学」が創りあげた一種の「心象地理」だった。アジアや東洋は、実在する地理的概念ではなく、想像のなかで創られた地域（地域秩序）にすぎなかった。地域を示す言葉は、このごとく強者たちによって創られたのがほとんどであり、歴史的力学の結果、あるいは世界資本主義体制の構造的産物である。しかし、そこに域内の住民たちの希望が盛り込まれているのも事実である。アジアや東洋という言葉には、支配と抵抗の矛盾した歴史的現実が孕まれているのであり、その境界も終始流動している。

三　東アジア論の大きな流れ

前近代の東アジアには中国中心の「地域的普遍秩序」が存在していた。いわゆる「中華秩序」がそれである。朝貢-冊封の相互性を背景とする中華秩序は、前近代東アジア社会において個別の王朝を乗り越える普遍秩序として機能していた。中華秩序は、中国の明朝以来、つまり一五世紀以後に安定するが、一七世紀をすぎてから変化をみせはじめる。なかんずく「小中華思想」を通じて中華秩序の変化や動揺の様子を垣間見ることができる。

小中華思想は、一七世紀以後中華秩序の周辺から一般的に現れるが、それは清朝の樹立に対する一つの対応でもあった。「清朝＝野蛮」についての強烈な排斥は、かえって滅びた「明朝＝文明」への激しい崇拝につながっていった。朝鮮を含め、日本、越南、琉球などで同様の考えが現れた。この小中華の観念は、中華秩序という地域的普遍秩序を王朝単位に縮小し内面化するものであった。

小中華という言葉を分けて考えてみると、「小」は現実の特殊性を反映する修辞であって、「中華」は想像としての普遍を志向する意味を有している。「小」と「中華」は、このように互いを規制する、独特で矛盾する観念の体系を織りなしている。言い換えれば、小中華は「明＝中華」に対する崇拝を土台に華夷秩序を内面化した観念として、その想像的普遍秩序の枠内で地域的特殊性を目指す思惟だったといえる。

しかし、中華秩序における地域秩序を支配・規律する力は、日清戦争を境に掘り崩されていく。中華秩序は、これ以上普遍的秩序として想像されにくい観念となったのである。こうしたなか、「東アジア連帯」の構想が新たに登場する。主に日本で現れたこの主張は、脱中華秩序を目指すもので、基本的に「水平的普遍秩序」を想定していた。だが、この構想は日本が「脱亜入欧」を標榜し、さらに近代的国民国家を確立することで次第に瓦解していった。

一九世紀後半から二〇世紀前半の間、朝鮮においてはきわめて異質的ないくつかの東アジア連帯の構想が共存していた。「東洋三国鼎立論」「三国共栄論」から「日本盟主論」まで、さまざまな連帯論が提唱されていた。たとえば、『皇城新聞』は東洋三国の共栄と、それにもとづいた「東洋平和論」を主張していた。一方、日本は日清戦争を通して自国文明の優秀さを証明し、日露戦争を通しては「黄色人種」の矜持と威信を高めたとして肯定的な評価を受けていた。だが朝鮮人たちの日本に対する観念は、漸次分裂していく。尹致昊が「黄色人種の名誉を守った日本には愛情と尊敬を感ずるが、朝鮮の独立を奪った日本には憎悪を感ずる」と述べているように、日本に関する愛憎は複雑に交錯していた。こうして東アジア連帯の構想が内外で分裂すると、それに代わるイデオロギーとして「ナショナリズム」が台頭する。そして「国家は主人であり、東洋主義は客」と捉えられるようになった[8]。

日本は、帝国主義の侵略戦争にほかならなかった日清戦争と日露戦争について、朝鮮の安全を確保し、東洋の平和を保護するための戦争であったと強弁していた。韓国併合に関しては、朝鮮と日本の幸福や安全を確かめると同時に、永久な平和を東洋にもたらすための聖なる課業であると宣伝した。明治天皇の「韓国併合ニ関スル詔書」によると、「東洋ノ平和ヲ永遠ニ維持シ帝国ノ安全ヲ将来ニ保障スルノ必要ナルヲ念ヒ又常ニ韓国カ禍乱ノ淵源タルニ顧ミ曩ニ朕ノ政府ヲシテ韓国政府ト協定セシメ韓国ヲ帝国ノ保護ノ下ニ置キ禍源ヲ杜絶シ平和ヲ確保セムコトヲ期セリ」という。日本の近代化は、日本帝国主義の東アジアに対する侵略と表裏一体の関係にあった。

第二次世界大戦で日本が押し立てていた「大東亜共栄圏」は、東アジア連帯構想の最終版のようなものであった。日本は東アジアにおけるヨーロッパの植民地支配を打破し、アジア民族を解放させるといった名分のもと、前近代の中華秩序にとって代わる大東亜共栄圏の構想を掲げた。第二次世界大戦は黄色人種の解放のために白色人種と闘う戦争となり、大東亜共栄圏は大日本帝国を中心として大東亜の共栄を志すものと位置づけられた。大東亜共栄圏は、ナショナリズムを超越する代案を提示することで、東アジアにおける日本の覇権を確立させようとした。しかしながら大東亜共栄圏は、中華秩序のように普遍的文明の標準を示すことには失敗する。政治的・軍事的力による直接支配を通して帝国を維持せんとした日本の意図がそこに現れていたためである。

第二次世界大戦以後、アメリカ中心の世界システムを背景として形成された冷戦秩序は、東アジアを完全なる分裂に追い込んだ。これを「東アジア大分断体制」と呼ぶ議論もあるようだが、いずれにせよ東アジアにおいて地域の連帯や統合を論じようとする動きは、大きく後退することになる。もっとも第二次世界大戦の後、アジアや東洋という言葉に含み込まれている他者性と侵略性を止揚しながら、地域をめぐる言説、とりもなおさず「東アジア論」の現実性を豊かなものにしようと努力した人びとも少なくない。いわゆる「東アジア言説」とは、こうした努力を指し示す言葉といえる。帝国から再び国民国家に回帰した日本では、東アジアという言葉そのものがほとんど使われなくなった。かの有名な中国研究者竹内好は、東アジアについての深い思惟を展開したほぼ唯一の人物である。竹内は東アジアを地理的・実体的空間ではなく、いわば「思惟の方法」として捉えようとした。「方法としての東アジア」がそれであるが、竹内にとって東アジアは抵抗を通じて近代化を達成しねばならない空間にほかならなかった。

アメリカは圧倒的な軍事力と経済力をもって東アジアを支配したが、直接支配ではなく、個別諸国家との二国間同盟を通して間接的に支配する形をとっていた。そして日本はアメリカの東アジア支配を下で支えるパートナーとなる。これに反発した韓国の李承晩と台湾の蒋介石などは、反共主義を被った太平洋同盟の結成を企てた。アメリカは東アジアにおいて自国を中心とする安保秩序と経済同盟のシステムを維持していたが、その意味でも、韓国と台湾は冷戦秩序の恩に浴していたといわなければならない。アメリカ中心の冷戦秩序は、韓国と台湾政府に経済成長および国民国家建設を成し遂げうる機会を提供してくれた。

冷戦解体以降、東北アジアを中心とする東アジア共同体の議論を率いたのは、依然として日本の進歩的知識人たちであった(9)。ただ韓国においても冷戦が終焉を迎えた一九九〇年代前半から東アジアの連帯や統合をめぐって多様な議論が行われた。韓国の議論の多くは、東アジアを過去の経験的空間だけでなく、未来への希望をも抱えている空間として捉えようとする特徴を有している(10)。新しい未来を切り開く知的な期待の空間として東アジアを積極的に思惟する必要があるだろう。

四　下からの東アジア

最近、東アジア論が旺盛に提起された歴史的背景として、東アジア地域を強く拘束していた冷戦の解体とグローバル化の急速な進行をあげることができる。しかし、他方で冷戦の解体以後、国民国家内部のナショナリズムが一層強まりつつある。周知のように、日本の歴史教科書や靖国神社参拝、中国の東北工程など、歴史認識問題をめぐって日中韓の間に激しい論争が交わされている。新しい東アジアのための域内疎通と統合ではなく、むしろ各国のナショナリズムがより強くなっているようにもみえる。

そのため、戦争や植民地支配といった葛藤を経験した東アジアにおいて、果たして地域共同体の形成は可能だろうかと、否定的な見解が示される場合も少なくない。第二次世界大戦直後のヨーロッパは、東アジアよりもはるかに激烈な国家と民族間の葛藤に苦しんでいた。当時「ヨーロッパ共同体」を想像していた人びとは、寝ぼけていると嘲笑われていた。だれもがこれほど早く欧州連合が結成されるとは、夢にも思わなかっただろう。果たして東アジアは、第二次世界大戦直後のヨーロッパよりも悪い状況にあるといえるだろうか。東アジア共同体の形成は、東アジアの人びとの努力次第によるものだと思う。

自国史の教育を強化すべきだという主張がなされる一方、東アジア共同の歴史教育を行い、「東アジア史」という独自の科目を編成しなければならないという認識も広まっている。韓国ではすでに「東アジア史」という科目が中等学校で正式に編成・教育されている。今は韓国史の教育と東アジア史の教育が同時に行われているが、いつか東アジア史の教育が「国史」の教育を吸収する日がくるかもしれない。国民国家の歴史は東アジア史の一部をなすからだ。ヨーロッパではすでに前からヨーロッパ史の教科書が作られ、教育現場で活用されている。東アジアではまだ遠い先のことのように思われるかもしれないが、韓国での小さな一歩が、大きな変化のはじまりになることを願いたい。

私たちはどのような東アジアを夢見るのか。東アジアの人びとにとって望ましい東アジアとはいかなるものだろうか。人と物の交通や疎通における壁をとり壊すことで、ともに繁栄しうる「東アジア経済共同体」を構築し、政治的・軍事的覇権主義を克服することで「東アジア共同安保協力体制」を成し遂げなければならない。さらに歴史・教育・文化の交流を通した「東アジア文化共同体」を作るために努力する必要がある。この点に関して、二点ほど留意すべきことがある。一つは国民国家に、もう一つは地域主義に関わるものである。

まず、東アジア論は国家主義を乗り越えるものでなければならない。国民国家に触れることなく東アジア共同体を想像することは不可能である。東アジア論には、国家主義とナショナリズムを超えて、新しい地域共同体の原理を探求しようとする企画が含まれている。また、もし東アジアの交流が拡大し、統合が進められるとしても、それが東アジアを排他的中心と捉える「東アジア中心主義」になってはならない。この点がとくに重要である。

同じように欧州連合をはじめ、さまざまな地域統合機構もまた、その地域を中心におく排他的地域主義に傾斜してはならない。排他的地域主義により地球全体が覆い包まれることだけは、断じて拒否すべきであろう。

東アジアの地域統合が目指すべきところは、東アジア地域主義ではなく、世界市民主義にならねばならない。「東アジア市民社会」は世界市民主義にもとづくべきである。すなわち、「下からの東アジア」を志しながら東アジア市民社会を形成し、終局には「開かれた東アジア共同体」を作っていかなければならない。下からの東アジア、換言すれば東アジア市民社会を形成することが、東アジア共同体の構築においてなによりも大事なことである。そして、そのためには市民社会が先立って国家の境界を飛び越え、東アジア全体の利益を考える必要がある。

下からの東アジア共同体の形成においては、東アジア各国の国民間で信頼関係を深めることがまず必要となる。相互信頼が形成されないかぎり、東アジア市民社会を想定することはできない。諸国の国民たちが互いを信頼するとき、新しい東アジアのアイデンティティが形作られるだろう。もし「東アジアの共同の価値」というものがあれば、それは排他的な価値ではなく、相互信頼を土台とする東アジア市民社会のアイデンティティ形成に重要な役割を果たすものにならなければならない。

なお、東アジア共同のアイデンティティを作っていくさいに、東アジア共同の記憶を想起・形成することが、大いに役立つであろうと思う。葛藤の記憶より和解を呼び起こす新しい記憶を拡張させ、「東アジア記憶共同体」を作っていくことは、決して不可能な試みではないだろう。記憶を共有する記憶共同体は、平和的な東アジア共同体の柱となるに違いない。東アジア共同の記憶にもとづいた健康な市民意識を涵養することは、東アジア共同体の礎石になりうる。東アジア市民社会が、こうした役割を担うべきであることはいうまでもなかろう。

注

(1) シンガポールの総理を務めた李光耀と、有名な知識人キショール・マブバニ(Kishore Mahbubani)の議論が代表的である。Tommy Koh, Lay H Yeo, Asad Latif, *Asia and Europe*, NJ: World Scientific Pub and Asia-Europe Foundation, 2000; Kishore Mahbubani, *The New Asian Hemisphere: The Irresistible Shift of Global Power to the East*, Public Affairs, 2008.

(2) マハティール・石原慎太郎『「NO」と言えるアジア』光文社、一九九四年。

(3) 閻学通『2023年』고상희 옮김、글항아리、二〇一四年。

(4) 趙京蘭『国家、儒学、知識人』책세상、二〇一六年。

(5) 田寅甲『現代中国의 帝国夢』学古房、二〇一六年。

(6) 이승주「아시아 패러독스(Asia Paradox)를 넘어서:経済的相互依存과 制度化의 関係에 대한 批判的検討」(『韓国政治外交史論叢』三六巻二号、二〇一五年)。

(7) P・J・カッツェンスタイン『世界政治と地域主義――世界の上のアメリカ、ヨーロッパの中のドイツ、アジアの横の日本』光辻克馬・山影進訳、書籍工房早山、二〇一二年。

(8) 申采浩が東洋主義を批判するさい用いた言葉である。申采浩と東洋主義に関しては、拙著『植民地がつくった近代――植民地朝鮮と帝国日本のもつれを考える』(沈熙燦・原佑介訳、三元社、二〇一七年)を参照されたい。

(9) 姜尚中『東北アジア共同の家をめざして』(平凡社、二〇〇一年)、和田春樹『東北アジア共同の家――新地域主義宣言』(平凡社、二〇〇三年)、谷口誠『東アジア共同体――経済統合のゆくえと日本』(岩波書店、二〇〇四年)。

(10) 東アジア論の流れを把握することに参照となる議論を以下に紹介する。白永瑞『동아시아의 帰還』(創作과 批評、二〇〇〇年)、이정훈・박상수編『동아시아、認識地平과 実践空間』(亜研出版部、二〇一〇年)、尹汝一『동아시아談論』(돌베개、二〇一六年)、高成彬『동아시아談論의 論理와 志向』(高麗大学校出版文化院、二〇一七年)。

第二章　ライシャワー（Edwin O. Reischauer）と戦後アメリカの地域研究——韓国学の位置を考える

張　世　眞
（翻訳：沈熙燦）

一　はじめに——地域研究とシンクタンク

戦後、東アジア学（East Asian studies）という学問が、アメリカとソ連の冷戦を背景として確立したことは広く知られている。もちろん、戦前にもアジアに関する研究は、太平洋戦争のような非常事態においてただちに活用できる「政策化した知識（policy knowledge）」としての性格を強く帯びていた。この学問を主導した人びとが、米軍-国務部-情報機関を結ぶ一種のシンクタンク（think-tank）集団出身の知識人であったことは、その点を裏づけている。

ハーバード大学極東言語学科（Department of Far Eastern Languages）の日本史教授だったエドウィン・ライシャワーは、典型的なシンクタンク型の人材であり、アメリカの大学内における韓国学の定着を考えるときに見落としてはならない人物である。なによりも、基本的な制度の構築においてかれが決定的な役割を果たしたことを念頭に置く必要がある。ライシャワーは、ハーバード大学東アジア学センターに韓国学関係講座を新設し、ロックフェラー財団の莫大な基金を用いて韓国学に正規の教授職を作った。そして、かれが――東アジア学の下位範疇としての――韓国学の基礎となるナラティヴを築いたテキストの著者でもあったことに注意を喚起しておきたい。ライシャワーと二人の同僚たち[1]がともに執筆した『東アジア――偉大な伝統（East Asia: The Great Tradition）』（一九六〇年）、『東アジア――偉大な変容（East Asia: The Great Transformation）』（一九六五年）シリーズがそれであるが、これらの著作は以後長い間、東アジア学における「バイブル」としての地位を享受することとなる[2]。とりわけライシャワーが日本史を専攻していたことは、さらに強調されてよいと思う。戦後アメリカの日本学は、形式的には東アジア地域研究の下位範疇に属していたが、実は各々の東アジア諸国（中国・日本・韓国）を、アカデミーという知識の場において階層化し割り当てる「配置」の原理を提供するナラティヴの中心点であった。

振り返ると、戦後アメリカのアジア言説は――アジアという対象をめぐる立場と態度の問題でもあったが――グローバルパワーとしてのアメリカが、冷戦期において自らをどのように定義するのかという、「自己規定（self-definition）」の問題と直結していた。膨張しつづける共産主義に独りで立ち向かい、封鎖政策を唱えるより、たとえレトリックにすぎないとはいえ、アメリカは世界の「平和」と「安全」のために他の国々、なかんずく非共産圏のアジア諸国と調和する「パートナシップ」を作りだしていく国家として己を企画・想像することを選んだ。『東洋文化史』は、こうした時代的要請を正確に読みとり、速やかな対応を試みた興味深いテキストである。

二　戦前パラダイムの戦後への軟着陸

『東洋文化史』上巻初版の序文をみると、韓国に関する最初の叙述として、三人の共著者たちの特定の人に対する惜しげのないオマージュが登場する。「私たちは本書の……第一〇章で韓国のことを述べることができた点について、とくに三人の方に感謝しなければならない。この分野に対する適切な東洋史の概説書がなかったため、私たちは旗田巍が著した『朝鮮史』に思い切り依拠した。またソウル大学校の李丙燾博士と、ハーバード大学のワグナー博士からきわめて細密な修正を受けた」。実際に『東洋文化史』上巻の韓国に関する叙述は、植民地朝鮮の馬山で生まれた在朝日本人歴史学者、旗田巍の有名な著作『朝鮮史』（一九五一年）を大々的になぞって書かれたものである。では『朝鮮史』とはどのような本だろうか。ライシャワーの『東洋文化史』を理解するためには、まず『朝鮮史』のいくつかの特徴に触れておく必要がある。

いまや朝鮮史の研究は新たな再出発の時期に臨んでいる。従来の成果を汲み取ると同時に、それを乗りこえ、新しい朝鮮史を開拓せねばならない。何よりも朝鮮の人間が歩んで来た朝鮮人の歴史を研究せねばならない。いま苦難の鉄火にまきこまれている朝鮮人の苦悩を自己の苦悩とすることが、朝鮮史研究の起点であると思う[3]。

主に帝国の支援の下で遂行された東洋史／朝鮮史研究が、敗戦後、国家という核心的な「パトロン」を喪失し、また内的には姑息な年代記の叙述と考証の手続きに偏っているため、肝心な歴史記述の対象となる朝鮮民族への——もしくは、朝鮮民族からの——観点が完全に欠けているというのが、当時の旗田の判断であった。日本語に精通していたライシャワーが多くの朝鮮関係研究書のなかでも旗田の『朝鮮史』を主な参考文献と選んだのは、戦前の植民地主義との「決別」を掲げていたこのテキストの「ポストコロニアル」な象徴性、そしてその宣言的性格と深く関係していたと思われる。自分自身をポストコロニアルの勢力と標榜しつつ、ヨーロッパの植民地主義との明白な差異を強調することが、アジアに対する当該期のアメリカの戦略の一つであった。戦後日本史学の良心と呼ばれた旗田の『朝鮮史』は、その戦略に相応する格好の文献であったといえよう。

しかし厳密にいうなら、旗田のテキストは過去の帝国の遺産と、ポストコロニアリズムの時代精神が凸凹に混合された、一種のブリコラージュ（bricolage）でもあった。在朝日本人であった旗田の『朝鮮史』は、フィールドワークを行う人類学者たちの作業を強く思い浮かばせる側面をもっている。そこには、ステレオタイプ化した植民地主義の様子と、自分が属するメトロポリスの利害を乗り越えようとする政治的志向性が共存する。長い間生活をともにした植民地「原住民」たちの観点や立場を代弁しようとする内面の両義性と複合性、そして、一貫した植民地主義のナラティヴから部分的に「脱臼された主観性（fractured subjectivity）」が頻繁に出没するのである(4)。

最近、三ツ井崇をはじめ、批判的な日本の歴史研究者たちが指摘しているように、旗田のテキストは「急進的」であると同時に「典型的」なものでもあった。とくに任那・伽羅に代表される古代日本の朝鮮半島支配説、また朝鮮王朝における支配階級の無能さと党派性を指摘している『朝鮮史』から、帝国日本のいわゆる他律史観のナラティヴを見出すことはさほど難しくない(5)。帝国日本のアカデミズムとのこうした連続性は、『朝鮮史』が著述された時期を考えるとより明らかとなる。物理的な時間からみても、旗田のテキストが帝国日本の錚々たる東洋史研究者たちの著作に影響されたことはたしかである。

むろん、戦前のテキストを引用したという事実よりもっと重要なことは、どのような文脈でこれらの先行研究を活用・配置しているのか、という点にあろう。たとえば、日本が統治していた植民地期について、旗田は戦前の資料と研究を用いながらも、できるかぎり史実だけを選り分けることで、朝鮮民族の抵抗について自らの先輩たちとは随分異なるナラティヴを作りあげている。にもかかわらず、ここで見過ごしてはならないことは、旗田の『朝鮮史』を媒介として、戦前日本の東洋史学者グループの全般的な思惟のパラダイムと、そのなかから進められた「Korea」に関する通時的な言説が、戦後、太平洋を渡ってアメリカの「東アジア／韓国学」の体系の内側へ、それといった抵抗や騒音なく軟着陸（soft-landing）した点である。こうした「柔らかい」接合が可能だったのは——ライシャワーも自ら明らかにしているように——韓国の古代から現代までを包括する適切な歴史概説書が英語圏には皆無であったことに由来している。

三　『東洋文化史』の表象的ナラティヴと深層的ナラティヴ

ライシャワーの『東洋文化史』は、「東亜文明における多くの重要な特質は、中国で発生・発展した[6]」という命題からはじまる、巨大なナラティヴといえる。ところが、このテキストのもっとも興味深い点は、東亜文明の始原とみなされている中国に対する強調はむしろ表層的ナラティヴにすぎず、実は中国文明の一つの変異体であった日本が「アジア諸国のなかでなぜ、そしてどのようにして、唯一近代化に成功したのか」という質問を提起し、それに応答する構成をとっているところにある。ライシャワーが『東洋文化史』において提起したこの質問は、一九世紀以来のマックス・ウェーバーのかの有名な議論——「なぜ資本主義的利害関係は、中国やインドにおいては同様の結果を産みだすことに失敗したのか」――を、主語（日本）と述語（近代化の成功）を変えて引き受けるものであった。ウェーバーが一連の宗教社会学的な分析を通して、近代西欧資本主義の登場の背景をエトス（ethos）、ないしは精神（Geist）の出現から求めようとし、その解答をプロテスタンティズムに内在する禁欲と職業的召命の倫理をもって提示したことは、再三述べるまでもなかろう。

さて、ライシャワーはどのような解答を用意しただろうか。かれは一貫して日本を中国（アジア的特殊）の単なる変異から脱皮させると同時に、究極的には西ヨーロッパ型（普遍）の歴史に接近させようとする。そして、西ヨーロッパ型の歴史に近似している日本の歴史は、封建制度の確立を成就したという。ライシャワーの考える封建制の核心は、分散的でありながらも同時に集権的な権力の二重構造と、封土を媒介とするロック（John Locke）的意味における近代的社会契約の概念にあった。ライシャワーは『東洋文化史』において、古代日本には「中国文化の摂取期」を、中世日本と近世徳川時代には、「中国型からの離脱」と「集権的封建国家の成立」をそれぞれの副題につけている。このナラティヴによれば、日本は最初中国の変異体からはじまり、意味深長な変奏と離脱をへて、ついに中国とは全く異質なだけでなく、かえってヨーロッパと似通った「封建国家」を成立させたことになる。ライシャワーにならっていえば、日本の「不運」は、近代の入口ではじまった。封建制度の最終局面においてヨーロッパが経験したような政治・社会制度の近代的再編成――つまり、宗教改革や重商主義の勃興――を経験しえなかった不運、そのため、近代への転換期において西洋列強の変化の速度に追いつくことができなかった不運がそれである。

ただし、こうしたナラティヴを用いる場合、たとえ内発的ではなかったとしても、封建制度を完遂する直前までの歴史的段階をしっかりと踏まえてきた日本の近代は、アジアにおいては類例のない競争力を帯びたものとなる。他のアジア諸国とは違って、日本は西欧という衝撃をいち早く受容し、近代国家に転換しうる内的な社会構造をある程度完備していたというのである。

ライシャワーは自問する。「近代となり、西洋と接触した時、その最初の一〇〇年間において中国はなぜそこまで弱かったのか」[7]。もちろんこの問いは、「日本はどうして近代初期の中国とは全く異なる対応をとることができ、またどうして驚くべき成功を収めることができたのか」という、主語と述語を変えた文章と対をなしている。こうした問いと解答は、とても巧妙なものであったといわなければならない。なぜなら、基本的に西欧の衝撃、ないしは侵略という外部的要因を否定することなく、むしろ外部の衝撃に対して中国と日本が、それぞれどのような内的論理をもって対応したのかを強調する、いわば内因中心論へと全体のナラティヴを変換させる効果をもたらしていたからである。

いわずもがなのことだろうが、このような問いの設定と答え方は、ライシャワーの独創的な発想ではない。実際、戦後アメリカの社会科学界において、とくにロストウ（Walt W. Rostow）に代表される、いわば近代化論者たちは「経済成長」と「民主主義」といった西欧近代の二つのアジェンダをなし遂げた（と思われる）日本の「例外的」近代化を、「普遍的」な理論のレベルで解明しようとしていた。近代化論者たちは、日本をモデルとしてアメリカの第三世界政策を立案し、最終的には国内外の現実政治に積極的に介入せんとした、まさしく典型的なシンクタンク集団であった。

四　韓国と中国の「悲しき」変異型

さて、このテキストにおいて韓国（学）に割り当てられた場所（location）はどこだっただろうか。結果的に日本が中国の影響から離れて独立した一つの文明圏を形成しえたこととは裏腹に、韓国は――王朝別に若干の偏差はあったものの――中国文明の下位範疇に属する国家とみなされた。時間が流れれば流れるほど韓国は中国型に近づいていき、李朝時代には、むしろ中国よりも中国的な国家になったというのが、韓国史に関するライシャワーの基本的な論旨であった。

この「中国的」という形容詞は、具体的になにを意味するだろうか。それはなによりも、儒教の論理にもとづいた中央集権的官僚制――封建制と正反対の意味をもつ――を示していた。ライシャワーによれば、官僚になるために朝鮮のエリートたちは漢文と中国の儒教経典に長けていなければならなかったが、その結果「性理学の朱子学派だけが、古典解釈における唯一の解釈」とみなされ、朝鮮儒教は「中国よりも独断的なものとして厳格化していき、窮屈な正統思想に縛られるように」なったという[8]。朝鮮王朝の官僚社会における党争は、中国史上もっとも党争が激しかったといわれる宋代や明末に比べても、一層酷いものとして描写される。この朝鮮時代の士林たちの朋党や党争に対する認識の基本的な枠組み、そして、それに関して戦前の日本人学者たちが残した資料や文献を提供したのが、旗田の『朝鮮史』だったのである。

内因論のナラティヴにおいては、西欧との遭遇が本格的にはじまる近世がもっとも中心的にとり扱われる必要がある。朝鮮後期における「失敗」の要因分析にライシャワーが念を入れていたのもそのためであった。中国の場合、儒教的な中央集権官僚制の理想を実現していこうとしても、その広大さのため、統治の強度はむしろ弛緩していく傾向をみせるが、朝鮮は小さいがゆえに、中国よりも頑強で画一的な官僚国家を実現することができたという。さらに不幸なことに、そもそも中央集権的な属性を帯びざるをえない官僚政治が、朝鮮王朝においては両班階級の肥大化により「貴族化」してしまい、近代国家成立の必須の条件となる強力な王権の確立――明治期の日本がそうであったように――へと進んでいくことができなかった。これこそが、ライシャワーの述べる「堕落した官僚国家」の姿であった。そして逆説的ではあるが、朝鮮王朝が中国の（悪化した／悲しき）変異型として、の固有性を有したまま五〇〇年以上も生き延びることができた原因もまた、中国大陸の政治的形勢という外部の変数から求められるべきであった。

だとすれば、韓国史に関するライシャワーの最後の文章が次のように結ばれているのも、『東洋文化史』の深層的ナラティヴにおける必然的結果であったといえる。「韓国の経済はすこぶる遅れており、政治的能率はさらに浸食され、社会はあまりにも停滞していて、知的および文化的創造性は眠ったままであった。……韓国史における苦痛の世紀が、このように幕を開けていた(9)」。

五　旗田巍 VS ライシャワー

旗田についてもう少し述べておきたい。旗田は後日、一九五一年の『朝鮮史』がもつ戦前との連続性を明確に意識するようになり、テキストそのものを自ら撤回する。その後、学問的次元だけでなく、戦後日本社会における最大のマイノリティ集団であった在日朝鮮人問題にも積極的に関わるなど、旗田が現実の諸問題に批判的に参加していったことは広く知られている。

同時期のライシャワーもまた――旗田とは異なる意味で――現実政治に深く関わっていくことになる。一九六一年三月、ライシャワーはケネディ政権の駐日大使に任命されるが、この経歴は、ライシャワーと韓国の関係を考えるときに大きな意味をもつ。なぜなら、かれに与えられた役割の一つに、日韓国交正常化が含まれていたからだ。当時、日韓国交正常化を積極的に推し進めていたのは、当事国の日韓よりも、むしろアメリカ側であった。

軍事的競争より国民国家単位の経済開発が本格的に競わされる方向へと転換しつつあった冷戦構図の変化とともに、アメリカは新たなアジア政策の構想と実行の仕方を探っていた。

もっとも、韓国における一九六一年の軍事クーデター以来、ライシャワーの交渉パートナーは独裁政権へと変わるが、アメリカ型デモクラシーの戦略的な伝道者でもあったライシャワーは、その点を懸念していた(10)。ただし、日韓基本条約は、植民地統治の直接的な犠牲者個々人に対する慰労と報償ではなく、アメリカ・韓国・日本政府の都合により、いくつかの財閥と大企業のための経済発展資金の確保という形で決着してしまう。賠償金を提供する代わりに過去の植民地支配の歴史を一切認めない条件が付された日韓基本条約は、日本政府にとっても、経済開発に政権の命運や正当性をかけていた韓国の朴正熙政権にとっても、そして反共にもとづいた近代化論を掲げていたアメリカ政府にとっても、満足しうるものであった。

旗田は、一九六〇年代において在日朝鮮人たちと連帯し、日韓基本条約反対運動を展開していたが、こうした動きは、駐日大使ライシャワーのそれとは対照的なものであった。しかしながら、「例外的特殊」である日本をアジア・アフリカの「普遍的」モデルとして理論化しようとしたライシャワーの学問的・政治的企画からすれば、日韓基本条約の結末は当然のことでもあったといえる。日本のアジア侵略、そしてそれに起因する旧植民地および被植民者たちのことは、つまるところ日本の歴史そのものに潜伏している近代化ナラティヴの傍系にすぎないものであったからだ。

六　おわりに──他者の声、批評における新しい伝統のために

既存の歴史が有する全体の方向性と意味を振り返る総体的省察や反省が行われるとき、ナショナル・ヒストリーのナラティヴのなかから亀裂としての他者性が生ずる。その契機は、日本の場合、原爆による敗戦という空前絶後の経験──恐ろしいほど物質的であり、また精神的でもあった経験（erfahrung）──によって強いられた。そして一九六〇年の大々的な安保闘争が物語っているように、敗戦の余波が時間の流れとともに消えていくことはなかった。勝者と敗者としてのアメリカと日本の差異は──たとえ日本が猛烈な速度で経済成長や復活を成し遂げたとしても──歴然であったといわなければならない。

ところが、アメリカは違った。アメリカは類例のない自分たちの世紀を迎えた。第二次世界大戦直後にアメリカは、冷戦陣営のグローバルなリーダーとしての覇権を握りつつあった。ベトナム戦争への全面的介入と惨憺たる敗戦を経験するまで、アメリカが自国史を反省するための根源的な契機や、他者の視線を感じとることはなかったといっても過言ではない。ライシャワーはベトナムへの軍事的介入に対して積極的に反対の意思を表していた。かれは、分断に帰着した朝鮮戦争の辛い経験を踏まえず、インドシナ地域に再び武力をもって対応することは、アメリカにいかなる利益ももたらさないという主張を、一九五〇年代半ばから一貫して唱えていた。然れども、駐日大使であったライシャワーは、結局否応なく参戦の論理に加わっていくことになる。

いずれにしても、ベトナム戦争を境にアメリカのアカデミズム全般は反戦ムードに包まれていく。とりわけ冷戦期地域研究の本拠地であった東アジア学の領域において、これまでの研究傾向を抜本的に反省し、新しい批評

の伝統を築こうとする動きが芽生えたことを特記する必要がある。ハリー・ハルトゥーニアンやブルース・カミングスのような次世代の東アジア研究者たちが、理論と実践の両面において第一世代研究者たちとの差異化を図りながら登場したのだ。かれらは、既存の東アジア研究が地域ではなく国家を対象としてきたことを内部から痛烈に告発・批判すると同時に、近代化論と「クレムリン論」を乗り越えて、ヨーロッパの批判理論における急進的伝統や知性的資源を地域研究の場に積極的に組み入れようとした。[11] この第二世代の研究者たちは、ベトナム戦争とそれが惹起したさまざまな大学の示威行動や事件のなかで、東アジア研究者としての自己のアイデンティティーを定立し、学問的土壌を形成した。

以上、アメリカにおける地域研究の起源と韓国学の位置を検討してみた。最後に中国を代表する知識人魯迅が満州事変後に経験した興味深いエピソードを紹介したい。魯迅はあるエッセイにおいて、自分の幼い息子が日本人の経営する写真館で写真を撮ると、まるで日本のいたずらっ子のように写るが、中国人の写真館で写真を撮ると、中国の子供のように悪びれた姿に写ったという。日中戦争という歴史的事件を背景としつつ、温順さと活発さという情緒(affection)の問題を、国家別に割り当てて論じているのである。

さて、この差異はどこに由来するのか。つくづくと自問する魯迅は、以下の注目すべき答えを述べる。「差異の根本的な原因は写真家にある。立たせたり座らせたりしながらポーズをとらせる姿勢から、すでに両国の写真家は違っているのだ。……子供の表情は絶えず変わる。……臆して悪びれている瞬間にシャッターを押すと中国の子供となり、闊達に甘えている瞬間に撮ると日本の子供となる」。このエピソードは、対象(子供)の同一性ではなく、対象を観察するレンズ(写真家)の差異によって対象そのものが全く違う姿で捉えられる点、写真家が構成する歴史的・文化的文脈によって対象が孕むアウラも完全に変わる点を指摘している。魯迅が用いるこの写真家の比喩は、戦後にはじまり今日に至る地域研究の、その対象と記述主体の関係をもっとも簡潔に、またもっとも的確に捉えたメタファーの一つであろう。

注

（1）ハーバード大学東アジア学科中国史専門のフェアバンク（John King Fairbank）と、同学科日本現代史専門のクレイグ（Albert Craig）である。

（2）E.O. 라이샤워 외『東洋文化史』上巻（全海宗・高柄翊訳、乙酉文化社、一九六四年）、同『東洋文化史』下巻（全海宗・閔斗基訳、乙酉文化社、一九六九年）。上下に分けられていたEast Asiaシリーズは、一九七八年に“*East Asia: Tradition & Transformation*”の一冊に統合され、一九八九年にはその間の社会変化を反映し、韓国の民主化、中国の開放を追加した三冊目の改訂版が刊行された（John K. Fairbank, Edwin O. Reischauer, Albert M. Craig. “*East Asia: Tradition & Transformation*, Boston: Houghton Mifflin”, 1989）。この改訂版は、二年後の一九九一年に乙酉文化社から再び翻訳される。

（3）旗田巍『朝鮮史』岩波書店、一九五一年、iv～v頁。

（4）日本人学者たちの朝鮮に対する知識をとりあげ、人類学の性格を論じたものとして、Boudewijn Walraven, “*The natives next-door : Ethnology in Colonial Korea, Anthropology and Colonialism in Asia and Oceania*”, edited by Jan Van Bremen and Akitoshi Shimizu, RoutledgeCurzon, 1999, p.237.

（5）三ツ井崇「戦後日本에서의 朝鮮史学의 開始와 史学史像：１９５０～６０年代를 中心으로」（『韓国史研究』一五三号、二〇一一年）。

（6）前掲라이샤워 이『東洋文化史』上巻。

（7）同前、八六九頁。

（8）同前、五五四頁。

（9）同前、五七四頁。

（10）Edwin O. Reischauer, "*My Life Between Japan and America*", J. Weatherhill, 1986, p.252; 에드윈 O. 라이샤워、김준엽、이만갑対談「忍耐만이 民主主義를 지킨다」（『思想界』一九六〇年一二月）。

（11）브루스 커밍스・해리 하르투니언「〝対談〟米国아시아学의 批判的検討」（『歴史批評』五四号、二〇〇一年）。

※本稿は、張世眞「ライシャワー、東アジア、「権力／知識」のテクノロジー――戦後アメリカの地域研究と韓国学の配置」（沈熙燦訳、『東アジアの思想と文化』第八号、二〇一六年）を縮約・修正したものである。

第三章　グローバル時代における哲学言説と人文学

安相憲
（翻訳：許智香）

一　グローバル時代における哲学言説

1．ヘーゲルがいうように、哲学とは「思惟において把握されたその時代 ihre Zeit in Gedanken erfaßt」といえる[1]。もし、ヘーゲルのこの規定をデリダにしたがって「脱構築」するのであれば、「思惟と時代精神」に関する長い話を延々とすることもできよう。しかし、ここでわれわれが注目する点は、当代の哲学は、肯定的であれ否定的であれ、意識的であれ無意識的であれ、直接的であれ間接的であれ、当代の現実を反映しており、その時代の中で当該期を思惟した理論的、実践的、歴史的産物であるという点である。

2．「ここ、そして今 hic et nunc」のわが時代を支配している具体的な現実は「グローバル資本主義体制」である。したがって、この時代の哲学言説は「グローバル資本主義体制」の本質的性格を多様な方式で反映、投影している。さらに具体的にいえば、二〇世紀後半と二一世紀の支配的な哲学言説であるポスト-主義[2]——ポスト-モダニズム、ポスト-構造主義、ポスト-マルクス主義、ポスト-民主主義、ポスト-ヒューマニズムなど[3]——、多文化主義、他者と差異の哲学、身体-権力と身体-政治、欲望と主体、ノマディズム、帝国とマルチチュード、またニーチェ・スピノザ・アナキズム・ユートピア・レーニンルネサンスなどは[4]、すべて二〇世紀後半の資本主義体制の歴史的展開過程において露呈した質的変化を反映している、多様な哲学的片鱗といってよい。

3．たとえば、ポスト-モダニズムは「後期資本主義時代における文化理論」であり[5]、「多文化主義」は「多国籍資本主義時代における文化理論」といえる[6]。また、ポスト-マルクス主義は、経済的な基本矛盾が相対的に緩和された先進資本主義国家の政治イデオロギーであり[7]、ポスト-民主主義とは[8]、新自由主義的資本主義の世界化とともに自由民主主義の理念と代議制民主主義の制度が新たな展開を迎えるも、金権、メディア、イメージ、世論、政治工学などによって民主主義の基本理念である主権在民および政治参与が、依然としてエリート主義によって支配されている政治的な現実を反映している。そして、ポスト-ヒューマニズム、身体-権力、身体-政治などは、情報工学、生命工学、遺伝工学などによって人間の意識はもちろん、身体に対する精密な統制が可能になっている現実を反映している。

4．二一世紀の哲学言説における最大の話題は「欲望 desire」である。自然的存在である人間の「基本欲求 needs」の有限性とは違って、「欲望」の無限性というテーゼは、資本の拡大再生産と剰余資本の無限蓄積、すなわち「貪欲 greed」を正当化する代表的なイデオロギーである。ここには資本主義体制が作り上げた無限の欲望（所有欲望、消費欲望、性欲望）の幻想を追いかける現代人（「欲望の奴隷」）たちの絶望的で悲劇的な生が投影されている[9]。また

「他者」と「差異」の哲学とは、「他者」という鏡または「象徴」、そして「ファンタジー」によって絶えず他の存在へ生成、変容されていく自己分裂的な「主体の死」(呼びかけ、誤認、イデオロギー)に対する記録である。そして、ドゥルーズの「ノマドnomad」論とそれを社会変革理論に接ぎ木したネグリの「マルチチュード(知性)」論は、グローバル資本主義体制の中に存在する「根絶された流浪民」[10]の一断面をよく反映している。

5．政治経済的な側面から批判的に分析してみれば[11]、最近のこのような哲学言説の問題点と限界は、それを育てた土壌であるグローバル資本主義そのものに関する哲学的反省を試みるのではなく、むしろ資本主義体制が生み落とした変化の様態をただ受動的に反映する文化イデオロギーに止まっている、という点に求められるだろう。端的にいって、これらの哲学言説は、「物質的な生産と再生産」のメカニズムに土台を置きながら「非物質的な生産と再生産」のメカニズムと、自己―再生産の体制を維持しているグローバル資本主義の歴史的過程に全面的に依拠しているのだ。すなわち、一方では物質的生産と再生産のメカニズムに依存して生きている「自然的(労働的)存在」でありつつも、他方では次第に非物質的生産と再生産のメカニズムに依存して生きている「非物質的(労働または文化的)存在」へ転化していく資本主義的な生存の方式および生活の方式が[12]、このような言説の形成と深く関わっている。

6．二一世紀の哲学言説の特徴は、それが非実在論的・非実証的・非物質的な傾向性を帯びている点にある。二一世紀の哲学言説は、二〇世紀における現代哲学の「言語論的転回 the linguistic turn」と「文化論的転回 the cultural turn」の延長線上に置かれており、二一世紀に入ってからはさらに「思弁的転回」「存在論的転回」[13]の傾向性をも帯びつつ、「哲学的思惟の観念化」を主導している。

7．二一世紀の哲学言説におけるこうした傾向性は、物質的な産業資本主義から非物質的な文化および知識資本主義への質的転化と相まっている。二〇世紀初頭における西欧マルクス主義の敗北と「啓蒙の弁証法」の登場以来――少なくとも西欧資本主義社会においては――現実変革についての実践的な議論は後景に退き、資本主義体制の中での「（挫折された）欲望と解放」を扱う多様な議論が前面に浮上した。それとともに二一世紀の哲学は、歴史的未来に関する巨視的・実践的展望 prospective よりは、言説における考古学的、系譜学的、微視的、回顧的探索 retrospective に力点を置いている。哲学理論が「脱構築」され「去勢」される歴史的過程は、物質的生産と再生産のメカニズムが、非物質的生産と再生産、さらに非生産的生産と再生産のメカニズムへ移行する二〇世紀資本主義の歴史的展開過程とおおむね相応している。このような過程は、単に西欧マルクス主義の「敗北の弁証法」[14]ではなく、二〇世紀資本主義の実質的変化に関する証言であって、またそれを反映している。

8．二一世紀に入ってグローバル資本主義体制が非物質的・非生産的な生産と再生産のメカニズムの本質的限界と矛盾に直面することによって、具体的現実から出発する主体的な理論と実践が、改めて要請されるようになった。最近登場した巨視的な哲学理論のほとんどは、現存する資本主義体制とは質的に異なる代案社会への「革命(Negri, Zizek)」を夢見、「現実的ユートピア」の到来を待つか、現在とは完全に断絶された「来たるべき民主主義 démocratie à venir(Derrida)」[16]を渇望するという点において「根本主義 radicalism」的性格を帯びながらも、ただ「絶望」のなかから「希望」[15]が芽生えることを訴えるのみである。これは、グローバル資本主義と代議制民主主義が行き詰まりの袋小路 impasse へ追い込まれたという「危機意識」と「苛立ち」、そして「絶望感」を表す「最後の人間 Der Letzte Mensch」[17]たちの凄絶なる振る舞いにほかならない。最近の哲学言説において――残存する新自由主義的なグローバル化イデオロギーを除けば――未来に対する「楽観主義」を発見するのは、ほとんど不可能である。

9. それではグローバル資本主義の現実に根付いた哲学言説とは、どのようにして可能となるだろうか。抽象的な言い方をするなら、二一世紀における新たな現実的哲学言説は――二〇世紀後半の微視的言説を止揚することで成立しうるという意味から――〝一九世紀の巨視的言説と二〇世紀の微視的言説の弁証法的止揚〟を要請しているといえる。このような現実的弁証法は、原則的に「グローバル資本主義」という「具体的な現実から出発」しなければならない。哲学は具体的な現実の土壌を離れては存立しえないからである。

二　資本主義体制の本質

10. 資本主義体制は「走る自転車」と同様の原理をもっている（M－C－M′－C′－M″）。走りつづけないと倒れるのが自転車の属性であるように、資本主義体制もまた、持続的な拡大再生産をつづけなければ倒れてしまう。これが資本主義体制の本質であり、根本的矛盾である。これまでの資本主義の歴史が物語っているように、資本主義体制は拡大再生産の構造的危機（一八七〇年代、一九三〇年代、一九七〇年代）に直面する度に帝国主義的侵奪、局地戦争と世界戦争、新自由主義的な市場解放と拡張、非市場的価値の商品化と市場への編入など、あらゆる手段と方法を総動員することでなんとか生き延びてきた。そして、人類の歴史上もっとも柔軟な「自己修正メカニズム」[18]を有している、なによりも卓越な体制であると自任してきた。

11. 歴史が証明したように、資本主義体制の歴史的車輪の底で苦痛に耐えている人たちの、「人間らしい生」を実現させようとする（あるいは自ら実現しようとする）集団的で組織的な変革・解放運動は——その一時的・局地的成功にもかかわらず——ほとんど失敗に帰してしまった。資本主義体制は社会主義体制との敵対的競争の過程において生産力の飛躍的発展と自己修正メカニズムを通じて体制矛盾（搾取、貧困、抑圧）を相対的に緩和してきたのであり、社会主義圏の崩壊以来は、資本主義と自由民主主義の完全なる勝利を宣言しただけでなく、やがて「資本主義体制を越えうる新しい歴史的段階は存在しない」という「歴史の終わり」をも唱えられるようになった。

12. 社会主義圏の崩壊とともに地球上に独り残った社会経済システムである「資本主義体制」は、新自由主義的な市場論理を筆頭にして「グローバル化」を加速化してきた。第二世界、第三世界、第四世界は、アメリカを含む第一世界の超国籍資本が主導する資本主義的「単一世界市場体制」に編入され、相対的独立を守っていた国民国家はＷＴＯ体制と自由貿易協定（ＦＴＡ）によって「世界市場」における熾烈な無限競争の参加者として、そして「世界市場」の見張りへと変貌した[19]。周知のように「世界市場」体制は形式的にはＷＴＯ、ＩＭＦ、ＷＢ、ＷＥＦ、ＯＥＣＤ、Ｇ7-20が主導しているが、実質的にはアメリカの主導下におかれている。したがって、この時代におけるグローバル資本主義の本質を正確に把握するためには、いずれにせよアメリカに関する具体的な理解が必須不可欠になってくる。

三　アメリカとグローバル資本主義

13．アメリカが本格的に資本主義体制の見張りとして登場したのは冷戦体制の成立以降のことである。社会主義圏の膨張を防ぐためにアメリカは、ヨーロッパの戦後再建に剰余資本を大々的に投入する（Marshal Plan）ことによって自国中心の資本主義体制のグローバル化（ブレトン・ウッズ体制、Pax Americana）の基盤を備えた。冷戦期の体制競争を勝ち抜くために受容された――ケインス経済理論に立脚した――修正資本主義政策は、七〇年代の経済危機を経つつ、いわゆるF・ハイエクやM・フリーマンの新自由主義経済哲学にもとづいたサッチャーリズム（一九七九～九〇年、TINA）と、レーガノミックス（一九七七～八八年）という新自由主義的世界市場経済政策へと転換された。新自由主義的なグローバル化政策の核心は、①商品とサービスの自由貿易、②資本流通の自由、③投資の自由、④個人間、企業間、資本間における無限の競争、⑤国家介入の最小化として要約されうる。新自由主義的なグローバル資本主義政策は、資本主義の生命である「資本の拡大再生産」のための唯一無二の最終手段であった。

14．社会主義圏の崩壊は、アメリカにとって新自由主義的な市場経済体制を強化させる絶好のチャンスであった。一九九三年にNAFTAが締結され、一九九五年にはWTO体制が出帆した。一九九八年に外国為替の危機に追い込まれたアジア諸国は、IMFによってグローバル体制に相応しい「構造調整 restructuring」を強いられた。この時期からアメリカは一方的な覇権国家の座を占め、南米と中東をはじめとする世界各所において「例外存在」

としての「ならずもの国家[20]」の威容を余すところなく発揮するようになった。

四　グローバル資本主義の危機

15．アメリカが主導した資本主義的グローバル化は、世界市場に編入された周辺諸国にすさまじい災厄（農業市場開放、投機資本の跋扈、公共部門の民営化（私有化）、貧富の格差、非正規職の量産）を招いたのみならず、グローバル化の中核であるアメリカ自身の経済にも深刻な危機を巻き起こした。アメリカ経済の主要部門（金融、軍需、石油、穀物、サービス、文化、情報、知識など）は少数の超国籍企業に独占され、アメリカ政府の課題もまた、超国籍企業の利潤の最大化を優先する国家戦略の開発となった。

16．巨大資本を中心とするアメリカの国家戦略は、中産階級の生計と安定の基盤であった国内中小製造業部門の荒廃化を招き、大衆経済の中心はサービス産業「ウェイトレスとバーテンダー国家」に移った。のみならず、非営利公共部門（医療、福祉、教育）の市場経済への編入（民営化）などによって、アメリカの福祉指数はＯＥＣＤ国家中で最下位に転落し、アメリカの「第三世界化[21]」も加速化している。二〇〇〇年代に入り目立ちはじめたアメリカ経済の没落は、二〇〇八年の住宅担保不良貸出（subprime mortgage）によるウォール・ストリートの金融経済の破綻はもちろん、グローバル資本主義体制そのものの根本的な危機をも招いている。

五　グローバル資本主義体制における根本的な矛盾

17．二〇〇八年の金融危機は、新自由主義的なグローバル化における危機の「原因」ではなく、資本主義自体の本質的矛盾の「効果」であり、「結果」であったといわねばならない。資本主義体制が――その本質的矛盾にもかかわらず――これまで相対的な富を保ってきた理由は、ポスト‐資本主義、ポスト‐産業主義、ポスト‐フォーディズム、大衆消費社会、情報化社会、知識（基盤）社会という用語によく現れているように、生産部門の構造調整、非経済的価値・分野の商品化と拡大、大衆消費の増進など、いくつかの自己調節のメカニズムを通じてその根本的矛盾を遅延、隠蔽してきたからである。

18．しかし、これらの自己調節のメカニズムが過剰生産、過剰消費、資本の過剰蓄積など、資本主義体制の本質的矛盾をこれ以上遅延させることはありえないだろう。以下では、過剰生産、過剰消費、過剰蓄積の問題をそれぞれ検討してみよう。

①過剰生産：資本主義的生産方式と科学技術の発展によって、人間の基本的欲求と欲望を充足させるため必要となる物質的、非物質的生産（一次〈穀物〉、二次〈製造業〉、三次〈サービス産業〉）の生産力が世界の総需要量を超える過剰生産段階に進入したが、これは人類史上類例のないことである。たとえば、穀物の過剰生産は「畜産」による消費がなければ、超過生産量を処分することができない段階に入っており、農地はレジャー

スポーツ施設や娯楽施設、すなわちサービス産業へと急速に転用されている。また、製造業の生産部門においても――IT、BT、NTなどの先端技術による新商品を除けば――その生産量はすでに実生活に必要な需要を超えている。非物質的生産部門であるサービス産業、文化産業、知識産業部門も、無限の競争による独占と破産の悪循環が繰り返される過剰生産段階に突入している。

②過剰消費：過剰生産を可能にする過剰消費は、個人および家計の可処分所得や負債を前提にしなければ実現できない。しかし、個人および家計の可処分所得は、貧富と所得の格差、大量失業、整理解雇、非正規職、cybertariat[22]、precariat[23]、ベビーブーム世代、八八万ウォン世代の出現によって著しく悪化しており、過剰資本に由来する信用貸付とクレジットカードの一般化は、負債経済の個別的な過消費をもたらしている。しかしながら、他方で社会全体としては低消費による内需経済の沈滞が長期化している。

③過剰蓄積：一次・二次・三次産業の全般的な過剰生産は、生産部門における資本の投資を次第に低下させている。そして中心部に蓄積された過剰資本は「投機資本」に化し、「非生産的生産」部門である「投機的金融資本市場」に集中される。資本市場の「グローバル化」にもかかわらず、中心部国家においては資本市場の不動産バブルが膨張している。先進諸国による強圧的な資本市場の開放政策は、商品市場の確保を目指していた過去の「グローバル（市場）化」とは違って、中心部の過剰蓄積資本の投機的再生産のための「金融資本市場」のグローバル化を最大の目的としている。

六　グローバル資本主義の展望

19．一次・二次・三次産業において拡大再生産の循環が不可能になると、資本市場の投機資本への循環も不可能となるため、新たな先端産業部門における新技術（IT、BT、NT）開発と新しいサービス産業開発（サービス産業、文化産業、複合メディア産業、情報‐知識産業）をめぐる企業間、国家間の「無限の競争」と「独占」が避けられなくなる。しかし、新たな先端技術産業の発展と拡大は、少数の超国籍企業の一次的競争力と再生産システムの維持には役立つであろうが、物質的、非物質的、非生産的商品の総体的な過剰生産と資本の過剰蓄積という根本的矛盾を克服することはできない。もちろんグローバル資本主義の持続可能な再生産なども不可能となる。

20．グローバル資本主義体制とその拡大再生産を維持するための暫定的代案として、以下のような議論が提示されている。必要以上に蓄積された過剰資本を、一、二ドルで一日を延命している世界の三〇億の人びとに分け与える大規模な経済援助、そして第四世界の開発と基盤施設構築に直接投資する方法がそれである。しかし、社会主義圏の崩壊とともに、資本主義体制を脅かす「外部の敵」が完全に消え去った今日において「マーシャルプラン」のような大規模な経済援助や直接投資を期待するのは不可能であり、たとえ可能だとしても第四世界に対する「新帝国主義」的な収奪と支配だけが強化されるだけであろう。(24) 近年、グローバル資本主義の戦略がもたらすブーメラン効果に関する考察が行われ、危機管理による持続可能な発展が模索されているが、エネルギー需給の限界、環境生態系の破壊、貧富の両極化のような総体的・根本的な「危険」にどれほど対処しうるのかは、依然として疑問である。

21. グローバル資本主義体制の矛盾は、（国民）国家間、地域間の対立と葛藤を高潮させ、北米、EU、南米、東アジア、中東、ロシア、中国、インドなど圏域別のブロック化を促している。一方、二〇〇八年の世界的経済危機は、グローバル資本主義そのものの危機を産み落としたが、それ以来、国家主義と民族主義が強化され、EU国家間の内部葛藤、G2国家の軍費競争、東アジアの領土葛藤、アメリカの保護貿易主義など、世界はグローバル資本主義以前の時代へと退行している。資本主義的世界化戦略の失敗は、ついに戦争のような「破壊的創造」という極端な選択に至る可能性すら秘めている。グローバル資本主義の根本矛盾である過剰生産と過剰蓄積の解消および資本主義体制の再生産において「破壊的創造」ほど容易な方法はないだろう。

七　反世界化運動と代案社会言説

22. このような過程のなか危機に迫られた民衆たちは、WTO体制に対抗する一九九八年のシアトルデモをはじめ、反世界化運動を本格的に展開している。二〇〇一年に発生した九・一一テロは「文明の衝突（P・ハンティントン）」ではなく、一九九五年のWTO体制の結成以来本格的に展開されたアメリカ中心の新自由主義的なグローバル資本主義に対する抵抗を象徴している。のみならず、グローバル資本主義体制のなかで起った「内波implosion」の動きという点で格別な歴史的意味をもつ。九・一一テロはブッシュとネオコン集団の一方的な覇権主義にもとづいた対外政策を促したが、「オイル戦争」とも呼ばれるイラク侵略は――「イラクの民主主義化」

という名分にもかかわらず――グローバル資本主義体制の正当化に致命傷を与え、アメリカの経済と安保はもちろん、人権問題にも深刻な打撃をもたらした。アメリカ中心のグローバル資本主義政策は、いまや一九三〇年代の大恐慌に次ぐ二〇〇八年の「金融危機」によって座礁しているといわなければならない。

23. 資本の世界化戦略が加速化されることによって資本主義的世界化政策に対する抵抗と闘争も先鋭化してきた。一九九〇年代初頭、アメリカの超国籍農業資本が主導した農産物市場開放（UR）の圧力に抵抗した農民運動は、一九九五年のWTO結成をきっかけに反世界化運動（または、代案-世界化運動）として拡大した。グローバル資本主義国家機構（GO）であるWTO、IMF、WB、WEF、OECD、G7-20の首脳会議に抵抗する非政府機構（NGO、NPO）のグローバルな反世界化運動は、一九九八年のシアトルデモにおいて点火されて以来、二〇〇一年ブラジルで「Another World is Possible」という旗印のもとで全世界のNGOたちが集まる「世界社会フォーラムWorld Social Forum」[25]に発展されたのであり、さらに二〇〇三年のイラク戦争に対する世界的反対デモへと繋がった。反世界化運動の特徴は、過去の社会主義的単一理念に立脚した変革運動とは異なって、赤・黄・緑・青・藍・黒・白・紅（社会、反核、平和、市民、女性、環境、人権、民主、無政府、移住者、少数者、障害者など）の多様な理念が「差異と連帯」を掲げて「多元主義的運動」を展開している点にある。反世界化運動は二〇〇八年の金融危機以来、ウォール・ストリート占拠運動（Occupying Wall Street）のような新たな形で全世界に拡散している。

24. 反世界化運動、あるいは代案-世界化運動の核心課題は、「代案社会another world」の実現である。代案社会の言説には「参与経済par-econ」「参与政治par-polity」「民主経済demo-econ」「自律社会」「無権力社会」「アナキズム（自由主義的社会主義）」などがあり、反世界化運動の方法論としては反位階的な「新社会主義運動」論、「多衆運動」論、「隙間革命 interstitial revolution」論、レーニン主義革命論など、ＮＧＯの数だけ多様な議論が提起されている。

25．しかし、グローバル資本主義体制に安住しながら言語的、文化的、思弁的議論の水準に止まっている二一世紀の哲学言説（欲望、主体、認定、他者、差異、メシア、集団知性、自律、自発性、ノマド、脱構築、疎通）は、これまでみてきたグローバル資本主義体制の矛盾に抵抗する多様な反世界化運動、ないしは反資本主義運動に適切な哲学的土台を提供することに失敗し、むしろグローバル資本主義に便乗して哲学言説の商品化（著作権の独占、哲学言説市場の拡大、哲学の大衆化）を促しているように思われる。

八　グローバル化時代における人文学

26．近年の大学における教育・研究分野としての人文学の萎縮は、全世界的な現象である[26]。グローバル資本主義の段階に入ってから、非市場的な公共価値の実現を追求してきた教育、医療、福祉などの公共部門は民営化、私有化、商品化の動きに浸食されつつあり、同時に、これまで資本主義的市場の外部において「知性の殿堂」として独立的に真理を追求してきた大学教育も、市場の論理に本格的に編入されている。現在韓国で推進されている国公立大学の法人化（民営化）政策は、資本の拡大再生産のために大学教育を商品化させようとする代表的な事例といえる。これは、韓国のみならず全世界的に拡大している教育の民営化の結果であり、授業料の大幅な引上げ、人気のない学科の統廃合や廃止、官–産–学–研の連携、学校施設および寄宿舎の建設におけるＢＴＬ方式[27]の導入、業績の重視、成果給制度、年俸制などは、すべて資本の拡大再生産のために用意された方便にほかならない。秀越性[訳注]と効率性イデオロギーによって大学教育はグローバル資本主義の人的資源（知識労働力）の養成機関に転落したのであり、このような目的に合わない人文学を含め、人気のない学問分野はきわめて深刻な危機に迫られている。

27. このような危機に直面している人文学は、かかる現実に受動的に妥協し、適応していくのか、それとも時代的現実の矛盾を能動的に批判・省察し、抵抗していくのかという選択の岐路に立たされている。今日の大学教育における人文学は、この時代的現実に抵抗するよりは、資本主義体制が要求する「人文学の商品化、および商品としての価値の水準向上と開発」に応じる方向へ進んでいる。つまり、実用的人文学、癒しとしての人文学、他学問との融合・複合、人文学的創造力を活用した文化および芸術商品の開発などを通して資本主義的時代の現実に順応し、適応することに没頭しているのだ。しかし、こうした努力は生存のための苦肉策にすぎず、人文学と人文精神の本領とは程遠いものといわざるをえない。

九　抵抗的人文学のために

28. およそ人文学と人文精神の生命力は人間の生に対する根源的な問いを通じてその時代的現実を批判的に省察し、ひいては新しい生の意味を見出すとともに、それを実践的に追求するところにある。この点に照らしてみると、今日の人文学は、グローバル資本主義の具体的な現実に関する批判的省察はもちろん、そこからはじまった現代科学と技術文明、現代文化に関する深い反省、そして情報工学、遺伝工学、生命工学の発達とともに新たに台頭している人工知能（AI）、人造人間（cyborg）のような新しい形の人間に関する考察など、切迫している時代的課題をいくつも抱えている。いわば人間の生とその未来に対する根本的思惟、さらに充実した「人文学的根本主義」の回復が切実に求められているのだ。人文学的根本主義の本質は、現実に対する無条件的な肯定や弁明ではなく、それに対して「否定の否定」の弁証法を徹底して行おうとする精神にあるといえる。このような意味から抵抗的人文学、すなわち「偉大な拒否」の人文学は、われわれの時代における人文学の切迫した課題として再び要請されている。これは、人文学に対する新たな要求ではなく、どの時代においてもつねに存在してきた「真正な人文学」への回帰にほかならない。

注

（1）Georg Wilhelm Friedrich Hegel. *Grundlinien der Philosophie des Rechts, Werke. Band 7*, Frankfurt a. M. 1979, S. 26.

（2）「ポスト」という接頭語は、単純な時間的意味での「後期」よりは「断絶」または「質的変化」という「脱」の意味を含蓄している。しかし「断絶」や「質的変化」の意味に関しては様々な異見や論争があるだろう。私の個人的立場は、弁証法的な観点である。

（3）哲学以外の領域においてもポスト-主義は多様に存在する。たとえば、ポスト-産業社会、ポスト-資本主義などがそれである。

（4）これ以外にも大文字の物語／小文字の物語（Jean-François Lyotard, *The Postmodern Condition: A Report on Knowledge*, Minnesota u. 1984）および歴史の必然性／偶然（発）性に関する多様な議論があり、文化研究（cultural studies）もその一種である。

（5）Fredric Jameson, *Post-modernism, or the Cultural Logic of Late Capitalism*, Duke UP, 1991.

（6）Slavoj Žižek, 'Multiculturalism, Or the Cultural Logic of Multinational Capitalism, *New Left Review* 225（Sept.-Oct. 1997）.

（7）Ernesto Laclau and Chantal Mouffe, *Hegemony and Socialist Strategy*, Verso, 1985.

（8）Colin Crouch, *Post-democracy*, Polity, 2004.

（9）ラカンの「享楽 jouissance」概念は、無限の欲望がもつ自己矛盾の歴史的徴候に関する証言である。

（10）シモーヌ・ヴェイユの根こぎ（déracinement）、ハイデッガーの故郷喪失（heimatlosigkeit）という概念も、これと類似した意味を有している。

（11）「私の研究の到達した結果は次のことだった。すなわち、法的諸関係ならびに国家諸形態は、それ自体からも、またいわゆる人間精神の一般的発展からも理解されうるものではなく、むしろ物質的な諸生活関係に根ざしているものであって、これらの諸生活関係の総体をヘーゲルは、……「市民社会」という名のもとに統括しているのであるが、しかしこの市民社会の解剖学は経済学のうちに求められなければならない、ということであった」（大内兵衛・細川嘉六監訳『マルクス＝エンゲルス全集』第一三巻、大月書店、一九九一年、六頁）。

（12）産業労働から知識労働、サービス労働、文化労働への転化による生の方式の変化もこれに含まれる。

（13）（ed）Levi Bryant, Nick Srnicek and Graham Harman, The Speculative Turn: *Continental Materialism and Realism*, repress, 2011; *Papers from Materialisms*, "the Ontological Turn in Contemporary Philosophy", Conference-Porto Alegre, Brazil（Oct. 2012）.

（14）Russell Jacoby, *Dialectic of Defeat: Contours of Western Marxism*, Cambridge, 1981; PerryAnderson, Considerations on Western Marxism, Verso, 1976.

（15）Chris Spannos（ed.）*Real Utopia: Participatory Society for the 21st Century*, AK Press, 2008; Erik Olin Wright, Envisioning Real Utopias, Verso, 2009.

(16) デリダはこれを「メシア主義なきメシア Messiah without Messianism」として説明する（Jacques Derrida, *Spectre de Marx: l, état de la dette, le travail du deuil et la nouvelle Internationale, Éditions Galilée,* 1993）。

(17)「最後の人間」は、いわばニーチェのいう ubermensch とは正反対の人間型である「人間のくず」を意味する（Friedrich Nietzsche, *AlsoSprach Zarathustra*）。F・フクヤマはかれの著書『歴史の終わり *The End of History and the Last man*』においてニーチェのこの用語を借用している。

(18) マルクスは資本主義の自己修正メカニズムの属性を「すべての固体は空気の中に溶けていく」（『共産党宣言』）、「資本主義は、生産力発展の余地が存在するかぎり、決してつぶれない」（「経済学批判序文」）などと描写している。

(19) むろん、資本主義的グローバル化は、社会主義圏の崩壊から突然はじまったのではなく、資本主義の胎動期からすでに予見され、進行されてきた。マルクスは様々な著述において（『ドイツイデオロギー』、『共産党宣言』など）資本主義的「世界市場」の歴史的必然性について詳細に論じており、これに立脚した「世界革命」を主張した。

(20) Noam Chomsky, *Rogue States: The Rule of Force in World Affairs, Cambridge*, 2000; Jacques Derrida, Voyous, Galilée, 2003.

(21) アメリカの第三世界化を象徴する指標として、失業と貧困、経済的依存、市民権の失墜、政治腐敗、治安の不在、インフラの頽落、中産階級の崩壊、為替レートの切り下げ、メディアの統制、家計負債などがとりあげられる（Paul Craig Roberts, 'US: A third world country in 20 years?', 2012.10/18（http://praag.org/?p=2957）; Activist Post, '10 Signs The U.S. is Becoming a Third World Country'（http://www.activistpost.com/2010/08））。

(22) 情報化産業に従事する低賃金労働者階級を指す（Ursula Huws, *The Making of a Cybertariat*: Virtual Work in a Real World, Monthly Review Press, 2003）。

(23) Precariat は、最近新しく登場した無産階級を意味する新造語で、青少年アルバイト、副業、ツージョブ（two job）など、極めて不安定な生活を営むも、未来は不透明な低賃金労働者集団を示す言葉である。産業資本主義時代の「プロレタリア」と対比される概念といえる。むろん、かれらがどれほど共通の階級意識をもっているのかは、別個に考えるべき問題である。

(24) 人道主義的経済援助の虚構性を象徴する最近の代表的な事例として、二〇一〇年莫大な地震被害を受けたハイチ共和国に対する先進諸国の無償援助の約束の不履行をあげることができる。
(25) 二〇〇一年四月、ブラジルのポルト・アレグレで開催されて以来、米州社会フォーラム、アジア社会フォーラム、地中海社会フォーラム、南アフリカ社会フォーラムのような地域別の社会フォーラムと国家別の社会フォーラムとして今日までつづいている。しかし、多元主義的反世界化運動は、克服しなければならない多くの課題をも抱えている。
(26) これまで国家と社会の公的目的のために大学教育を無償に提供してきたヨーロッパをはじめ、世界の多くの大学において人文学は深刻な構造調整に晒されている。
(27) Build-Transfer-Lease の略語。大学あるいは公共機関の公共施設を民間資本が建設し、所有権を移転する代わりに賃貸事業によって資本の利潤を創出する新たな民営化事業をいう。
(訳注) 秀越性とは、一九九〇年代、韓国で作られた教育学分野の新造語として「Excellence in Education」を意味する概念である。教育学用語事典によると「生活のすべての分野において最高水準に到達するための努力」を示すという(『教育学用語事典』ソウル大学校教育研究所、一九九五年)。

※本稿は、『東アジアの思想と文化』五号(二〇一三年)に掲載された論文を修正・転載したものである。

第四章　近代中国知識人の「東方」
——晩年梁啓超の思想的転回を例に

張　憲　生

一　はじめに

一九世紀後期から二〇世紀前期までの近代中国知識人の「東方」認識を考察するための一基礎作業として、この時期において「東方」と「西洋」という課題について多くの論考を残している梁啓超に焦点を絞り、その「東方」認識及びその変容の概観を通し、「東方」文化認識をめぐる晩年の彼の思想的転回を考察して、現代における「東方」の行方を考える示唆を見出すことが本稿の目的である。

二　「東方」とは何か

「東方」とは実に極めて意味の漠然とした言葉である。「東方」はもともと地理大発見の時代から、欧州以東の地域のことを言うときに使用される地理的概念であり、広くはトルコのボスポラス海峡より西の地域、狭く言うなら、儒教文明の覆う東アジア、場合によっては東南アジアをも入れる今のアジア地域を指している。すでに多くの指摘があるように、「東方」という概念、「東方」に関する言説はその後、近代西洋の政治的・軍事的覇権の地球規模の拡張により実体概念へと変化してゆく。一八世紀以降、西欧を起源とする近代産業社会、それを支える政治的・経済的体制としての資本主義制度が世界に広がるに伴い、いわゆる欧州中心史観が登場し、「東方」は歴史の発展段階上、西欧より遅れている地域と見做され、後進的文明という代名詞として用いられるようになった(1)。

そういう意味で一八、一九世紀において「東方」社会や文化を論じた言説として、「東方専制」論や「アジア的生産様式」論などがあげられるが、それによって「東方」とは独裁専制体制が二千余年も続いた「変化を知らない」社会、残虐でまた神秘に満ちた文明というイメージが次第に作り上げられ、その後、近代西洋の「東方」進出に従い、西洋の圧倒的軍事・経済力を前に、「東方」の敗北が明確となり、西洋発の「東方」認識は裏付けを得られたかのように、より確固たるものとして広まっていった。

上述した背景を意識しながら、主に近代の東アジアに限定して、しかも主にその中の近代中国の代表的知識人の一人梁啓超を例に、その「東方」観の転回を検討する。

三　一九世紀後半の「東方」認識

一八四〇年代のアヘン戦争、その後の第二次アヘン戦争（一八五七～六〇）、清仏戦争（一八八四・八～一八八五・四）、そして特に一八九四年の日本との間での中日甲午戦争（日清戦争）で清が一連の敗北を喫したことにより、世界の中心かつ文明の頂点である「華」と、その周辺の諸地域の「夷」とによって構成される「華・夷」という世界認識は根底から揺るがされた。この「数千年来未曾有の大変局」という事態を前に、西洋を正しく認識しようとする「師夷之長」、つまり、西洋の技術文明を学び、もってそれに対抗しようという主張が現れ、その後、「中学為体、西学為用」、つまり中国の伝統文化をしっかり維持しながら、西洋の技術文明をも導入して世界の大勢に対応しようという主張や、さらに「東方」の伝統を相対化し、かわりに西洋文明を全面的に学ぼうという意見も登場した。この流れは一九二〇年代に至り、「東方」の伝統文化を徹底的に否定し、西洋の政治・文化を全面的に受け入れようという急進的思潮が時代の知識人を捉えたのである。オリエンタリズム理論の語り口で言うならば、西洋という「他者」の鏡に映しだされた「東方」のイメージが「東方」に受け入れられ、「東方」の内部から「東方」を否定していく動きであった。

これに対して、あくまで「東方」の伝統を固持して、「西洋」に対抗しようとする動きがある。「東方」をめぐるこの二つの動きの根底には、いわゆる東西文明の「二分法的思考」があるとも指摘できる。たとえば梁啓超は晩年の著書『清代学術概論』の中で、アヘン戦争以後の中国知識人の「西学」に対する認識変化の歴史を振り返って次のように述べている。

アヘン戦争以後、海禁が解かれていわゆる西学なるものは次第に輸入されたが、初めは工業技術、次は政治制度だ。それまで学者はまるで暗き一室にあるがごとく、部室の外に更に他の世界があることを知らなかったところ、忽然として窓が開けられて外を覗くと、燦然たるものは皆未だ見ないものばかりで、振り返って部室の中を見ると、則ち皆暗く沈滞して汚き物が積み重なっていた。そこで、外来の文物を求める意欲は益々強まり、中の古き物を嫌悪する情が益々盛んになり、極めて幼稚な「西学」の知識を以って清初の啓蒙期の「経世学」を相結合させ、別に一派を立てて正統派に反旗を翻したのである[2]。

中国近・現代史及びその間の思潮の歴史を振り返ってみれば分かるように、「東方」と「西洋」をめぐる相反するこの二つの思想の流れは一九世紀中期より起こり、その後は一九世紀後半をへて二〇世紀を貫いて続き、さらに二一世紀の現在においても形を変えて現れ、中国の政治・社会・文化に時々何かの影響を与えている。では、晩年の梁啓超はどのように「東方」を認識し、またどのようにこの二分法的東西文化観を乗り越えようとしたのであろうか。次にその思想的転回の軌跡を辿ってみる。

四　青年期の「東方」認識

関連史料を見ても分かるように、梁啓超は幼少時代から伝統的「東方」文化の啓蒙教育を受けていた。一八九〇年、科挙の試験を受けるために北京へ行ったが、落第した。帰郷の途中、世界地理を紹介する書物や西洋書籍の中訳を手に入れて読みはじめ、視野が開かれた。青年期の梁啓超はかなり急進的な西洋観を示し、新聞や雑誌などで近代ヨーロッパの政治・社会・文化を精力的に紹介して、時代を風靡した。西洋へ注いだ熱い眼差しは彼の前期の「東方」認識と表裏をなし、「東方」を相対化する思索を始めたのである。

「国性」と「民徳」とは、梁啓超が「東方」を捉えるときによく使う概念である。「国性」とは、長い間に形成されたある地域、ある民族共同体の共通的精神伝統である。それについて彼は次のように述べている。

国性は何か具体的に指すものはなく、いつ始まったのかも知らぬ。人類がともに一地域に生活して、血統の絆により集団を作り、交流は益々頻繁になり、共通の利害は密接になる。言語思想の相通じることは幾千百年も続いたかも知らぬ。知らず識らずの内に、無形の信条を多く形成して、人心に染み込んでゆくけれど、この信条には大きな威徳があり、物理学上の磁力ごとくものがあるがために、全国民を引き付けて離さぬ(3)。

また、「民徳」とは、その民族共同体のメンバー一人一人の持つ人格ないし国民品格である。「国性」は全体をいうときに使い、「民徳」は集団メンバー一人一人をいうときに使う概念である。二〇世紀初頭の梁啓超はまだ儒教思想の影響下にある中国の「国性」と「民徳」について考え、「新民議」「新民説」「中国国民の品格を論ず」などの一連の文章を発表して、儒教思想を批判し、「東方」文化を相対化する作業を展開した。

一九〇三年に発表した『新大陸遊記』の中で、梁啓超は一九〇二年、北米大陸を一年ぐらい旅行した観察と体験をもとに、当時の北米社会に定住した中国人の長所と短所を指摘し、箇条書きに並べた。

われの見る処、則ち華人の長所は次の通りだ。

一つ、愛郷心（愛国心も即ちここより出る）は甚だ盛んである。
一つ、頗る義侠を重んじる。
一つ、冒険心に富んでよく辛苦に耐えられる。
一つ、勤、倹、信（この三つは実は生存競争に必要な条件）。

その短所は次の通りである。

一つ、政治能力はない。
一つ、保守性が強い。
一つ、高尚な目的がない。(4)

ほかに、北米社会で中国人の伝統的秘密結社が林立して離合集散を繰り返し、昨日まで同士だったのが忽然分裂して殺し合いを始め、日に数十人の死者を出した場合もあったことを「痛ましい哉」と嘆いた。これらの観察を元に、さらに中国人の欠点を挙げてゆく。

一に曰く、族民の資格はあり、市民の資格はない。
二に曰く、村落の思想はあり、国家の思想はない。
三に曰く、専制を甘受して、自由を享受することは知らない。
四に曰く、高尚な目的はない。(5)

梁啓超がこのように指摘した二〇世紀初頭の中国社会ないし中国人の国民性にある欠点は、彼が欧米社会での実地調査を踏まえ、比較した末に得た結論であり、言わば北米旅行で見たアメリカ社会を鏡に映し出された中国社会のイメージであり、「東方」の映像である。

ただ、自民族の文化に対するこのような厳しい捉え方は東方文化を完全に否定したことを意味しなかった。同じ年に、彼は別のところで次のように書いている。

蓋し大地の今日にはただ二つの文明あるのみ、一つは泰西文明、欧米がこれである。もう一つは泰東文明、中華がこれにあたる。二〇世紀は則ち両文明の結婚する時代である。[6]

「泰西文明」、つまり西洋と「泰東文明」東方を人類を代表する二大文明とするところには、なお二分法的な思考が顕著に表れているが、二〇世紀は世界の二大文明が「結婚」、つまり融合する時代であるという主張は、ある意味で晩年の東西文化「化合」論を予告しているようなものであった。

五　晩年の「東方」回帰

このように東方文化を相対化した梁啓超のその後の東西文化観は「東方」と「西洋」の間で微妙に揺れ動いたが、「東方」を相対化したことがそのまま西洋崇拝に行き着くことはなかった。たとえば、彼は一九〇三年に発表した『新大陸遊記』の中で、アメリカ社会の弱肉強食や階級間の格差の現実を目にして、「吾ニューヨークの平民窟を観察するに、社会主義は断じて已むべからずと深く歎ずるのだ」と書き、また「天下で最も繁盛する都市はニュヨークに如かず、天下で最も暗黒な者は亦ニュヨークに如かず」とも鋭く指摘している。

梁啓超は三〇代前後から幾度か西洋を実地見聞し、二〇世紀前期より、西洋へ注いだ前期の熱い眼差しには変化が起き、「西洋」を相対化する思索を始めたのである。特に第一次世界大戦後の欧州諸国遊歴は彼に「東方」文化を再認識させ、「東方」に転回する契機となった。その後、「東方」には独自の価値があり、したがって自国の文化をもって西洋文化と化合させて新しい文化を創り出すべきだと主張するようになった。「東方」文化をめぐる梁啓超の思想的転回は、つねに時代の動向を敏感に捉え、思想上の自己革命を行おうとする彼の性格による部分もあるが、また二〇世紀前期の第一世界大戦という時代の動向による影響も大きかった[7]。

伝記資料によれば、梁啓超は生涯計四回欧米諸国を遊歴している。一八八九年一一月、二七歳の梁啓超は北米保皇会の招請により日本を経由してアメリカに向かい、第一回の欧米遊歴に旅立った。翌年の八月、澳州保皇会の招請でシンガポールからオーストラリアに向かう。第二回の海外遊歴である。一九〇三年一月、三一歳の梁啓超は北米保皇会の招請により、海外華僑の状況などを調査する目的でアメリカに向かう。三度目の欧米遊歴になる。最も注目すべきは晩年の欧州遊歴である。一九一八年一月より一九二〇年一月までの一年間、四六歳の梁啓超はイギリス、フランス、ドイツなど欧州各国を遊歴し、帰国後、欧州での見聞を紀行文『欧遊心影録』にまとめて北京、上海各地の新聞に連載した。その中で第一次世界大戦後とパリ平和会議最中の欧州各国の政治・経済・社会の状況を報道し、ヨーロッパ文明に対する見方を披露した[8]。

この四回の欧米遊歴の中で、第四回の欧州各国遊歴は晩年梁啓超の思想的転回に与えた影響が最も大きく、帰国後の梁啓超の「東方」に対する認識も大きく変わった。フランス、ドイツ、スイス、イタリアに滞在した間、梁啓超は第一次世界大戦後の領土の割譲などによって大きく変わった欧州の地縁政治を実地体験し、廃墟となったドイツのヴェルダン要塞などの激戦地を見学し、戦後のインフレや財政難により一様に経済的・社会的停滞に苦しむ欧州各国の現状を目の前にした梁啓超は、近代理性主義や科学に孕まれた近代ヨーロッパ文明の病理を分析し、その思想的根源を捉えようとしたのである。

梁啓超によれば、近代ヨーロッパ文明の病根は二つある。一つ目は時代の流行となっている「生存競争、優勝劣敗」というダーウィン的進化論と、様々な形で宣伝されている個人主義の学説であり、もう一つは近代ヨーロッパ文明を支えた科学万能の思想であるが、まず前者について彼は次のように指摘している。

一九世紀中葉に至り、さらに二種類の有力な学説が発生して波乱を起こした。一つは生物進化論、もう一つは個人本位の個人主義だ。ダーウィンが進化論の原則を立てて不朽の『種の起源』を表し、前人未踏の領域を切り開いたけれど、千万の語で書かれても「生存競争、優勝劣敗」の八文字に尽きる。(9)

このように生物進化論、あるいはやや形を変えた社会ダーウィン主義の思潮が一九世紀末頃流行した個人主義的学説と結合したとき、利他主義が奴隷的道徳とされてしまい、弱者を掃蕩することが強者の天職だと考えられる世風となり、しまいには第一次世界大戦という悲惨な結末となったのである。梁啓超はさらに言う。

ゆえに、個人のレベルで言うなら、権力を崇拝し金銭を崇拝することが当たり前のこととなり、国家のレベルで言うなら、軍国主義、帝国主義は最も流行の政治方針となった。今回の世界大戦の起源は実はここにあるのみで、将来各国の国内階級闘争の起こる病根もここにあるのだろう。(10)

梁啓超によれば、弱肉強食を主張する社会ダーウィン主義のほかに、一九世紀末頃蔓延した科学万能の思想がヨーロッパ文明の第二の病根である。一八世紀以前のヨーロッパ文明には封建制度、ギリシャ哲学、キリスト教の三つの基本要素があったが、一八世紀のフランス革命で封建制度が打ち壊され、それとともに、農業社会の古い社会組織、道徳、宗教なども根底から覆された。他方、科学の発達により、近代的産業の規模が拡大し、人間はただ一分子として産業組織の中に組み込まれていった。物質重視の思潮が支配的となり、道徳や宗教が廃れ、人間の精神現象までも物質的運動の一つと見做され、あげくには哲学者も科学者の前に膝まづくようになり、人間社会のすべてを物質運動の必然的法則の支配下に置いてしまった。梁啓超はこのような思潮を「運命前定」論と名付け、すなわち一種の宿命論だと指摘している。[11]

この「唯物的機械論」の人生観に立脚している限り、人間はただ現世での利益や享楽を追い求めるだけで、その行く末には国家と国家との争いと戦争が後を絶たぬ世の中になり、欧州では例の第一次世界大戦となり、中国国内では二〇世紀初頭の軍閥割拠となった。欧州の一九世紀の百年あまりの科学の進歩には、人類過去三千年の成果を遥かに凌ぐものがあるものの、結局は人類に幸福をもたらすことが出来ず、逆に世界大戦という大惨劇を招いてしまい、人々が万能だと信じ込んでいた科学はただ一瞬にして覚めてしまう儚い夢にすぎなかったのだ、という。[12] 第一次世界大戦の戦場を実地踏査したことによって得た認識であった。

ただ、近代ヨーロッパ文明に対するこの厳しい批判的論評は、梁啓超がヨーロッパに幻滅したことを意味しない。彼によれば、近代ヨーロッパ百年来の物質的・精神的発展はすべて「個性の発展」によるものであり、いわば大衆の文明であり、この点では歴史上の他の文明とは違う。ヨーロッパはまだ青年期にあり、活力がある。今は確かに戦争の深い傷跡を負ったものの、多くの人々はこれを教訓にして反省し、そのうちに新しい思想や文化が誕生し、活路を見出すだろうと、ヨーロッパに期待をかけたのである。

他方、梁啓超は再び「東方」に目を向けた。ただ、青年時代の「東方」認識と比べ、明らかに思想的転回がそこに起きている。では、欧米文明を相対化した後の梁啓超は「東方」をどのように認識し、また「東方」文化の未来にどんな望みを掛けているのであろうか。

六　新しい文明の「化合」を目指して

梁啓超は一九二〇年に出版された『欧遊心影録』の中で「中国人の自覚」という一章を設け、政治・経済・文化の事項をあげて論じ、中国将来を担う青年たちに向かって呼びかけている。その概要は次の通りである。

第一に、世界大同をいうのはまだ時期尚早と知るべきであり、国家はかなり長い間消滅することはないであろう。第二に、決して中国はもう滅亡するのだと言って少しも悲観してはいけない。第三に、一部の人たちの古い政治形態から脱却して、国民全体の政治に変えられていくべきだ。第四に、二、三〇年後を目標に着実に進めるべきで、焦ってはいけない。第五に、国民を育てるためには、個性を発展させるべきだ。第六に、個性の発展を実現するためには、思想の解放から始めるべきだ。第七に、思想の解放は徹底しなくてはいけない。第八に、中国社会の組織力と法治精神の欠如は変えるべきだ。第九に、憲法上の諸制度の規定をはっきりさせるべきだ。第一〇に、地方自治を実行するべきだ。第一一に、欧米流行の社会革命の学説を中国の現状に合わせて取り入れるべきだ。最後に、これらの目標を実現するためには、過去の「政客」「土豪」「会匪」などの政治勢力ではなくて、「全国の真の善良な国民の全体運動」に拠るべきだ[13]、という。

梁啓超のこれらの主張は理想主義的色彩が強くて、どれだけの現実性があるかは、議論のあるところであろうが、「東方」の再生を目指す新しい国家の構想とそれを実現するための経路をここに見ることができるであろう。

注意すべきは、梁啓超はこのようにして作られた中国を「世界主義的国家」と呼んでいるところである。この「世界主義的国家」中国の使命について彼は次のように述べている。

一人一人の国民はただ自分の国を富強にするだけでなく、自分たちの国が人類全体のためになるようにするべきだ。そうでなければ、その国は何の意味もない。そのことが分かれば、自然と大きな責任が我々の国の前にあると知るであろう。それは何かというと、即ち西洋の文明を以って我々の文明を拡充させ、また我々の文明を以って西洋の文明を補い、これを以って一種の新しい文明に化合させるのである[14]。

このように東西文明の長所を合わせて一つの新しい文明への化合とは、具体的にどのように実現してゆくのだろうか。梁啓超はその方法について次のように述べている。

もう一つ緊要なことは、我々の文化を発揚するためには、彼らの文化を借りなければならない。「その仕事を良くしようとするならば、まずその道具を良くするべきだ」という言葉があるように、彼らの研究方法は実に精密であるからだ[15]。

新しい文明を創出するためには西洋の文化を借りるべきだというのは、「西洋の研究方法は実に精密」ということによっている。西洋の近代理性や近代科学を批判しながらも、なおその有用な部分を学ぶべきだ、という態度である。

願わくば、わが国の青年は第一に皆自国の文化を尊重して愛護する誠意を持つべきだ。第二には西洋人が学問を研究する方法をもって彼らを研究して、その真相を得るべきだ。第三に、自国の文化を総合させ、そのうえで他国の文化をもって補い、一種の化合作用を起こすべきだ。第四にはこの新しい文化を外部に向けて広めてゆき、人類全体がその利益を享受しうるように努力すべきだ[16]。

自国の文化に自信を持って尊重するべきだと呼び掛けながら、外国の文化をも吸収して東西文明を結合させて一種の新しい文明を創出し、それをさらに世界に広めてゆき、人類全体の利益になるように努力すべきだ、という主張である。一九二〇年という時点で、梁啓超が中国の未来に対して掛けたこの理想主義的色彩の強い希望をどう読むべきであろうか。一九一八年のパリ平和会議に中国は戦勝国として参加したものの、勝利の果実に与ることができないという錯綜した時代の雰囲気が幾分ここに反映されていると見ることも出来よう。あるいは一九世紀末より二〇世紀前期までの混沌とした人類文明の現状を見据え、その出口を模索した末に辿り着いた晩年の梁啓超の思想には大乗仏教的世界主義が根底にあるとも指摘されているが、それはともかくとして、青年期梁啓超の「東方」と「西洋」に対する認識はすでに乗り越えられており、東西文明の融合のために新しい文化の創造を主体的に行おうと主張する梁啓超の姿がここにある。

七　むすびにかえて

「東方」文化を認識するということをめぐる梁啓超の思想的ドラマは複雑な様相を呈しており、本稿ではその一部にしか触れることができなかったが、われわれはその中から「東方」文化の行方を考える上でどのような示唆が得られようか。

梁啓超は幾度も自らの思想的立場を変えた思想家、とよく指摘されているが、これはそのまま彼が直面する近代中国の抱えた思想的課題の困難さを物語っており、青年期から晩年までこの困難な課題と向かいつつ、常に自己否定と自己変革を行ったがゆえに、そう見えたのであろう。われわれは「東方」と「西洋」の二分法的思考から脱却しようとする梁啓超の思想的模索の軌跡をそこに確認できるのである。西洋文化に含まれている価値を一定程度認めながら、「東方」にある時代遅れの部分を改め、「東方」と「西洋」を止揚することによって新しい文明を作り上げるべきだという晩年梁啓超の思想的立場は、異文化認識における本質論的思考をいかに克服するかを問いかけ続けた末に到達した一つの境地と見ることができよう。「東方」文化を理解するとき、「東方」を実体化して捉える議論に走らず、常に時代の政治、経済などと密接に関連させて考えるべきだということを示唆している。また、梁啓超は近代中国で「民族主義」、つまりナショナリズムという用語を最初に使用した思想家としても知られているが、晩年の梁啓超は、国家の消滅はかなり遠い将来のことだろうという認識を示しながらも、「東方」や自国の文化に固執しようとせずに、自民族中心的思考様式から脱しようとして、東西文化を融合させることを目標とする世界主義的国家観・文化観を示している。自国の文化をいかに継承し、また他の文化といかに共存させるかを考える上で重要な示唆になる。

本稿で見てきた通り、「東方」とは、その対立項としての「西洋」、つまり近代ヨーロッパの勢力が現在「アジア」と呼ばれる地域に及んだ一九世紀以後に発生したものであるが、「東方」認識をめぐる思想的課題は形を変えながら、二〇世紀を通して繰り返し提起され議論されており、ある意味で現在まで続いているとも言える。いわゆるグローバリズムの進展により、世界の一体化は一九世紀末頃よりはるかに進んでいるが、他方、二〇世紀末頃に「文明の衝突」なる言説が登場して、その後はまさに一種の予言の自己実現のように異なる宗教と文化間での対立・衝突が世界範囲で起きている。それは現代の複雑な国際政治・経済・文化的背景が交錯して起こったことではあるが、異文化間の対立・衝突をどう乗り越えるべきかという課題をわれわれに突き付けている。また、中国にとっては、そういった情勢の中でいかに自国の伝統を踏まえながら、二一世紀の時代に見合う新しい文化を作り上げていくべきかという課題もある。近代中国知識人の「東方」認識を考察することがこういった課題の解決にもつながれば、意義あることになる。

参考文献

梁啓超『新大陸遊記』社会科学文献出版社、二〇〇七年
梁啓超『欧遊心影録・新大陸遊記』東方出版社、二〇〇六年
梁啓超『梁啓超論文化』天津古籍出版社、二〇〇五年
李喜所編『梁啓超与中国社会文化』天津古籍出版社、二〇〇五年
易鑫鼎『梁啓超与中国現代社会文化思潮』首都師範大学出版社、二〇〇九年

注

（1）斎亜烏丁・薩達爾『東方主義』吉林人民出版社、二〇〇五年。
（2）梁哲超『清代学術概論』百度文庫、第二〇節（引用文の日本語訳は筆者によるもの。以下同）。
（3）梁啓超『飲氷室文集』第三〇巻、上海中華書局、一九三六年、三九～四〇頁。
（4）梁啓超『欧遊心影録・新大陸遊記』東方出版社、二〇〇六年、四一二～四一三頁。
（5）同前、四一三頁。

(6)梁哲超『論中国学術思想変遷之大勢』上海古籍出版社、二〇〇七年。
(7)李喜所・元青著『梁啓超伝』人民出版社、二〇一〇年。
(8)李喜所編『梁啓超与中国社会文化』天津古籍出版社、二〇〇五年。
(9)梁啓超『欧遊心影録・新大陸遊記』東方出版社、二〇〇六年、一六頁。
(10)同前、一六頁。
(11)同前、一七~二〇頁。
(12)同前、二〇頁。
(13)同前、三三~五三頁。
(14)同前、五七頁。
(15)同前、五七頁。
(16)同前、五七頁。

第二部　近世思想史研究の新視点

第五章　十八世紀中期の儒学研究と明代学術の受容

石　運

一　はじめに

十八世紀中期において、徂徠学の風潮は徂徠の死去によっても冷めることがなく、むしろその弟子や門人の活動によってますます盛んになり、ついには京都のみならず九州まで行き渡った。近世文芸史の研究によると、徂徠学派の分裂により、服部南郭を代表とする勢力の拡大と共に、文人・文学の世界がこの時期新たに形成されていった。そのため、検討する対象は「儒者」ではなく「文人」と認識され、その儒学思想史的な位置付けなどの検討作業もさほど行われてこなかった。しかし、この種の議論は往々にして井上哲次郎―丸山眞男以来の「文学解放」論に影響されており、その「近代的」性格を強調する方向に走るものであった。白石真子氏は太宰春台に関する議論の中で、この問題を指摘している(1)。

一方、当該期の学問動向を「反徂徠」の展開と折衷主義の誕生という流れとして捉える研究視角も登場した。

衣笠安喜氏を筆頭に、辻本雅史氏や清水教好氏などは、十八世紀という思想史上の空白期に注目し、折衷学派の井上金峨や正学派の細井平洲などの人物を取り上げ、その空白を補填する作業を行ったのである。[2] 彼らによれば、当該期は「儒学の経世化」という動向として捉えられており、「現実に対する切実さと、一定の積極的有効性」の持つ性格が肯定されるべきである。[3]

しかし、十八世紀、とりわけ前期から中期における儒学動向を思想史的な角度からアプローチするものは彼らの研究以後もなお少ない。この原因について、辻本氏はこのように指摘している。

近世儒学思想史研究において、近世中期は、前期と後期の相対的に思想の豊かな時代にはさまれて、いわば儒学史の谷間という見方が、支配的であった。これまでの通説では、徂徠学の出現を境に、以後、儒学は、停滞期にはいったとみなされ、とりわけ折衷学や正学派朱子学は、そうした停滞的な傾向を代表する儒学として、理論的創造力や思想的個性をもたない、単なる封建道徳学を反復するに過ぎない思想、といった程度の、きわめて低い評価が下されてきた。[4]

この「停滞期」という把握に対し、筆者もまた辻本氏と同様に疑問を抱かざるを得ない所が多い。例えば、眞壁仁氏をはじめとする研究者によれば、当該期には清の最新の学問動向を受容し続けていたことが指摘されている。[5] また徂徠以降の数十年間、江戸の儒者たちは徂徠学（ないし古学的思潮）に対する批判を動機とする学問研究の中で、徂徠によって提示された明代中後期の学術の成果を吸収し、反芻する動きがあり、また彼らがそれを機として、独自の思想の展開を見せたことに留意しなければならない。そのため、この時期をむしろ「吸収期」「準備期」と呼んだほうが妥当ではなかろうか。

以上の問題意識より、本稿ではこの「反芻」と「展開」に注目し、徂徠以降〜宝暦期までの学術史を再検討する。また近世日本の儒学思想史と明清学術史についてトランスナショナルな視角から検討することを念頭に置く。

二　近世前期における学術動向及び明代学術の受容

近世思想史に関する叙述は一般的に藤原惺窩・林羅山から出発し、その際必ず彼らの思想のバックグラウンドを重視してきた。例えば、惺窩の場合は、明からの渡来僧侶または朝鮮の儒学者より、朱子学または三教融合の思想を受容することによって、中世儒学から脱皮し、近世儒学研究の先駆者となった。惺窩のように、近世前期の儒者の多くは、宋学と同時に、明代朱子学の成果を受容したのである。場合によっては明人の研究を媒介に宋学を学習するケースもある。またその過程で、批判者として登場する陽明学と接触することもごく自然なことであった。(6)

後に古学を唱える伊藤仁斎もまさにその中の一人であった。『古学先生詩文集』の中には、これに関する記録が散見される。(7)その自述によれば、彼は既存の朱子学的・陽明学的な経書理解に懐疑の念を抱くことで、「語孟」二書により聖人の道を直接的に求めるという学問方法に転じたが、その思想上の変化を触発させた外部的要因について、多くを語らなかった。

これに関して、従前より多くの説が提示されてきた。例えば、呉蘇原や羅整庵の著作から啓発を受けたという説は江戸中期以降の記録に多く見られるが、(8)今日の研究では、仁斎と長崎周辺の学者、とりわけ貝原益軒や安東省菴との交流が重視される。この交流によって得られた当時最新の学問情報が、彼の学問思想の形成に繋がったという説もある。[9] いずれにしても、仁斎独自の学問思想の形成は当該期の日本における意欲的な明代学術の受容という大きな背景のもとで理解されるべきものである。

明末清初期における活発な人的移動とともに、明の嘉靖・萬暦期の書籍が大量に流入し、そのことが十七世紀の日本の儒学研究の隆盛を触発した一因とみなされる。近世前期に輸入された漢籍のうち、四書五経を除くと、朱子学の注解書や科挙試験用の冊子、また明代学者の詩文集や雑記随筆などの数も多いのである。[10] 難解な経書と比べ、各種の詩文集のほうがより人気を博した。その中でも、後に徂徠学によって大流行することになる李攀龍・王世貞など明七子関係のものも早い段階で日本にもたらされていた。藍弘岳氏の指摘によれば、李・王を代表とする明代復古派関係の著作は元々明末清初期の出版業界で重宝されていたため、発行種類と部数が多い。現在確認できるものに限ってものべ五十七種がある。そして、江戸においても大量に輸入され、「徂徠の『唐後詩』が出版される前に少なくとも三十五種類の李・王の漢詩文関係の著作[11]」が確認される。また輸入のみならず、その中の一部分が和刻もされていたことからその高い人気がわかる。

そのほかに、日本の学者による明詩の選集も次第に刊行されるようになった。伊藤蘭嵎らの手掛ける『明詩大観』（享保二年）は代表的なものの一つである。詩文創作のブームと相俟って、当時唐話・唐音に関する学習意欲も盛んとなっていた。学者たちは、岡島冠山を代表とする通詞や黄檗僧との活発な交流を行うことで、言語学習のほか、最新の学術動向を把握することができた。それも当該期の白話小説や伝奇本などの流行に火をつけた。[12]
近年では、高山大毅氏[13]や伊藤善隆氏[14]を中心に、林鵞峰など近世前期の儒者における明後期の学問、とりわけ文学体裁に対する受容という課題が提起され、思想史学または近世漢文学の視点からの研究が進んでいる所である。

総じていえば、近世前期の学問世界が明代学術に深く影響されていたことは明白である。しかし、留意しなければならないのは、当該期の明代学術に対する認識は、概ね詩文を中心としたものであり、儒学に対する関心と理解はまだ不十分であったということである。そのため、近世初期から輸入されつつあった大量の書籍と知識の消化速度は緩慢であった。徂徠や東涯の時代に至り、その消化が進み、やがて彼らの学説や思想にも反映されるようになった。

三　十八世紀中期における動向——明代学術に対する「反芻」と「反徂徠」

このように、近世前期の学者たちで、多少なりとも明代学術に影響された人は少なくなかった。その後徂徠学の流行は更に明代学問の受容の深化を促した。そして、彼らは詩文のみに満足せず、次第にその関心を経学研究などより広い面に及ぼし、またその学習対象も明七子以外の人物へと拡大した。一方、その認識の深化と共に、これに対する違和感や批判の意を持つ学者も続出し、その矛先のほとんどは徂徠学に向けられている。

小島康敬氏は春台を「内部告発者」といい、「反徂徠」の第一号として位置づけたが、[15]白石氏のように、春台における徂徠学継承の側面を強調する見解もある。[16]そしてこの風潮は宝暦前後の京都・大坂において、最高潮を迎えた。先行研究でしばしば言及されるように、当時の京都や大坂では「一群の教養人が激しい徂徠学批判を展開するようになる」[17]。しかし、この潮流を単に徂徠学のみに対する批判とみなしてはならない。むしろ、徂徠が支持した明代学術、とりわけ古文運動系の明代学者の思想や主張に対する懐疑、批判として理解すべきである。そして、この時期に噴出する無数の批判は、江戸思想界も分岐点に立っていたことを示している。これから注目する高志泉溟（生没年不詳）・服部蘇門（一七二四～六九）の二人はまさしくこの「反芻」を経て、十七世紀後期以来の「古学」ブームに対する反省と超克を試みた人物である。

(1) 高志泉溟――学術史の書き直しによる「古学」への再評価

高志泉溟は、近世中期に活躍する儒者で、兄は堺の惣年寄であった高志芝厳である。泉溟は青年時代古義堂に入門し、東涯の弟子となったが、数年後出門し、その後独学に励んだ結果、宋学に転じ、仁斎・徂徠を激しく批判したことで知られる。しかしそれ以外に彼の経歴を確認できる史料は極めて少ない。著作では、『時学鍼焫』（延享四年）、『養浩詩文』『養浩遺文』(18)などが残されている程度である。

このような事情もあったためか、泉溟に注目する研究はさほど多くない。確認される限り、彼に言及した先行研究でも、概ねその著作に記された東涯に関する逸話を引用するに過ぎず(19)、泉溟自身の思想及びその転向などについては無関心である。しかし、彼の著作にみる従来の学術史、とりわけ明代学術史に対する理解は先鋭的であり、それは彼の古学批判ないしは「宋学」への転回とも関係すると考えられる。以下『時学鍼焫』を中心に、上述の課題を考察する。

『時学鍼焫』は二巻構成で、上巻は「学術変更」を題目とし、上・中・下の三篇が設けられ、儒学思想の歴史的変遷に注目するものである。下巻は雑論の形式で更なる補足を加えるほか、仁斎・徂徠に対する批判も行っている。その内容と全体構成から東涯の『古今学変』を連想させる。前述したように、泉溟は若い時期東涯に入門した経験もあり、また古学批判に転じた後にも東涯を尊重する態度が変わらなかったのである。その『時学鍼焫』においても東涯からの啓発を受けたのではなかろうか。これから両者を比較しながら、泉溟の特徴を捉えてみる。

周知のように、東涯の『古今学変』は江戸時代においていち早く作成された儒学通史である。本は上下に分けて、儒学思想の歴史的変遷を整理したものである。東涯は本の中で三代の「道」と先秦の「教」という学問の原点から出発し、漢・唐・宋・明の時代順に当該期の代表的な学者の思想を要約している。そのうえで逐一彼の考察や評論を付け加えている。清水茂氏によれば、この『古今学変』は、まさに東涯の有した「考証学的資質が、哲学史として発揮されたもの」であり、当時の中国においてもまだこのような「透徹した史観をもつ書物はうまれていなかった」[20]ため、相当高い学術的価値を有するものと指摘されている。

対して、泉溟は東涯と同じく「儒学史」の作成を課題としているが、東涯のように「性善説」や「四端論」などの具体的な言説には触れず、概ね各時期の代表人物の思想を手掛かりにして全体的な流れを把握する手法を取ったのである。また『古今学変』の中で言及されなかった日本の学術史を取り上げている。

そのほか、『古今学変』では大半が宋学に関する内容に紙幅を割いていることと比較すれば、『時学鍼焫』では泉溟の明代学術史に対する高い関心が浮き彫りになる。そのほかに、従来看過されやすかった元の学術成果についても言及されている。

元以夷貊混一區宇。暫忝天位。歴世不永。政教可知。然亦不乏二三儒雅[21]。

ここで特に留意すべきは、明代復古運動の関係者に言及する所である。勿論それに対し宋学擁護の立場を取る彼の態度は必ずしも肯定的ではないが、復古運動を明代学術を考える際に見逃せない一つの流れとして捉えた彼の考え方も同時に現れている。

嘉靖萬曆之際。是非鋒起。凡天下之經義文章。專以復古為口實。旁出入于漢唐註疏家。有所不足。則妄意杜撰。痛詆排先儒。以謂千古卓見。特在乎此。其尤甚者。楊慎為之魁。王世貞高拱謝肇淛袁了凡之徒。屑屑疊疊。相為始終。總之時世之所趨。無適絕意旨。而惟以敵宋學為汗馬。非強志於古。而惟以絀程朱為首級[22]。

泉溟は、明代中期以降の学術史に楊慎の位置付けを「発見」し、そして王世貞らの明代復古派の学者が楊慎との思想上の関係性があることをいち早く指摘した。また泉溟は、彼らの「復古」を唱える主要目的が、程朱の学問を批判・克服することにあると指摘する。この観察は当時においては極めて先鋭的だったと言わざるを得ない。また彼は明代学者の問題関心は性理学にあるのではなく、「禮樂法制之沿革。名物度數之詳略。文字訓詁之古今。詩格文法之巧拙」[23]に対する考証や吟味にあると指摘し、批判的な意を示した。

またこのような差異が現れるのは、やはり両者の思想的背景や時代性から考える必要がある。東涯にとっては、一貫して仁斎学の正当性を主張することが最も重要で、このような学術史に対する全般的な把握も最終的にこの目的に帰結するのである。そのため、仁斎学の源となる論孟の正統性と批判対象としての宋学を重点的に検討することもごく自然な流れとなる。しかし、泉溟にとっては、宋学への回帰を呼び掛けることも重要となるが、その前に、まず仁斎学・徂徠学を克服しない限り、世人を説得することが不可能となる。そして、彼の観察によれば、仁斎・徂徠の学問は一見「古学」のようであるが、彼らの思想主張の源泉は明代学術より得られたのである。そのため、仁斎、とりわけ徂徠の学説を論破するには、まず明代学術に対する全面的な把握を行わなければならない。実際に彼の徂徠に対する批判を見れば、「不知經學。素所不好。偶有新説。皆逐明儒之故轍而已」[24]と、徂徠の学問の独自性を否定し、徂徠の経学における「創見」は概ね楊慎から「剽窃」したものと断じた記録もその著作から確認される。例えば、泉溟は『時学鍼焫』の中で、徂徠の荀子観について、完全に楊慎の説を己のものとする徂徠の素振りを批判し、更にその誤解の裏には、世人の学識の浅薄さも原因の一つにあると論断したのである[25]。

上述した泉溟の思想とその作業から、明代学術に対する意欲的な把握と、仁斎、徂徠を代表とする古学者に対する批判の意識が確認される。そして、彼は決して例外ではない。これから論じる服部蘇門もまた相似した問題意識を有している。

(2) 服部蘇門の徂徠批判——「毛を吹いて疵を求め」

前述したように、十八世紀中期及びそれ以降の近世日本の学問世界を観察する視角の一つは、「反徂徠」という潮流である。従来の研究では、宇野明霞や五井蘭洲に注目するものが多いが、彼らのほかに、服部蘇門の徂徠学批判も留意されるべきである。小島康敬氏は『徂徠学と反徂徠学』で、反徂徠学的立場の人々の徂徠学批判を四種に整理するが、更に絞ると、二つに分けられる。第一は、その学問思想の傾向、内容に対する批判である。第二は、徂徠学の学問方法、つまりその文献学的な実証性・客観性の不備に対する指摘である。明霞や蘭洲の徂徠批判は上述の第一の類に区分できるが、蘇門の場合は第二の類に属すると考えられる。

服部蘇門は、痛烈な徂徠批判者として有名である一方、彼自身の経歴や思想に関してはさほど注目されなかった。江戸時代の儒者人物伝などを調べると、『先哲叢談続編』(以下『続編』と略記)や『日本詩史』などの書物から、その存在と簡略な経歴が確認できる。[26]西陣の織元の家の出身である蘇門は、家業を親戚に譲り、学問に専念し、後に「観自在堂」という私塾を開き、講学を業とする。彼の学問は「漢魏傳注」、つまり古注を重視する姿勢が指摘される一方、儒学のほか、道・仏にも心酔し、「三教兼学」を主張していることが特徴である。その学問は漢魏伝注を中心にするが、博学の念を以て、老荘仏乗なども渉猟するのである。その師承に関して、彼自身は「独学無師友」と述べたことがあるが、伊藤介亭門下という説もある。[27]またその交遊関係は、芥川丹邱や武田梅龍のような古学出身の人が多い。『続編』によれば、蘇門は「壮歳、追慕物徂徠復古之説。講習私淑。後始知其非。以攻撃物氏爲己任[28]」と、思想上の転向が見られる。

先行研究では、蘇門の徂徠批判及びその独自の学問思想の形成は、陽明左派からの影響を受けていると指摘されている。確かに彼の学問的背景は明代学術の積極的受容に由来すると考えられるが、陽明左派のみならず、むしろ明代中後期の学術の全体的動向を一定程度把握していたことに由来するものだと考えられる。その特徴は、『燃犀録』に最もよく反映されている。

『燃犀録』における徂徠批判は主に次の三つの方向から展開している。第一に、徂徠の経書に対する誤読箇所について、その誤読の対象は、経書の原文もしくはその批判対象となる朱子説や仁斎説のみならず、彼が自説を証明する際に援用した古説や明人の論点に対する誤読もすべて含まれる。例えば、徂徠は『論語徴』の一節である「季氏冨於周公」に、『左伝』の内容を引用し自説の論拠とした箇所がある。[29] 徂徠によれば、孔子がここで「魯公」と言わずにあえて「周公」と呼ぶのは、当時の魯の現状を目の当たりにしたからである。当時の魯の国主は魯公であったとはいえ、国は既に三桓によって四分され、そのうちの半分が季氏の所有となっていた。「魯公」はすでに「全魯」を所有していないため、「魯公」と比較しても季氏の富は充分に言い表すことができない。要するに、ここでは「全魯」を所有した「周公」と比較しても遜色ない季氏の富を強調しようとする孔子の意思が読み取れると徂徠は指摘した。またその周公は必ずしも周公旦のことを指すわけではなく、東西二周公のことを指す可能性もあるので、その場合、諸侯の卿としての季氏の富は天子の卿としての周公を超えるとする説も考えられる。この解説に対し、蘇門はそれこそ徂徠が『左伝』を精読していない証拠であると述べ、もし『左伝』の文章を理解していれば、このような臆説が出るはずはないと指摘する。蘇門によれば、徂徠は孔子の言葉の時代背景に特に注目して、この一句を理解しようとしたが、それはかえって周初と春秋の差異を見逃してしまった故に、その説を信ずることができなくなるのである。

今此説ヲ見レバ。是徂徠曾テ左伝ヲ読マサル者ノ如シ。若左伝ヲ読得バ。此章ノ解。思索ヲ待タスシテ明ナルヘキナリ。シカルニ徂徠迂遠ノ解ヲ捏造シ。自ラモ亦心スマズヤアリケン。又或説ヲ引テ破綻ヲ補足セリ。笑フヘシ。[30]……

また、「直躬」の一節で、徂徠は『呂氏春秋』の誤りに言及したが、[31]蘇門の考察によれば、それは『呂氏春秋』が間違っていたのではなく、恐らく徂徠が『呂氏春秋』のその部分を直接確認しておらず、明代の張鼎思の『瑯琊代酔編』[32]の内容を転引したため、その誤読もそのままに残されてしまったものである。

是モ亦徂徠書ヲ読ムコトノ審ナラザルナリ。呂氏春秋ニハタダ人名トスルノミニテ、未ダ嘗テ姓直ナリトハイハス。但瑯琊代酔編ニ呂覧ヲ引テ、以為姓名ト云ヘリ。徂徠又其誤ニ就ケルナリ。[33]

「直躬」に関する徂徠の理解は、当時ではむしろ通説であり、徂徠は必ずしも『瑯琊代酔編』の説を転引したわけではない。蘇門のこの指摘は確かに臆断の譏りも免れないが、留意すべきなのは、彼が多くの明代学者の著作を渉猟していたのみならず、徂徠における明代学術の影響の介在に関する指摘をしていることである。

第二に、蘇門は徂徠及び蘐園門人の明代学者に対する認識の偏りや誤りを批判したのである。中野三敏氏の考察によれば、蘇門は四十代に至るまで、徂徠の詩論に傾倒したことがあり、それを契機に彼は明代復古運動の主要人物たちに関する研究も熱心に行ったのである。これも後に彼の徂徠批判を触発する原因の一つとなったと考えられる。『燃犀録』に、蘇門の明七子に関する認識がしばしば記される。以下はその一部である。

明ノ七才子トイフハ、詩ヲ以テ称スル所ニシテ、文ヲ以テ称スルニハ非ス……決シテ七子ト並ヘ称スヘキヤウハ無シ……皆後人ノ所為ニシテ、本来然ルニハ非ス……日本ノ学者、カヤウノワケヲワキマヘス。七子トハ詩文倶ニ称スル所ナリト意得タル者多シ。他ノ学者ハ論ズルニタラス。歴々物門ノ高弟ト呼ハルル人ニモ、右ノ意得タガヘアリテ、文ニ作リ書ニ筆シテ世ニ伝フルハ、何トシタル滷莽ゾヤ。徂徠モ又旁観シテ居リナガラ。其誤ヲ正サルルハ何ゾヤ[34]。

蘇門によると、明七子はあるいは詩を長じ、あるいは文を長じるが、必ずしも皆が詩文に精通しているわけではないにもかかわらず、日本の儒者はこの詳細を分別できず、七子の皆が詩文のことに得意であると勘違いしていたのである。それは明七子の後継者と自認する蘐園の人々であっても同様である。また徂徠はこれに対してもただ傍観し、決してその錯誤を指摘しなかったことにも疑問を覚えざるを得ないと蘇門は述べた。

第三に、蘇門の徂徠批判も高志泉溟と同様に、楊慎に対する「剽窃」という点に注目していた点である。しかし、蘇門はそれを単に徂徠個人の責任ではなく、李・王の学風に強く影響を受けたゆえであり、悪風が移ったと解した。

于鱗ガ唐詩選ヲ崇尚セルアマリ、其原ヅク所ナレバトテ、品彙正声ヲモモテハヤスコト、和漢一轍ナリ……但品彙正声ハ、于鱗ヨリ已前ニ、楊用脩既ニ其選ノ精シカラザルコトヲ論ジオケリ。楊氏ハ必シモ一家ヲ立テントノ私意アルニモアラズ。且其評スル所、皆事実ニ拠リテ、空論ニ非レバ、公論ト称スルニ足レリ……爾ルニ世人楊氏ガ論ヲ見ズ、徂徠南郭ガ説ニ惑ハサレテ、高李二氏ヲバ、実ニ唐詩ヲ選スルノ至善至精ト謂ヘリ。憫レムベシ。

総テ徂徠ハ平生于鱗ヲ宗トセルホドアリテ。模擬剽窃ハ能ク学ヒ得タリト見ユ[35]。

要するに、蘇門はこの部分で、徂徠の説は奇抜で誤りが多いのみならず、その奉ずる李攀龍と同じく楊慎を「剽窃」した所が多いと指摘したのである。また世人が楊慎のことを知らない故、徂徠に騙されるのだと蘇門は嘆いた。また蘇門のこのような態度は別の所でも確認できる。例えば、「撃壌歌」一条において、蘇門は徂徠の罪は「剽窃」のみならず、その盗用した議論をまた「断章取義」し誤読してしまう癖もあると指摘した。

撃壌歌ニ叶韻ヲ論スルハ、楊升庵ガ説ナリ。徂徠又コレヲ剿セリ。シカレドモ其義ヲ解スルハ、正ニ楊氏ト相反ス……。(36)

徂徠の『論語徴』は古注などに依拠しながら朱子説または仁斎説の誤謬を批判することに主眼を置いたのである。そのため、蘭洲や明霞のような『論語徴』に対する批判の多くもそれに基づいて徂徠の誤りを指摘することにある。しかし、蘇門の場合は、徂徠の明人の説に対する積極的な態度に注目し、それを徂徠説の特異な点として認識した。また蘇門の徂徠批判に関して、中野三敏氏は「往々所謂毛を吹いて疵を求める態」とその細かさを否定的に捉えたが、これこそ蘇門の特色となるのではなかろうか。要するに、蘇門の徂徠批判は、あくまで文献的考証を中心とし、泉溟・蘭洲・明霞のように、その思想の内部に立ち入り評論するものではなかった。彼の作業は「哲学」的ではなく「考証学」的な性格を有していると認識してもよいであろう。

四　むすびにかえて

本稿では、高志泉溟と服部蘇門の二人の学説や思想を考察することを通じ、従来の思想史研究ではさほど重視されてこなかった十八世紀中期という時期を再評価することを試みた。二人は早年古学、とりわけ徂徠学に影響され、明代学問にも高い関心を払うことで、新たな視点と知識を得ることができていた。しかし、それは翻って後に彼らの「反徂徠」という立場への転向にも影響を与えたのである。明代学者及びその学説に対する理解の深化に伴い、彼らは徂徠学における明代学術の介在を「発見」し、徂徠学における誤読などの問題点を指摘し得るようになった。かくして、徂徠学の「正当性」が疑われ、新たな学問の方向性の提唱に繋がった。彼らの従来の儒学に対する吟味と反省、および新たな経学に対する意欲的な研究姿勢を見ることにより、「文人的な世界の形成期」として捉えられてきた当該期のもう一つの側面が確認された。

またそれは思想上、方法上から次の時代における学問の変革を準備したともいえよう。彼らの次の時期になると、徂徠学が下火になり、近世日本の儒学は朱子学の「転回」と考証学の勃興の二つの方向に展開していった。そして泉溟や蘇門らの徂徠学と明代学術に対する捉え方は、学者たちの間の通念となったのである。最後に、徂徠が楊慎のような学者と思想的課題を共有しつつ、これを摂取していたという点に鑑みれば、徂徠学批判を伴って成立したそれ以降の江戸儒学と明清考証学の関係性を改めて吟味する必要がある。

注

（1）「江戸文化の中に近代の萌芽を見出すということは一つの文化史観であり、江戸という時代が保有していた可能性を探る営みといえる……しかしその一方で、近代という視座を持ち込んだ理解は、江戸漢学にあっては未分化であったはずの文学と思想を切断してしまう危険性もある」（白石真子『太宰春台の詩文論――徂徠学の継承とその転回』笠間書院、二〇一一年、三頁）。

（2）衣笠安喜『近世儒学思想史の研究』（法政大学出版局、一九七六年）、辻本雅史「十八世紀後半儒学の再検討――折衷学・正学派朱子学をめぐって」（『思想』七六六、岩波書店、一九八八年）、清水教好「〈明末清初思想〉の転回と佐藤一斎の思想世界」（日本思想史研究会『日本思想史研究会会報』二〇～二二、二〇〇二～二〇〇三年）。

（3）辻本前掲論文。

（4）同前。

（5）眞壁仁「徳川思想における明清交替――江戸儒学界における正統の転位とその変遷」（『北大法学論集』六二―（六）、二〇一二年）。

（6）この部分の江戸前期の儒学に関する整理は桂島宣弘氏の論考より教示を得たものが多い。主に参考した論文は「姜沆と藤原惺窩」（『全北史学』三四、二〇〇九年）、「近世京都の学問――藤原惺窩と伊藤仁斎を中心に」（立命館大学文学部京都文化講座委員会編「京都に学ぶ」七『京都の公家と武家』白川書院、二〇一一年）。

（7）「余十六七歳時。讀朱子四書。竊自以為是訓詁之學。非聖門德行之學。然家無他書。語錄。或問。近思錄。性理大全等書。尊信珍重。熟思體翫……然心竊不安。又求之於陽明近溪等書。雖有合于心。益不能安。或合或離。或從或違。不知其幾回。於是悉廢語錄註脚。直接求之語孟二書」（『古学先生詩文集』ぺりかん社、一九八五年）。

（8）太宰春台以降、那波魯堂や尾藤二洲もこの点に言及したことがある。

（9）三宅正彦『京都町衆伊藤仁斎の思想形成』（思文閣、一九八七年）、澤井啓一「理学要抄覚書」（柳川市編集委員会編『柳川文化資料集成』第二集、月報、二〇一七年）。

（10）『舶載書目』（関西大学東西学術研究所、一九七二年）によれば、元禄の前期までに宋学者の解釈した経書のほか、明初の「三大全」及びその関係書籍が主に輸入された。また『江戸時代書林出版目録集成』（井上書房、一九六二～六四年）によれば、元禄以前の和刻本も同様である。
（11）藍弘岳『漢文圏における荻生徂徠――医学・兵学・儒学』東京大学出版会、二〇一七年。
（12）村上雅孝『近世漢字文化と日本語』おうふう、二〇〇五年。
（13）高山大毅「林鵞峰の問答体」（『駒澤国文』五五、二〇一八年）。
（14）伊藤善隆「近世前期における明末「随筆」の受容――『徒然草』受容の一側面」（『湘北紀要』三二、二〇一一年）、同「近世前期における明末文化の影響と江戸文人の発生」（二〇一三年早稲田大学博士論文）。
（15）小島康敬『徂徠学と反徂徠』ぺりかん社、一九八七年。
（16）白石前掲書。
（17）高山大毅「食の比喩と江戸中期の陽明学受容」（『駒澤國文』五三、二〇一六年）、一〇七～一三三頁。
（18）両書ともに宝暦年間に作成された文章が多く収録されることから、その成書も同時期と考えられる。また両書は現在東京都立図書館加賀文庫に所蔵されている。
（19）『時学鍼焫』の雑論に、東涯と徂徠に関する逸話や、泉溟の古義堂に関する観察などを記している箇所があり、吉川幸次郎や三宅正彦などの研究においてしばしば引用されている。
（20）清水茂「解題」『日本思想大系三三　伊藤仁斎・伊藤東涯』岩波書店、一九七一年、六二九頁。
（21）関儀一郎編『日本儒林叢書・四』鳳出版、一九七一年、初出一九二九年、一頁。
（22）同前、一～二頁。
（23）同前、二頁。
（24）同前、三〇頁。
（25）「明人毀宋儒者。前後莫若揚用修也。丹鉛錄所載可見。謝在杭曰。此老多杜撰。蓋信口無忌憚者也。宋人謂荀卿之学不醇。故一伝於李斯。則有坑儒焚書之禍。夫弟子為悪而罪及師。有是理乎。若李斯可以頃荀子。則呉起亦可累曾子矣……近歳東刻荀子書成。徂徠有序。又剽竊升庵之此說。其行文如己自出。輕俊子弟。驚嘆以為卓見。徂徠大儒。何為不自重。使他迷忒至此乎」（同前、三〇頁）。
（26）『続編』の記述に関して、中野三敏氏は『江戸狂者傳』（中央公論新社、二〇〇七年）の中で疑問を提示した所もいくつかあるが、ほかの史料と照らし合わせてみれば、概ねこの記述の通りである。
（27）例えば、小島前掲書の中の系図はこの説を採用している（系図の中に繋がっている学者たちは思想上必ずしも一致するわけではないと強調されるものの、師承関係はあると肯定的に述べられている）。中野氏は蘇門が介亭の門に出入りしたり古義堂の門人と交遊していたことも十分考えられるが、蘇門の学問思想からみれば、堀川学派と分類することは到底できないと否定的な態度を示した。
（28）東條琴台『先哲叢談続編』千鐘房、一八八四年、一四頁。
（29）「季氏富於周公。不言魯公而言周公者。以全魯言之也。當是時。三桓四分公室。而季氏有其二。則魯公豈足言乎。魯自宣公税畝。而季氏之二。適與周公之富相當。而又大夫不具官。則季氏之富。過於周公全魯之時矣。或曰。周公非旦。謂東西二周公也。以諸侯之卿而富過天子之卿。亦通」（小川環樹編『荻生徂徠全集四・経学二』みすず書房、一九七八年、一一四頁）。
（30）関前掲書、一八頁。
（31）『論語徵』原文は、「葉公曰。吾黨有直躬者。孔子唯曰吾黨之直者而無躬字。可見直躬者。欲暴己之直者。呂氏春秋以為人姓名非矣。」（「子路第十三」）。
（32）明の張鼎思（一五四三〜一六〇三）が滁州に左遷された際に編纂した書物。内容は主に諸史百家から摘録したものである。
（33）関前掲書、一八〜一九頁。
（34）同前、八頁。
（35）同前、一〇頁。
（36）同前、一九頁。

第六章　近世日本の儒教儀礼と儒者

――「東アジア思想史」のための試論的考察

松川雅信

一　はじめに

東アジアを射程に入れた思想史研究を試みる際、ここに等しく共有されていた儒教に注目することが有効であることは贅言を要すまい[1]。他方で、近世日本儒教が東アジアにおいて異質なものであったと指摘されてきたこともまた、周知の事柄に属そう。近世日本儒教を他の東アジア諸地域のそれからわかつ指標として従来、主に指摘されてきたのは、儒教の非体制的位置と、儒礼（儒教儀礼）の不在だったのではないかと思われる。そして両者を繋ぐ見方としてしばしば呈示されてきたのは、近世日本の儒教が東アジアでは例外的に社会性や宗教性を欠いた、いわば道徳・思想等の面だけを有する「儒学」だったとする理解であった[2]。

前者の指標に関して異論を挟む余地はない。儒教（就中朱子学）を体制教学とする解釈が斯界で否定されて久しいからである。また近世の全時期を通じ、儒教や儒者を「一芸」「芸者」にしか過ぎないと見なす日本儒者自身の側からの発言を見つけだすことも、いまとなっては容易い。科挙のように、知識層が儒教を生かして為政者の側に登りつめ、その知識を当該社会で十全に発揮することのできる制度が、近世日本で全面的に成立することはついぞなかった。

だが後者の指標については近年、抜本的な見直しが進められている。というのも朱熹『家礼』に限っては、日本儒者達が同書に多大な関心を示し、併せて実践例も数多散見されることが実証されつつあるからである[3]。だとするなら、非体制教学という点では異質でありながらも、その反面で『家礼』に限った儒礼をめぐっては宋元明清中国や李朝朝鮮等と同質な社会性や宗教性を帯びた儒教が共有されていた事実を、いかに捉えればよいのであろうか。換言すれば、近世日本では儒教の社会制度化がなされなかった他方で、『家礼』に関してはその広汎な普及が見られた点を、東アジア的見地からどのように説明し得るのかを明らかにせねばなるまい。本稿ではおよそこうした問題関心に基づき、具体的には闇斎学派による『家礼』へのとり組みの様相を分析する。そしてかくなる分析結果から、「東アジア思想史」をいかに構想できるのかを最後に呈示することとしたい。

闇斎学派を主な対象とする所以は無論、彼らが近世の全時期を通じて『家礼』を重視していたからにほかならないが、それ以上に本稿では、以下でとりあげる闇斎学派儒者達が多少の位相の違いはあれど、おしなべて幕藩権力の中枢部からは縁遠い地点にあったことを重く見たい。近世日本における儒式喪祭礼の実例としては、近世初頭に崇儒排仏政策をとって以降、儒礼実践を継続させていた水戸徳川家等が夙に知られている。が、そのように藩権力の後ろ盾をもつ特例をどれだけ深く掘り下げてみても、一般化に至ることは難しかろう。確かに闇斎学派もごく限られた事例にしか過ぎない。しかしながら、儒教の十全な社会制度化がなされなかった近世日本にあって大多数の儒者達が市井に存した点を想起してみるなら、そのような儒者達をある程度一般化し得る存在として、この学派に注目する一定の有効性はあろう。以下ではまず、闇斎学派が『家礼』に傾注する契機をつくった浅見絅斎（一六五二～一七一二）をとりあげるところからはじめよう。

二　身分・階層的等差を越える『家礼』――儒者達の自己像

近世日本における『家礼』の展開を考える際、キーパーソンとなる人物の一人として山崎闇斎（一六一八～八二）高弟の浅見絅斎を掲げることに、おそらく異論はあるまい。絅斎は、近世日本に相応しい『家礼』とりわけ喪祭礼の確立を目指して、同書の単行和刻本を校訂・上梓し、かつ『家礼記聞』『喪祭略記』『喪祭小記』等を著すとともに、晩年には講義録『家礼師説』を足掛かりとして、仮名書による礼書の出版をも計画していた（逝去により叶わず）。彼が自身をとりまく喪祭習俗と対峙しながら、近世日本で儒式喪祭礼が執り行われることを切望していたと考えることは、先行研究に鑑みても大過なかろう[4]。

しかし他方でそうした絅斎が、乱れた「礼楽」をいかに正すべきかという門弟からの質問に対して、一見すると意外なことに「聖人、天子に非ざれば礼を作らずと謂わば、則ち非礼を正し俗楽を変ずるは、正に時王の任に在り[5]」と、それは「時王」があたるべき任であるとし、冷淡な態度をもって応じていたことはさほど知られていまい。また実のところ彼は、孔子等の聖賢を祀る釈奠礼の挙行をめぐっても、以下のような難色を吐露していた。

吾国、中古以来、釈奠の礼行われしは、実に国典に係る。官に人有り、儀に制有るは、宜しく然るべきなり。庶人の若きは、則ち其の徳を尚び、其の道を学ぶ。固より恭饗すべき所なりと雖も、而して即ち国令の許す所に非ず。[6]

絅斎は決して釈奠礼それ自体を否定しない。ここで俎上に載せられているのはとりもなおさず、かかる執行者をめぐる問題であろう。すなわち彼は、釈奠礼とは元来、古代日本の「国典」(おそらくは『延喜式』)に定められた祭祀であるため、当今の「庶人」が安易にこれを執行することは「国令」に叛くことになるとして、その挙行に疑義を呈していたのである。上引の釈奠礼の挙行に対する批判的態度と、先の「礼楽」は「時王」に一任されるべきだとする回答とをともに規定しているのが、社会的身分・階層間の等差に基づく論理、絅斎の言に藉口していえば「礼の根本は必ず名分に在り[7]」といった所謂「名分」論であることは見易い。「礼」の要諦をなすべきこの論理に則るならば、「庶人」が国家の定める礼制に関与することは「名分」を逸した僭上にあたるわけであり、それはまた『礼記』曲礼上篇が定める「礼不下庶人。刑不上大夫」といった規範とも相関的な問題だったと考えられよう。

さらに、これらの絅斎の言述から推し測られるより重要な事柄は、彼が儒者としての己を、ほかならぬ国家礼制の問題とは無縁な「庶人」と位置づけていたように思われる点である。よく知られているように、絅斎が幕府・藩に登用されて為政者の側にたつことは生涯を通じて一度もなかった。そして彼自身もまた「学校ヲ立テ、其中デ学成就シタカラ其学者ヲ上ニ用ラルレバヨケレドモ、ソレハナシ[8]」と、当時において儒者が学問によって為政者の側に登用される事態を全く想定していない。それは儒教を体制の指針に据えなかった近世日本にあって、ある意味当然の認識だっただろう。絅斎は、(いかに不満を抱えていたとしても)自らが礼制を云々し得る立場とは無関係なところに存する儒者であることに、かなり自覚的であったと看取されるのである。

では、かく自身がおかれた立場性に対する自覚に基づくことで、礼制への不介入を貫いていた絅斎は、なにゆえ『家礼』の喪祭礼に関してはその近世日本での実施に積極的だったのだろうか。否、むしろ彼は『家礼』であればこそ、逆にその適用をめぐって積極的な発言を行うことができていたのだと考えられる。なぜなら「天子諸侯ノタメニスルデハナイ。位ナキモノ、我家ニ在テハ如此アルベキコトト云コトデ、家礼ト名ヅケラレタルゾ」[9]と、『家礼』こそは「天子諸侯」にあらざる「位ナキモノ」を想定して、朱熹によって著された礼書だと絅斎は捉えていたからである。なるほど、『家礼』それ自体を一読してみればこの書が「士庶人」を念頭においていたことは瞭然であろうし[10]、そのことがもつ意義は現代の研究者によって「『誰にでも実行しうる』という開放的性格」[11]にあると指摘される通りである。「礼」の根底部分に「名分」を見据えた絅斎は、『家礼』が例外的にそれに拘束されない「開放的性格」を帯びているゆえに、かかる実施を一介の儒者であっても説き得るものと見なしていたように思われるわけである。

こうした『家礼』に対する捉え方は、絅斎の説を汲んで同書の近世日本への適用を試みたその後の闇斎学派儒者達の間でも、広く共有されている。興味深いのはそのような認識が、『家礼』と並ぶもう一つの儒礼をめぐる朱熹の代表作、『儀礼経伝通解』(『通解』と略)との間の弁別をも意識しながら、成立していることである。例えば、絅斎高弟の若林強斎(一六七九〜一七三二)は「天下古今礼楽全体ノ詮議ハ此書〔『通解』―引用者注〕ニ尽セリ。独リ家礼ハ然ル書ニハ非ズ……志ダニアレバ相応ニ作法モ行ハレ、自分ノ存念ヲモ尽サル、ヤウニト云趣向ノ書ナリ」[12]と、『通解』が「礼楽全体ノ詮議」の書であるのとは対照的に、『家礼』とは「志」さえあればいかなる人物であっても「相応」に実践可能な儒礼が明記された書物だと述べる。近世後期の上総農村部に儒礼を滲透させ、上総道学を形成した稲葉黙斎(一七三二〜九九)もまた、「通解ハ天子諸侯ノ受容ナリ。学者ニ切ニナシ」と、『通解』が「天子諸侯」に向けられた著作であるとして具体的言及を避ける他方、「実ニ朱子ヲ尊ブモノハコノ家礼ノ方ガヨイ筈」というように、『家礼』の方がより喫緊の主題であることを上総の人々の前で開陳している。[13]

また「天子諸侯」との相違に関していえば、垂加神道を内包する闇斎学派に特徴的な問題として、三宅尚斎（一六六二～一七四一）門下の蟹養斎（一七〇五～七八）が以下のごとく述べている点も特記されよう。「世の神道者流ハ、神道の喪祭、我家につたハり、これ神明の教なりとハかたれども、そのつたへをミるにおいては、天子の御礼式をのべたる書にて、下たるもの、用ゆべき法にあらず」[14]。元来「天子の御礼式」であるはずの「神道の喪祭」を「下たるもの」が安易に用いることの僭上に対し、反駁が加えられているのである。

かく見てくれば、絅斎とそれ以降における闇斎学派の面々が、ただ単に朱熹を尊崇するからといった安直な理由からではなく[15]、儒礼が本来的に含み込む社会的身分・階層間の等差という問題に鑑み、これに抵触することのない『家礼』を、あえて選択的に重視していたと断定することに差し支えはなかろう。そして飛躍を恐れずいえば、このことは近世日本の場合、儒教が体制化されなかったにも拘わらず『家礼』の展開が存在したと見なすのではなく、むしろかるがゆえにこそ儒者達は同書を重視していたのだと、捉え方を顛倒させてみる必要性を我々に惹起させる。儒教を社会制度に組み込まなかった近世日本にあって、如上の闇斎学派儒者達とは為政者たり得ず、かつ既に絅斎に即して確認したように、彼らは学問による登用も原則として期待できない存在だった[16]。けだし、そのような彼らにおいては逆説的に、身分や階層の制約を受けない『家礼』こそが、積極的な発言をなし得る数少ない領域の一つであると見なされ、そのために同書の実施に傾注していったと把握し得まいか[17]。体制教学としての儒教が不在だった近世日本の社会構造に規定される形で、『家礼』への旺盛な関心が生じていたとする発想の転換が求められよう。

三 「孝」に根差した「儒者意識」の醸成——困難性・不審視の克服

勿論、『家礼』が例外的に身分・階層的等差に制約されないと認識されていたことは、必ずしも同書に即した実践が近世日本儒者達にとって容易であったことを意味しない。殊に喪礼に関していえば、死後における棺槨の製作から納棺、そして埋葬へという『家礼』が定める一連の所作は、しばしば実施困難に直面し、また近世社会の葬送習俗一般から乖離するところも多かったようである。例えば最末期の闇斎学派儒者細野要斎（一八一一～七八）は知人の葬儀に際し、金銭的事情から彼の「棺に松脂をぬる」ことができなかったことを記録している。

壬寅（一八四二年）三月廿四日、吉田敏卿〈曽兵衛〉没す。……今日訃を聞て痛悼に堪へず。吉田氏家貧窶にして、棺に松脂をぬるの力なしといふ。予恩徳あれば、もとより分に随て恤むべきの道なれども、予も亦貧窶甚ふして、これに力及ばず。[18]

『家礼』喪礼の「治棺」の項目には、溶かした瀝青（松脂）を用いて棺槨をコーティングすべき旨が注記されている。無論、かかる目的は棺槨の強度を高めて遺骸をより長く安定的に維持しようとする点にあり、突き詰めていえばそれは父母の身体をあたう限り長久に保たんとする、儒教倫理の根幹をなす「孝」（『家礼』に即せば「愛敬」）をそのまま体現することにもなる。黙斎が「治棺。此方ノ一大事也。父母ガ隠居処ヲ建ル、ソレデ孝不孝ガ知レル。……生タ内ノ隠居処ハ修覆モナルガ、棺ノ隠居処ハ取カヘシナラヌ」[19]と述べるように、父母の「隠居処」に相当する棺槨を丁寧に製作し得るか否かで、直ちに「孝／不孝」が測られると捉えられていたのである。よって「棺槨ニ念ヲ入ルレバ、世俗ノ訝ガルハ不足論」[20]と強斎が断言するごとく、いかに「世俗」から訝しい目線を浴びようとも、棺槨製作に関してはそれを無視した態度が要求されねばならないと考えられていた。ここではさしあたり、瀝青を用いた手厚い棺槨製作が諸般の困難をきたすとともに、世間一般からの不審視にも晒される可能性があったことを確認しておきたい。

棺槨を丁寧に製作できたとしても、その後の納棺や埋葬の過程で父母を蔑する行為が生じてしまえば自然、「孝」を体現せんとする試みは挫折する。かかる過程で「孝」の体現を妨げる最大の障碍となっていたのは、いうまでもなく火葬であった。熊沢蕃山（一六一九～九一）等のごく僅かな例外を除けば、近世日本儒者の多くが「孝」に立脚して、自らの手で父母の遺骸を毀損する火葬の非を力説していたことは、周知の通りであろう。こうした火葬に比肩される形で、同じく「孝」に悖ると見なされていたのは早葬の風習であった。早葬とは死後速やかに葬送を執行する行為のことを指す。これが「孝」に悖理する所以は勿論、臨終後も未だ残る甦りの可能性の芽を全く摘んでしまうからにほかならない。そこで闇斎学派儒者達は『家礼』の規定に倣い[21]、死後少なくとも三日の間隔をあけてから納棺を執り行う必要性を強調する。所謂「三日斂」である。この「三日斂」の問題に関わって、以下の黙斎の言述は特筆に値しよう。

> 三日ノ間ハヒ《ママ》キカヘルコトモアルゾ。夫故孝子ガ度々其面ヲミタガル。猶俟其復生。コンナコトヲ俗人ガキイテ、ヤレ〳〵愚痴ナド云ゾ。……俗人ハ親ノ死ンダニ一時モハヤク埋メタガル。親切ニナイカラ也。親ノ死ダトキニ親切出ヌナレバ、ハヤ外ニ親切ハ出シ処ハナイ。大学所厚者薄云々ハソコ也。ア、儒者ハタワケナモノト云。其タワケニ見ヘルガ本ノ学者也。……喪礼、俗人トチゴフテコソ朱子ノ家礼ト云モノゾ[22]。

黙斎はまず、死後三日の間隔を設けねばならない必要性を「孝」の観点から説明する。そのうえで、親をすぐさま葬ろうとする「俗人」達に「親切」が欠落していることを主張するわけだが、しかし他方でそうした主張が世間一般の認識から乖離していることも同時に認めている。すなわち「ア、儒者ハタワケナモノ」といった、「俗人」達による不審視に晒されるというのである。ただそれでも、黙斎は「三日斂」が重要事項であることを決して譲らず、むしろ「其タワケニ見ヘルガ本ノ学者也」「喪礼、俗人トチゴフテコソ朱子ノ家礼ト云モノゾ」と、世間一般からの乖離を伴うことこそが、あるべき儒者の姿であり、そして『家礼』を実践することなのだと述べる。ここから看取されるのは、俗習からの逸脱をあえて自覚しながら、『家礼』に即した儒式喪礼を執り行うことが、「孝」を体現することに加え、さらには「儒者意識」を下支えする役割をも果たしていたということではなかろうか。別言するなら、儒教倫理の根幹をなす「孝」を体現し得る「儒者」であることを表明するためには、時に既存の習俗との懸隔も厭われず、むしろそれへの自覚的な対峙がなされていたというわけである。

『家礼』喪礼が定める棺槨製作から埋葬に至るまでの一連の所作は、「孝」を体現するうえでも一切の予断が許されないものであった。しかし、そのように重要な所作は往々にして近世社会の葬送習俗から乖離するところが多く、そのために幾多の困難を伴うとともに世間一般からの不審視に晒されることも少なくなかった。だがさればこそ、そうした困難性や不審視を乗り越え、それらをあたう限り忠実に実施することは、儒教倫理の根幹たる「孝」の体現に根差した、儒者達のほかでもない「儒者意識」を担保し得る重要な資源となり得ていたように思われる。わけても、儒教が十全に社会制度化されていない近世日本において「通常の身分の枠外」[23]に存した彼らにとってみれば、自らの存在証明としてそのような「儒者意識」は不可欠だったのではないだろうか。近世日本における『家礼』の実践は、かくなる「儒者意識」醸成の問題としても捉えられねばなるまい。

逆にいえば、既存の喪祭習俗のうちでも「孝」に反しないと認定されたものに関しては、それらを柔軟にとり込んでいこうとする姿勢が、闇斎学派儒者達には認められる。「アマリ俗トスレチガフト肝心ノコトモナラヌヤフニナル」[24]と、(「孝」に反しない)「俗」からの全面的逸脱は却って実践の妨げになりかねないと考えられていたからである。あるいは「大家富饒の士ハ……独立特行すといへども害なし」[25]と、そうした全面的逸脱は(例えば水戸徳川家のような)「大家富饒の士」に限って可能であり、大多数の儒者達には現実的でないと予め判断されていたのかもしれない。

四　儒仏混淆——寺檀制と共存する『家礼』

なかでも注目されるのは、特に寺檀制が所与の前提となった十八世紀中葉以後、これに基づく仏式喪祭礼を許容した、儒仏混淆的な方式での儒礼実践が提唱されていた点である。儒仏混淆によって『家礼』を執り行うべきだとする見解は、この期以降の闇斎学派儒者に多く見受けられる(蟹養斎・稲葉黙斎・川島栗斎・細野要斎等)[26]。一例としてここでは近世後期以降、尾張崎門派という一派を形成し、同グループ内に『家礼』実践を広汎に滲透させた中村習斎(一七一九〜九九)をとりあげたい。

習斎は「人死すれバ必ず仏礼の戒法を預り、引導にあづかり法儀をうく。……此邦に生きる者ハ必仏氏によりて邪宗にあらざるを証する事、天下の法制となれり……儒を道とする者、此俗をやぶりがたし」[27]と、寺檀制とそれに基づく仏式喪祭礼とが「天下の法制」になっているという認識のもとで、仮令儒者であったとしても「此俗」に抵触することはできないと述べる。当該期にあって、寺檀制は逸脱し得ない「俗」だと見なされていたのである。ただ特筆すべきはそのように仏教を許容せざるを得ないことが、実のところ朱熹の見解と何ら矛盾しないと捉えられていたことである。彼は、墓碑に檀那寺から付与された戒名が刻まれることに関して、以下のような釈明を行っている。

> 多くは其寺院の僧の定る所の戒名あるべし。たとひ其寺僧にあらずとも、受たる戒名あらバ用てよし。朱子家礼の法ハ、生日の官爵位号を用ひ、早□〔判読不能〕の身ハ、姓名号等を用ひ給ふハ、天下の通俗如此ゆへにしたがつて、用ひられたるものなり。今日本の通俗、皆戒名を用るならバ、したがつて用ひて朱子の意なるべし。(28)

『家礼』はもとより南宋社会の「通俗」を汲んで成ったものであるため、近世日本の場合には「通俗」としての戒名を用いても問題はなく、それは例えば朱熹が当時の「官爵位号」を同書に採用したのと同様だと解されていることが窺える。かく習斎は、「通俗」の斟酌がそもそもの『家礼』においてなされているという点を論拠とすることで、仏式をこうした「通俗」のうちに包摂し、もってこれに随順することもまた「朱子の意」に適うことだというのである。

ここで論拠とされた「朱子の意」とは、おそらく『家礼』それ自体の言述を指していよう。というのも『家礼』の序文では、「礼」を「本＝名分・愛敬」と「文＝冠婚喪祭・儀章度数」に二分したうえで、前者を体現すれば後者を状況に応じて改変することが認められており、ほかならぬ朱熹自身も「其の大体の変ずべからざる者に因て、少しく損益を其の間に加え、以て一家の書と為」したと明言していたからである。習斎は、かかる『家礼』の序文に明記された理解に則ることで、同書に背馳することなく仏教の許容を可能にしていたと考えられる。従って彼は、『家礼』に則る儀礼を聢と執り行うべきだと主張しつつも、そこに仏教的要素が闖入してくることを（「孝」に反するものを除いて）殆ど意に介していない。具体例をあげるなら「神主にてなくとも、仏道の位牌のあるにてもおなじ」[29]と、『家礼』の記載通りに儀礼が施行できれば、神主と位牌の相違はさしたる問題とされなかったのである。このように闇斎学派には寺檀制下にあっても、儒仏混淆という方式を用いることで『家礼』を執り行うことが可能だとする考えが存在していた。

近世日本には、一方で仏教をめぐる確乎たる社会制度としての寺檀制が存在したために、他方で制度的保証をもたなかった儒教の側が喪祭礼の領域に関与することはできなかったとされることがある[30]。だが、以上の事例を踏まえればそのような理解には少なからず修正が必要だろう。さらにいえば、そもそも儒仏が対立関係にあったとする固定観念も、喪祭礼に注目した際に垣間見えてくるこの儒仏混淆といった観点から、見直していかねばならないのかもしれない。

五　おわりに――「東アジア思想史」へ

それでは如上の分析結果から、「東アジア思想史」はいかに構想可能なのであろうか。最後にいくつかの論点に即しながら、その見通しを示すことで結びとしたい。

近年の中国哲学研究によれば、『家礼』とは宋代以降の全面的な郡県制移行に伴い、既存の封建的身分制が崩壊した後の、階層流動社会に適応しながら登場したものであったとされている[31]。従前の爵位・血統が無化され、科挙の関門を突破せねば特権継承が至難となった能力本位社会にあっても、継続的に祭祀を執行し続けることができる儒礼実践マニュアルとして『家礼』は登場し、同書の「開放的性格」とはそれに対応していたというのである。が、実践に関しては宋代中国においても当初から容易でなかったらしい。「開放的性格」を名目に掲げながらも、その実、宗法主義等の一定の難度が予め設定されていたからである。ゆえにかかる困難を克服して『家礼』を実施することは、階層流動の激しい状況下にあって儒教の体現者であることを自認する、士大夫達におけるほかならぬ「士大夫意識」を支える役割を実質的に果たすことになったのだと考えられている。

こうした宋代以後の中国の場合を念頭においてみると、確かに科挙の存否や封建／郡県といった相違はあるものの、構造的には近世日本儒者達がおかれていた状況と近似する点も多いことに気づく。というのは、日本儒者達もまた当該社会にあっても実施可能な殆ど唯一の儒礼として、諸般の等差に制約されない『家礼』に傾注するとともに、困難や不審視を越えてそれを実践することで、「孝」を体現し得る「儒者」であることを表明せんとしていたからである。してみれば東アジア的見地から『家礼』を捉えてみた際、同書は儒者と士大夫の双方が身分・階層的な不安定を余儀なくされた近世日本と宋代以後の中国において、それぞれ「儒者意識」「士大夫意識」を醸成するための機能を果たすものだったと、ひとまずいうことはできないだろうか。『家礼』の東アジア的展開を見通していく際、かような共通項を予め設定したうえで具体相にあたっていくことは、それなりに有効な手法たり得よう[32]。

儒仏混淆に関しては、寺檀制を有する近世日本の特殊事例と片づけるのではなく、あえてこれを一つの典型例と措定して、東アジア社会における儒教展開の実態を積極的に問い直していく作業が求められよう。一般に教条的な『家礼』実践がなされていたと観念されがちな中国・朝鮮社会でも、仏僧の関与や俗習の組み入れは意外と多くなされていた。清代中国で流布した『応酬彙選』中の『家礼』をめぐる記載に、仏僧への対応方法が明記されていたこと、朝鮮儒学界の泰斗李滉が俗習を容認していたこと、朝鮮在地社会では既存のシャーマン的世界と融合しながら儒式喪祭礼が実施されていたこと等は、既に指摘されている通りであろう。[33]とすれば、このように諸思想・諸宗教と交錯しながら儒礼が東アジアで広く展開されていった実態をより深く解明していくためにも、儒仏混淆はむしろ有益な方法概念へと昇華されるべきだと考えられる。そのことにより三教一致論等とはまた異なる、儒礼という視角からの新たな東アジアの思想・宗教構造が垣間見えてくるのではないだろうか。

儒礼という素材に即して「東アジア思想史」を構想するうえで、およそ以上のごとき論点があることを呈示した。しかしそれを実現するためにやらねばならない作業は未だなお山積している。

注

(1) 例えば近年の試みとして、趙景達編『儒教的政治思想・文化と東アジアの近代』有志舎、二〇一八年。

(2) 例えば黒住真『近世日本社会と儒教』(ぺりかん社、二〇〇三年)はこれらの指標を掲げ、近世日本儒教が総じて「学問・処世・治世の道」(一五六頁)に止まったことを強調する。また前田勉「近世日本儒教」(『日本儒教学会報』創刊号、二〇一七年)も、「近世日本社会には科挙もなく、儒学儀礼(釈奠儀礼・冠婚葬祭礼)も制度化されなかった。その意味で、儒教の非特権性は明らかである」(二頁)と述べる。

(3) 代表的には、吾妻重二編『家礼文献集成』日本篇一〜七(関西大学出版部、二〇一〇〜一八年)、田世民『近世日本における儒礼受容の研究』(ぺりかん社、二〇一二年)等。

(4) 田尻祐一郎「絅斎・強斎と『文公家礼』」(『日本思想史研究』一五号、一九八三年)、前掲田『近世日本における儒礼受容の研究』。

(5) 「書孔子封王弁説後」(近藤啓吾編『浅見絅斎集』国書刊行会、一九八九年、四九四頁)、原漢文。

(6) 「批釈奠策」(前掲近藤編『浅見絅斎集』、四二一頁)、原漢文。

(7) 同前、四二一頁。

（8）『絅斎先生夜話』（前掲近藤編『浅見絅斎集』、六三七頁）。
（9）『家礼師説』小浜市教育委員会所蔵、一丁オ。
（10）「然古之廟制不見於経。且今士庶人之賤。亦有所不得為者。故特以祠堂。名之。而其制度亦多用俗礼云」（通礼「祠堂」）。
（11）吾妻重二「儒教儀礼研究の現状と課題」（『東アジアの儀礼と宗教』雄松堂、二〇〇八年）、一〇〇頁。
（12）『家礼訓蒙疏』（前掲吾妻編『家礼文献集成』日本篇一、一六四頁）。
（13）『家礼抄略講義』一巻、千葉県文書館所蔵、二五丁ウ。
（14）『居家大事記』九州大学附属図書館所蔵、二丁オ。
（15）『絅斎先生夜話』に記録される以下の問答はこれに関わって興味深い。「問。朱子ヲ今時祭ルモクルシカラズヤ。曰。マツルコトニアラズ。朱氏ヲ尊ブハヨシ。……士庶人ハ先祖ノ神ヲ祭ルヨリ外ハマツラヌモノゾ」（六四八頁）。かように絅斎は、朱熹を尊崇することと祀ることは別問題であるとし、「士庶人」による祭祀対象をあくまで『家礼』が定める「先祖」に限定する。
（16）勿論、絅斎の時代とは違い、近世後期には儒者の諸藩での登用は相対的に進展していく。が、それでも彼らは決して広く認められていたわけではなかった。例えば黙斎の晩年（寛政期）の講義録からは、「大名衆ノ儒者ヲ用ユルモ慇懃ニアシラヒ、家老用人モ格式ヲ下シテ挨拶シテモ、儒者中徳ナク国ニ益ナケレバ門番ヤ足軽ガノケ〳〵トシタ顔ヲスル」（『治教録講義筆記』三巻、千葉県文書館所蔵、四八丁オ〜ウ）、「浪人儒者ガ大名ノ前デ講釈ヲヨクシテモ、近習ガクツ〳〵ト笑フ」（『小学筆記』三巻、東京大学総合図書館所蔵、九四丁オ）といった発言が確認し得る。
（17）このことは書誌学研究の成果とも符合する。近世日本儒者の儒礼関係著作を網羅的に精査した吾妻重二は、儒者達が三礼文献等よりも『家礼』の方に圧倒的な関心を向けていたことを闡明しているからである。「江戸時代における儒教儀礼研究」（『アジア文化交流研究』二号、二〇〇七年）。
（18）『感興漫筆』（『名古屋叢書』一九巻、名古屋市教育委員会、一九六〇年、三三三頁）。

(19) 前掲『家礼抄略講義』二巻、七丁ウ。
(20) 前掲『家礼訓蒙疏』一八六頁。
(21) 「司馬温公曰。礼曰。三日而斂者俟其復生也。三日而不生則亦不生矣。故以三日為之礼也」(喪礼「大斂」)。
(22) 前掲『家礼抄略講義』二巻、二二丁オ〜ウ。
(23) 渡辺浩『東アジアの王権と思想』東京大学出版会、一九九八年、一二七頁。
(24) 前掲『家礼抄略講義』一巻、六六丁オ。
(25) 中村習斎『喪礼俗儀』(中村得斎編『道学資講』八〇巻、名古屋市蓬左文庫所蔵、一丁ウ)。
(26) 詳しくは以下の拙稿を参照のこと。「寺檀制下の儒礼」(『立命館史学』三七号、二〇一六年)、「近世後期における闇斎学派の思想史的位置」(『日本思想史研究会会報』三四号、二〇一八年)。
(27) 前掲中村『喪礼俗儀』、四八丁ウ〜四九丁ウ。
(28) 同前、五〇丁オ〜ウ。
(29) 同前、一三丁オ〜ウ。
(30) 例えば前掲黒住『近世日本社会と儒教』、特に第四章「近世日本思想史における仏教の位置」。
(31) 新田元規「程頤・朱熹の祖先祭祀案における身分的含意」(『中国哲学研究』二四号、二〇〇九年)。
(32) このような東アジアの共通項に対し、封建的礼制を掲げることで挑戦したのが徂徠学だろう。しかし徂徠学が提唱する古礼は実践不可能だというのが、黙斎ら近世後期の闇斎学派の理解であった。それぞれ高山大毅「封建の世の『家礼』」(『季刊日本思想史』八一号、二〇一四年)、拙稿「稲葉黙斎の喪礼実践論」(『日本思想史学』五〇号、二〇一八年)を参照のこと。
(33) 三浦國雄「『応酬彙選』の中の『朱子家礼』」(『アジア遊学』二〇六号、二〇一七年)、小島康敬編『礼楽文化』(ぺりかん社、二〇一三年)、伊藤亜人「東アジアの社会と儒教」(『アジアから考える』一巻、東京大学出版会、一九九三年)。

第七章　前期水戸学における神器論の波紋

――栗山潜鋒の諸言表をめぐって

田中俊亮

一　はじめに

栗山潜鋒（一六七一～一七〇六）の『保建大記』（成立年代不詳、正徳六＝一七一六年刊、以下『大記』）による、いわゆる神器正統論が後世の議論を引き起こしたことは、改めて言うまでもない。前期水戸学においては、三宅観瀾（一六七四～一七一八）の『中興鑑言』（成立年代不詳、以下『鑑言』）と、安積澹泊（一六五六～一七三七）の『大日本史賛藪』（享保五＝一七二〇年、以下『賛藪』）においては、潜鋒を念頭に置いたと思われる言及が見られる。これらに関する先行研究を、神器論や正統論を中心に一瞥しておきたい。

潜鋒を主軸とした近年の研究として、松本丘の業績を挙げることができる[1]。松本によれば、潜鋒の思想とは「朝憲の復古を願つてをられた尚仁親王への思慕と、……親王の御遺志の継承者への期待[2]」であり、「儒教的道徳主義とするのは、その一面を見るに過ぎない[3]」と批判している。潜鋒の思想を儒学と関連づけるのは、尾藤正英である。尾藤は『大記』における「儒学の普遍主義的な思想の立場[4]」を見出し、「潜鋒の真意は……天皇の守るべき徳目の象徴として、神々から授けられたものであるところに、神器の尊い理由があるとされている[5]」と述べている。また玉懸博之も、「三種の神器は、儒教的観念によって成立した……枠内で、皇統の正閏に関わる[6]」と言っている。それに対して、松本によれば、『大記』の議論において「垂加流の神道説の強い影響[7]」が看取される。潜鋒の神器正統論をめぐって神道や儒教の影響を指摘するこのような現況に対して、齋藤公太は「前期水戸学の神器論争とは神道と儒教の対立ではなく、「皇統」「神器」「神道」といった日本の本来性の規定をめぐる闘争[8]」であり、これが後期水戸学への土台となったと指摘している。

『鑑言』に関しては、神器正統論の批判から創出された在義正統論が指摘される。それは「儒学者としての実証的合理的理解[9]」と評されてきたが、齋藤は「観瀾は単なる儒学派ではなく、垂加神道をふまえた上でそれを超える神道思想を提示しようとしていた[10]」と述べている。他方、『賛藪』については、尾藤が前期水戸学に易姓革命に肯定的な思想を見出したことを批判しながら[11]、澹泊が日本における易姓革命に対しては否定的な見解を有していたことが論じられてきた[12]。玉懸は、こうした『賛藪』の歴史観について、「儒教的歴史観の修正せられたもの[13]」と評している。この見解を受け、大川真は、「皇統」は政治的リアリズムを前提とした「嫡長男継承性」を基調としており、道徳的要件がそこでは排除されていると指摘している[14]。

このように、近年の研究は尾藤の水戸学研究の批判に重点があるが、それは前期水戸学を朱子学と等置したことへの批判となっている。前期水戸学に「儒教的歴史観の修正」や「神道思想」を見出すのは、そのためである。本稿の課題は、これらの見解を踏まえた上で、前期水戸学における神器論の検討を通して、潜鋒の発言と『大記』の読まれ方との間に、どのような差異があり、その差異がどのような波紋を生成したのかを考察することにある。

その考察には、「正統」の再考も含意される。従来、「正」「正統」「皇統」は、先述の三書の「神器正統論」として一括して論じられてきた。ただ、『大記』では「正」が神器に関連して言及されるが、「正統」の語は見られない。[15]

二　「自若としての神器」の波紋

保元の乱によって曖昧になった崇徳上皇と後白河天皇の「正偽」を『大記』で論じる中で、潜鋒は次のように言う。

王室の華蕚、一旦相鬩ぐ。帝や、院や、元を体し世を継ぐ。皆我が天とする所。豈、義を挙ぐると乱を構ふると、正偽相判るるが如けんや。進止の義を審らかにし、向背の道を正さんと欲せば、則ち将た奚れかを択ばん。院は兄たりと雖も、位を去ること久し。帝は弟たりと雖も、当今の天子なり。駁宇、年を踰え、未だ失徳有らず。院の兵を構ふること、其れ何の名あらんや。是の時に当りては、宜しく、躬、三器を擁するを以て正と為すべし。[16]

「院」である崇徳上皇が兵を構えることには何の名義もない。潜鋒はここで、「三器」の所在をもって後白河天皇に「正」(「正統」や「皇統」ではない)を見る。だが、注目しなければならないのは、「是の時に当りては」と潜鋒が言っていることである。すなわち、潜鋒における神器論は、後白河天皇の「正」を示す論拠としてのみ導入されている。そのような神器を、潜鋒はどのように認識していたのであろうか。

古昔、三器、通じて之を璽と謂ふ。璽は信なり。……神武、都を橿原に建てて、三物を奉安し、親祭して懈らず。以て祖先の神と為し、以て天位の信と為す。又以て己れを修むるの具と為し、又以て天下を馭むるの器と為す。(17)

神器は「璽」であり「信」でもある。その「信」とは「天位の信」である。あるいは後述のように、「三種統一の道器」とも言われている。これらのことから、神器は君徳の象徴であると言えるだろう。しかし、「護身の霊器は、鎮宇の神物なり」(18)とも言われるように、神器は神霊的なものとしても捉えられている。このように、潜鋒における神器には一見して両義性が見出される。すなわち、「君徳としての神器」と「神霊としての神器」である。(19)だが、これとは別の次元の両義性が、潜鋒の神器論には見出せるのではないだろうか。

「君徳」と「神霊」は区別されるべきだが、ともに神器を表象する概念である。これらに対置されうるのは、「君徳」も「神霊」も表象しない「自若としての神器」である。「自若としての神器」は次のように、「世道」や「王風」がいかに変化しようとも、「自若」なのである。

万世の公議、終に、偽主の真を乱し、閏位の正を蔑するを容さず。則ち、世道夷ぶと雖も、王風降ると雖も、三璽の尊は自若たり。夫の秦の、帝印を以て璽と為し、漢、因りて伝国の物と為すが若きは、則ち周礼の璽節・左氏の璽書と、固より異なること無し。而るに秦に至りて、惟だ天子のみ璽と称して、臣下は称するを得ざるのみ。豈、吾が国の百王授受・三種統一の道器と、年を同じくして語る可けんや。故に、躬、三器を擁するを以て我が真主と為すに至りては、即ち臣、鬼神に要質して疑ひなく、百世以て其の人を俟ちて惑はず[20]。

潜鋒によれば、中国王朝において臣下が称することができなかった伝国璽とは異なり、日本においては臣下が「百王授受・三種統一の道器」をもって「真主」を判断することができる。だが一方で、潜鋒自身の意図とは無関係に、「自若としての神器」が「君徳」や「神霊」に表象されず存在し、「正」を決定するという読みがここでは可能となる。さらにこの読みは、神器の継承のみによる「統」の生成をも（指示ではなく）示唆する。ここから、例えば伴信友や頼山陽による、いかなる者でも神器を所有すれば正統なのかという批判が生じる[21]。また、この読みからは、為政者による「君徳」を不問にした「統」も生成されうる。だから、この読み、すなわち「自若としての神器」は、後述の「百王一姓」（観瀾）や「皇統綿邈」（澹泊）の潜在的前提であるとも言える。

「君徳」や「神霊」を表象した神器が「正」を規定していると潜鋒が述べているのに対して、「自若としての神器」が、すなわち「君徳」や「神霊」を表象しない神器が、「正」を規定すると『大記』は読まれうるのである。「自若」たる「三器を擁するを以て正と為すべし」という言表の〈事件性〉がここにある。この神器論は、恐らくは潜鋒の意図を超えて後世に波紋をもたらす「言説＝事件・出来事[22]」なのである。この言説としての神器論が編成されるのは、「自若としての神器」のコンテクストが、「正」（後白河天皇）から「正統」（南朝から北朝へ）へと転換される点においてである。

三　「神霊としての神器」と「百王一姓」

「保建大記序」（正徳二＝一七一二年）において「但だ其の謂ふ所の、神器の在否を以て人心の向背を卜する者は、議竟に合せず[23]」と述べた観瀾は、『鑑言』において「或る人云ふ、正統の弁は、多きを以てすることなし。神器の帰する所、之を卜するのみと。曰く、固よりなり。而も未だし[24]」と言う。観瀾によれば、潜鋒は神器の有無で「正統」の帰着点を見出そうとしている。これは潜鋒の「三器を擁するを以て正と為すべし」という言表を念頭に置いた発言である。その意味では、観瀾のこの批判も、「自若としての神器」を前提としていると言える。ただし、潜鋒が神器論を後白河天皇の「正」を示すことに限定したのに対して、観瀾は神器論を南朝から北朝への「正統」の継承を示すことについて批判的に転用している。この転用は、「正」を「正統」と読み替えることから生じるのであり、神器論を「統」によって再編成することをも意味する。次に見るように「秦隋偽製」の伝国璽とは弁別されながら、神器論が展開（あるいは転回）される。

此の器の如きは、祖考の精爽、憑て祚を護りて、国を鎮する所にして、秦隋偽製し誇りて天に承け、命を受けたりと云へるの比にあらず。神人之を以て離れず、民物之を以て移らず、上は常に崇畏堕ちざるの心あり、下は永く覬覦不逞の萌なし。器の臨むところも亦、必ず統当に続くべくして、徳、称ふに足る者にあり。統と器との分判れざるなり[25]。

元来は「神人」を結びつけ「民物」を安定させていたという点で、神器は「秦隋」のものとは全く異なるものであって、神器によって「統」を判断することも可能であり、「徳」を備えた人物も存在していた。この時点では、神器は「正統」と不可分であった。ここでの神器は、「祖考の精爽」が憑るという点で、「神霊としての神器」である。だが、時代が推移すると状況は異なってくる。

淳朴の散じ易く、人偽日に開け、姦猾の徒起るに及びては、以為へらく、世々富貴を受くる者何人ぞ、取りて之に代るべしと。乃ち世の乱・政の弊を倖とし、其の詐力を肆にし、土地の大利を一挈して去る。則ち我が有する所の黄袍峙冕は、岌岌として徒らに虚器となる。器の徳ここに於いてか軽からざること能はざるなり[26]。

後世になって「世々富貴を受くる者何人ぞ、取りて之に代るべし」と考える「姦猾の徒」が現出する。伴信友や頼山陽と同様、観瀾も神器の所有者が正統であるという論点を危惧している。そのような時代において、「黄袍峙冕」は「虚器」にすぎず、そのために「器の徳」に重きを置くことはできない。では、「正統」は何によって判断すべきなのか。観瀾は次のように言う。

余、故に曰く、正統は義にありて器にあらずと。夫れ、周の成康全盛の時、誰か徳と鼎を分たん。政衰へ、楚人来り問ふに及びて、乃ち答へて曰く、徳にありて鼎にあらずと。それ亦季世の言のみ。後の余が言を観ん者、将に益々世道の降るを歎ぜんとす[27]。

先述の時代の推移と重ね合わせられるように、ここでは「周の成康」から「楚」への移行が政権の推移として言われている。その推移は、「正統」が不可分な「徳と鼎」にあった時代から「徳にありて鼎にあら」ざる時代への移行でもある。このようにして、神器ではなく「義」によって正統性を見るべきであると言う。ただし、「勢」の過剰が「道」の欠如となるのと同様に、「義」の過剰は「事」の欠如となる。その適正化は、君子が「徳」を養うことにより可能となる。

勢の不可を知りて、義、已むべからざるものあり。義に任ずれば事償る。義の不可を知りて、勢、止むべからざるものあり。勢に徇へば道欠く。……其の能く勢をして暗々の中に黙遷し、義をして昭々の上に順行せしむること、春陽の物を融し、疾風の草を被ふが若く、天下の事を挙げて、施すとして意の如くならざるなきものは、特り徳にあり。君子、其れ、豫め以て之を養はざるべけんや。[28]

観瀾が「正統は義にありて器にあらず」と述べていることは先述の通りである。ただし、その「義」は「君子」の「徳」により適正に統御される。また、後亀山天皇から後小松天皇へ、すなわち南朝から北朝へと神器が引き継がれたことをもって、「其の器の臨む所、実に其の統の当に続くべきものに在り。而して爰に南北混一するに及びて、器帰し統正しく、万々世の下、復た奸臣賊子、頤を其の間に朶るるを容さず。神の徳、昭なるかな、畏れざるべけんや」[29]と言っており、ここでは、「正統」の決定は「神の徳」によるものであるとされている。つまり、観瀾においては、「正統」は「義」を通じた「徳」により規定されていると言える。ただし、その場合の「徳」は、朱子学的な道徳とは異質である。

近世に至りては、又宋儒性命の説を取りて、以て之を皇張文飾し、陽に牽合を忌みて陰に剽窃を事とす。誘して曰く、理、四理四海に準じ、期せずして同じと。則ち言は誠に似て、真に益々乱る。帝王の学の廃するや、固より久しきかな。(30)

観瀾にとっての朱子学は、「帝王の学」の宣揚ではなく、その廃退を示すものとして捉えられている。では、「徳」はどのように観瀾に認識されているのだろうか。「帝王の学」を説く中で、「知仁勇」あるいは「三種十種」などとして言語により表象される神器を、すなわち「君徳としての神器」を、「神道者流」として次のように批判する。

世に所謂神道者流なる者あり。……嘗て其の説を考ふるに、縷挙するに勝へずして、殊に祖訓の在る所を知らざるなり。……この三者、佩服宝重、日常臨視して、以て其の容を照らす。其の身の親しむ所、心の愛する所、これに如くはなし。是を以て手にして之を授けて宣はく、猶ほ吾を見るが如くせよと。則ち受けて奉ずる者、惕然誠発し、声響感通し、身と器との在る所に随うて、祖考の精神、左右に昭かに上下に盈ちて得て蔽ふべからず。これ乃ち器は即ち人、人は即ち天、天国脈之に由つて伝へ、皇道之に由つて生ず。……それ豈に言を喩し、理を論ずるを須つてなすものならんや。(31)

観瀾にとっての「帝王の学」において、神器は日常的に傍に置くという行為によってその役割を果たすものであり、それにより「祖考の精神」が広がりを見せるのである。すなわち、「神霊としての神器」である。そして、「器」「人」「天」の三者が連関することによって、「天」が「国脈」を伝えて「皇道」が形成されるとここでは言われている。こうしたことは、朱子学のように「言」で例え「理」を論じるものではない。神器自体に「君徳」は表象されないが、「神霊としての神器」を保持する行為によって「君徳」は得られるのであり、それが「正統」を規定する。「君徳」がなければ「正統」は付与されない。「帝王の学」を修めなかった後醍醐天皇にその「君徳」はなかったが、神器が南朝から北朝へと引き継がれた点には、（唐突な印象が否めないが）「神の徳」が見出される。

さらに、これは『大日本史』編纂の三大特筆の一つである「革命思想としての南朝正統論[32]」における「革命思想」の要素が削ぎ落とされていることをも意味するだろう。それは、『論賛駁語』（享保二＝一七一七年）において「本邦の国史は百王一姓のあとにして、唐國の如く、改まりたる後代より前代を論ずることは史体大いに異なるべし[33]」と述べていることとも照応する。「偽製」の伝国璽のある中国王朝は、「改まりたる後代より前代を論ずる」、すなわち易姓革命の後に前王朝の史書を編纂するが、日本の史書はそうではないと言うのである。

このように、観瀾の神器論からは、〈伝国璽＝中国＝易姓革命／神霊としての神器＝日本＝百王一姓〉という言説が編成される。この「百王一姓」は、一見すれば潜鋒の「百王授受」と類似するが、先述のように、あくまでも後白河天皇の「正」を示すことが、潜鋒による神器論の主眼である。そこには「統」の所在の解明は含まれない。だから、潜鋒の中国王朝への発言には、「臣下」に言及した批判はあっても、「革命」に言及した批判は見受けられない。それに対して、観瀾の主眼は、「神の徳」を通して「義」によって保証された「正統」の所在の解明にある。「正統」は南朝滅亡をもって途絶えることはなく、北朝へと継承される。このように連続性を含む「統」を導入することで、非連続性を意味する「革命」も相関的かつ批判的に導入される。「百王授受」と異なり、「百王一姓」は「革命」への批判的視座を内包するのである。

四　「皇統綿邈」と「武将革命」

観瀾が『鑑言』において、神器の有無で「正統」を論じたのに対して、澹泊は『賛藪』において、神器の有無で「皇統」を論じる。(34) この点について確認してみよう。

皇統の判れて南北と為るは、猶ほ、元魏の分れて東西と為れるがごときか。曰く、非なり。孝武・孝静は、皆孝文より出で固より軽重する所無く、唯だ名分在る所を視て、正と為すのみ。……皇統の後嵯峨に出づるも、亦軽重する所無く、唯だ神器の在る所を視て正と為すのみ。(35)

澹泊は、「唯だ神器の在る所を視て正と為すのみ」と述べており、観瀾と同様、「三器を擁するを以て正と為すべし」という言表を、つまり「自若としての神器」を前提としている。また、澹泊は神器に対して「古昔、威霊を称頌すれば、則ち必ず三器に擬して、以て其の徳を旌はす」(36) と述べている。これは、「神霊としての神器」の保持が「君徳」であるという点で、観瀾と共通している。(37) それは、神器を「霊物」と捉えていたことからもわかる。

明徳中、帝、神器を後亀山帝より受く。是に於てか、皇統合して一と為り、聖緒、悠久に伝はる。彼の宇文・普六茹も、亦、所謂伝国受命の璽有り。而れども、異姓呑噬し、父子戕賊す。豈、皇統綿邈として、千万世に亙りて、動揺す可からざる者と、日を同じくして語る可けんや。然らば則ち神器の霊物たる、自ら帰する所有り。[38]

「皇統」が合一し「悠久」に継承されたことが、ここでは言われている。それは、伝国璽があっても「異姓呑噬し、父子戕賊」した中国王朝とは異なる。観瀾とは異なり、澹泊は伝国璽を「偽製」とは言わないが、易姓革命との関連で捉える点は観瀾と共通している。一方、「皇統綿邈」たる日本には「神霊としての神器」がある。したがって、澹泊における神器論からは、〈伝国璽＝中国＝易姓革命／神霊としての神器＝日本＝皇統綿邈〉という言説編成の成立を見出すことができるだろう。

ただし、澹泊は「皇統」の「正」を論じても、それを「正統」と表現することはほとんどない。神器論において、観瀾が読み替えた「統」を澹泊も見出すが、観瀾の「百王一姓」と澹泊の「皇統綿邈」には差異があると考えられる。そのことと関連して、澹泊の『烈祖成績』（享保一七＝一七三二年）を見てみたい。慶長七（一六〇二）年六月一一日条で次のように述べている。

本多正純をして南都東大寺の庫を開き、蘭奢待を視さしむ。大久保長安之に副ふ。……凡そ武将革命、旨を奉じ庫を開き、蘭奢待を截く、長さ一寸八分の例なり。或いは神祖に勧め、宜しく例に随ひ之を截くべし。神祖以為らく益無しと。[39]

「武将革命」とは澹泊にとって徳川日本の成立である。徳川家康の「尊王の挙」[40]を認めながらも、澹泊は次のようにも言う。

神祖、度量閎く、信義篤く、仁以て基を立し、智以て衆を馭す。……能く其の一統の業を成す。(41)

「皇統」が、天皇家が「正統」であることと同義であり、なおかつそれが「綿邈」であるとすれば、仁智を有して「一統」を成し遂げた家康による「武将革命」は成立しえない。「皇統」とはあくまでも天皇家の「統」である。それによって、一方には「皇統綿邈」としての天皇日本が成立し、他方には「武将革命」としての徳川日本が成立するのである。澹泊の眼前にあるのは、無論後者であろう。

五　おわりに

表象するものを有しない、剥き出しの「自若としての神器」という言表は、神器を所有すれば正統であるという事態を招来しかねない。そのため、観瀾においても澹泊においても、「神霊としての神器」を有することで「君徳」が得られるという論理を用いて神器論が再編成された。両者に共通していたのは、中国王朝に「伝国璽」を批判的に措定することと相関的に、日本に「神霊としての神器」を措定する点である。潜鋒による後白河天皇の「正」を論じる文脈での「自若としての神器」という言表を、観瀾と澹泊が「正統」「皇統」の文脈へと移し替えたことで、一連の言説編成が可能となったのである。

この編成はまた、中国王朝と日本に対して、それぞれ「易姓革命」と「百王一姓」「皇統綿邈」を同定させる。しかしながら、一見同一のものと思われる「百王一姓」と「皇統綿邈」は、「正統」と「皇統」に対応しており、これらの間にも差異がある。特に後者は、「武将革命」としての徳川日本の成立と相関していると考えられる。前期水戸学の神器論は、易姓革命否定論との関連ではしばしば論じられてきた。観瀾の例からも理解されるように、一面としては正しい。しかしながら、澹泊の例のように、神器論を経由しつつ、易姓革命肯定論が生成されることも、看過すべきではない。

注

(1) 松本丘『尚仁親王と栗山潜鋒』勉誠出版、二〇〇四年を参照。
(2) 同前、二六〇頁。なお、松本のように垂加神道あるいは山崎闇斎学派の影響をもって、潜鋒の思想の本質を理解しようとする見解として、鳥巣通明「大日本史と崎門史学の関係―とくに三大特筆をめぐって―」(日本学協会編『大日本史の研究　水戸学集成五』国書刊行会、一九九七年復刻、初刊は立花書房、一九五七年)、名越時正「水戸藩における崎門学者の功績」(『水戸光圀とその余光』水戸史学会、一九八五年、初出は『神道史研究』第三〇巻第四号、一九八二年)、近藤啓吾「三種神器説の展開――後継栗山潜鋒」(『続々山崎闇斎の研究』神道史学会、一九九五年、初出は原題「栗山潜鋒の神器論」『芸林』第四二巻第四号、一九九三年)も参照。
(3) 同前、二六〇頁。
(4) 尾藤正英「皇国史観の成立」(『日本の国家主義――「国体」思想の形成』岩波書店、二〇一四年、初出は『講座日本思想四　時間』東京大学出版会、一九八四年)、八二頁。また、尾藤「大日本史の思想」(『水戸市史　中巻(一)』水戸市役所、一九六八年、第五章「光圀の文教振興と宗教政策(一)」第四節)も参照。
(5) 同前、八二頁。
(6) 玉懸博之「前期水戸史学の歴史思想の一側面――栗山潜鋒の歴史思想」、(同『近世日本の歴史思想』ぺりかん社、二〇〇七年、初出は『日本思想史研究』第一三号、東北大学日本思想史研究室、一九八一年)、一二五頁。
(7) 松本前掲『尚仁親王と栗山潜鋒』、一三四~一三五頁。

（8）齋藤公太「前期水戸学における神器論争」（『年報日本思想史』第一五号、日本思想史研究会、二〇一六年）、一一頁。

（9）大月明「前期水戸学者の一考察――三宅観瀾と栗山潜峰」（『近世日本の儒学と洋学』思文閣出版、一九八八年、初出は『人文研究』第一九巻第八号、一九六八年）、二〇五頁。

（10）齋藤前掲「前期水戸学における神器論争」、一一頁。

（11）尾藤正英「水戸学の特質」（尾藤前掲『日本の国家主義』初出は今井宇三郎・瀬谷義彦・尾藤正英校注『水戸学　日本思想大系五三』岩波書店、一九七三年）などを参照。

（12）栗原茂幸「徳川光圀の政治思想」（『東京都立法学会雑誌』第一八巻第一・二合併号、一九七八年）、玉懸博之「前期水戸史学の歴史思想続考――安積澹泊『大日本史』「論賛」をめぐって」（玉懸前掲『近世日本の歴史思想』、初出は『東北大学文学部日本文化研究所研究報告』第一九号、一九八三年）、野口武彦『徳川光圀』朝日新聞社、一九七六年、同『江戸の歴史家　歴史という名の毒』筑摩書房、一九九三年、初刊は一九七九年、松本三之介「近世における歴史叙述とその思想」（同『近世日本の思想像――歴史的考察』研文出版、一九八四年、初出は松本三之介・小倉芳彦校注『近世史論集　日本思想大系四八』岩波書店、一九七四年）を参照。

また、『賛藪』の成立や諸本について、小倉芳彦「解題」（松本・小倉前掲『近世史論集　日本思想大系四八』）、鈴木暎一「『大日本史』「論纂」の成立過程」（同『水戸藩学問・教育史の研究』吉川弘文館、一九八七年、初出は『茨城県史研究』第五三号、一九八四年）、勢田道生「津久井尚重『南朝編年記略』における『大日本史』受容」（『近世文藝』第九八巻、日本近世文学会、二〇一三年）を参照。

（13）玉懸前掲「前期水戸史学の歴史思想続考――安積澹泊『大日本史』「論賛」をめぐって」、二八五頁。

（14）大川真「安積澹泊『大日本史賛藪』について」（『季刊日本思想史』第八一号、ぺりかん社、二〇一四年）、同「水戸学と正統」（金時德・濱野靖一郎編『海を渡る史書　東アジアの通鑑』勉誠出版、二〇一六年）を参照。

（15）北宋の正統論の端緒を開いた欧陽脩によれば、「正」は「不正を正す」ことであり、「統」は「不一を合す」ことである。ただし、前期水戸学における「統」は、連続性の意味も含まれる。これらの語や「正統」について、土田健次郎「朱子学の正統論・道統論と日本への展開」（吾妻重二・黄俊傑編『国際シンポジウム　東アジア世界と儒教』東方書店、二〇〇五年）、林文孝「正統について」（伊東貴之編『治乱のヒストリア　華夷・正統・勢　シリーズ・キーワードで読む中国古典四』法政大学出版局、二〇一七年）などを参照。

なお、この点に関わって、拙稿「前期水戸学における「〈実〉の戦略」――安積澹泊の諸言表をめぐって」（『日本思想史研究会会報』第二九号、日本思想史研究会、二〇一二年）において、潜鋒の神器論について「「神器＝正統」論」（五八頁）と表現したことがあるが、不適であったことを付記しておきたい。

(16) 松本・小倉前掲『近世史論集　日本思想大系四八』、三三五〜三三六頁。本稿で使用する史料は、原則として常用漢字に改めた。

(17) 同前、三三六頁。

(18) 同前。

(19) 前田勉「呪術師玉木正英と現人神」（『近世神道と国学』ぺりかん社、二〇〇二年、初出は「呪術師玉木正英と現人神」『日本文化論叢』第三号、愛知教育大学日本文化研究室、一九九五年、及び「守護される現人神――垂加神道の「神籬」解釈」『江戸の思想』第四号、ぺりかん社、一九九六年）によれば、山崎闇斎の神器観には、普遍的な「道徳のシンボル」と見る観点と、普遍的な道徳以上の「霊徳」が備わる「呪物」と見る観点が併存していた。だが、正親町公通や玉木正英は、その「道徳のシンボル」の要素を否定し、「呪物」としての神器観のみを継承した。松本は、潜鋒が正英とともに公通の講義に参加していたことを指摘している（松本前掲『尚仁親王と栗山潜鋒』、一九六頁）。
本稿で用いる「君徳としての神器」と「神霊としての神器」は、この二分論に着想を得ている。前期水戸学の先行研究では、「君徳」（儒学）や「神霊」（神道）に潜鋒の真意を見出そうとする見解が尚仁親王と栗山潜鋒多いが、本稿は「自若としての神器」に、後述の「言説＝事件・出来事」としての意義を見出すことに重点を置いている。

(20) 松本・小倉前掲『近世史論集　日本思想大系四八』、三三六〜三三七頁。

(21) 松本によれば「信友も山陽も、神器の所在のみを正統の根拠とすれば、これを奪つた者もまた正統の天子となってしまふ」（松本前掲『尚仁親王と栗山潜鋒』二四六頁）のである。
（22）子安宣邦『「事件」としての徂徠学』筑摩書房、二〇〇〇年、初刊は一九九〇年などを参照。
（23）松本・小倉前掲『近世史論集　日本思想大系四八』、三二三頁。
（24）高須芳次郎編『栗山潜鋒三宅観瀾集　水戸学大系第七巻』水戸学大系刊行会、一九四一年、一〇〇頁。
（25）同前、一〇〇～一〇一頁。
（26）同前、一〇一頁。観瀾は「土地・兵甲は勢の実なり、本なり」（八四頁）とも言っている。
（27）同前、一〇二頁。
（28）同前、一六一頁。
（29）同前、一〇三頁。
（30）同前、一〇六頁
（31）同前、一〇四～一〇五頁。
（32）尾藤正英『日本の歴史　第一九巻　元禄時代』小学館、一九七五年、二〇九頁。
（33）高須前掲『栗山潜鋒三宅観瀾集　水戸学大系第七巻』、一九二頁。
（34）『賛藪』には「正統」より「皇統」が多く用いられる。天皇紀の賛においては、「能く神器を嶇嶔の間に擁して、五十余年の基を定む。正統の在る所、炳として日月の如し。豈、偉ならずや」（六七頁）の一箇所にのみ、神器に関連して「正統」の語が用いられる。
（35）松本・小倉前掲『近世史論集　日本思想大系四八』、六九頁。ただし、澹泊は「神器の軽重は、人心の向背に係る。人心帰すれば則ち神器重く、人心離るれば則ち神器軽し」（同前）、「天理の公の、人心に存する者、昭然として観る可し」（二二三頁）とも述べており、神器は「天理」にも規定されていることになる。
（36）同前、一九頁。
（37）澹泊が『大記』の「跋」（正徳四＝一七一四年）で「観瀾宅君、……神器の議は、終に協ふこと能はず」（同前、三七〇頁）と言っていることからも、『鑑言』を踏まえていることが推察される。

（38）同前、六九～七〇頁。

（39）安積澹泊『列祖成績』巻一四（早稲田大学図書館所蔵、原漢文、書き下しは引用者による）、九丁ウ。早稲田大学古典籍総合データベース（http://archive.wul.waseda.ac.jp/kosho/ri05/ri05_00742/）により、二〇一八年九月三〇日閲覧。

「武将革命」に言及した論考として、栗原前掲「徳川光圀の政治思想」、鈴木暎一「『大日本史』とその歴史観」（前掲『水戸藩学問・教育史の研究』、初出は『歴史と地理』第三六四号、一九八五年）、尾藤正英「歴史思想」（『日本文化と中国　中国文化叢書一〇』大修館書店、一九六八年）、松本純郎「安積澹泊に就いて」（『水戸学の源流　水戸学集成四』国書刊行会、一九九七年復刻、初刊は朝倉書店、一九四五年）を参照。

（40）同前巻一、二丁ウ。

（41）同前。

※本稿は、東アジア史学思想史研究会（二〇一八年六月二三日）での報告原稿に、加筆・修正したものである。報告の際に、多くの方から貴重なご意見を賜った。ありがとうございました。

第八章　十八世紀対馬における「藩」言説

——朝鮮における対馬「藩屛」認識言説との交錯を通じて

松本智也

一　はじめに

十七世紀、対馬藩宗氏は柳川一件を経て、徳川政権下で日朝通交貿易の独占管理権をになう立場となる一方、朝鮮にたいしては中世以来の朝貢的な形式を取ることで、近世日朝関係を維持していた。対馬は政治的には徳川政権に属す一方で経済的には朝鮮に依存する状況におかれ、自己認識が屈折したものとして表われていた。対馬の自己認識をめぐってはこれまで対馬藩の儒者とくに陶山訥庵（一六五七～一七三二）、雨森芳洲（一六六八～一七五五）が中心的に検討されてきた。訥庵は、対馬が日本に属しているという自己認識に立脚し、通交において朝鮮に従属する形式をとることを「恥辱」とみなしていたが、訥庵のかかる自己認識は幕末に顕彰されるようになる。(1)芳洲は、「善隣外交」の提唱者として高く評価される傾向にあったが、近年の研究によれば、芳洲はなによりもまず対馬藩の利益を重視していた[2]。芳洲は、訥庵や瀧六郎右衛門らが対馬の位置づけを徳川政権にたいし説明するために用いていた「藩屏」という言説を理論的に発展させ、徳川政権にたいする経済援助を請願する理論として対馬が「藩屏」の地であると主張し、幕藩制社会における対馬藩の位置づけを明確に打ち出したのである[3]。寛政期にはかかる「藩屏」の「役儀」という言説が対馬藩内で広く共有されていたことが明らかになっている[4]。しかしこれまでの研究では訥庵や芳洲らが自己認識を論じる際に用いる「藩屏」の認識論的前提、彼らがいかなる先行言説を参照したのかが不問に付されている。これは対馬という場における自己認識の言説と朝鮮での対馬認識の言説との関係を無視するわけにはいかないことも示唆する。本稿では、十八世紀対馬での自己認識の形成に朝鮮における対馬認識の言説がどのように関わっていたのかを「藩」言説に着目して明らかにしたい。

「藩」の字義はおよそ、①ある対象からある対象を守るもの、②二つの集団の境界、③王侯の領国の三点に整理できる[5]。つまり「藩」は東アジア中華世界の秩序原理に基づく概念であり、君臣関係が含意されていることが指摘できる。本稿で「藩」言説と指すものは上記の意味をもち、「藩屏」「藩臣」「藩衛」などの語であらわされるものとする。

「藩」言説の日本史上の初出は奈良時代（八世紀）にみられる。古代律令王権は天皇―藩臣関係を設定し、朝鮮半島の国々が「諸蕃」として従属しており、とりわけ新羅が「天皇の藩屏」と位置づけられると認識していた[6]。徳川時代の「藩」言説をめぐっては大名家・領国を「藩」とする視角から研究されてきた[7]。大名家、領国を「藩」と称する慣例は新井白石（一六五七～一七二五）に始まると目され、十八世紀において「将軍家の藩屏」とされていた言説は、十九世紀にはいるころには「天皇の藩屏」へと転換する。しかしそもそも白石は大名家のみならず朝鮮・琉球についても「藩」言説を用いて称していた。「藩屏」の認識論的前提については東アジア中華世界の秩序原理を念頭において検討する余地がある。正徳期に徳川政権は、かつて律令国家が朝鮮諸国を「藩（蕃）国」

と認識していたことを前提とし、将軍を「日本国王」とする国際秩序下に琉球を「藩国」と位置づけたと指摘されている[8]。かかる指摘をも踏まえるならば、対馬における「藩」言説を東アジア中華世界の秩序原理との関係のうえで考察する必要が生じる。

他方、韓国史では朝鮮王朝の対外観を「藩」言説との関係から論じている。朝鮮時代前期の対馬認識は、①対馬が往時において朝鮮の地であったという「対馬故土意識」、②対馬が朝鮮の東藩であるという「対馬藩屛意識」、③対馬が日本の本州とは異なるという「対馬区分意識」の三つに整理される[9]。朝鮮後期になるとこのうち①②は継承されるものの、対馬が幕藩体制の一角を構成する立場で日朝通交を担うようになるという実態とは乖離するようになり、③がより深化していくようになる。本稿ではこのうち特に②の「対馬藩屛意識」に注意したい。朝鮮王朝は「対馬征伐」(応永の外寇、一四一九年)以後、対馬に経済的な特恵を与える代わりに、倭寇を鎮圧させ通交者を統制させるなど、朝鮮を守る障壁としての役割を担わせ朝鮮に政治的に従属するかたちを取らせたのである。すなわち朝鮮において「藩」は「朝鮮の臣下」「朝鮮を守る障壁」という意味合いのみならず、君臣関係にもとづく「経済的支援の対象」という意味合いも含まれており、すくなくとも十六世紀には対馬を「朝鮮の藩屛」とみなす言説が朝鮮で広まっていた[10]。ここでは「藩」言説が儒教的名分論に淵源する文脈から論じられており、東アジア思想史の文脈に接合されうる。しかし、検討対象は朝鮮王朝に限られており、対馬は客体と位置づけられるにとどまっている。本稿ではかかる議論も念頭におき対馬における「藩」言説を検討していきたい。

二　対馬における「藩」言説の濫觴

十七世紀後半から十八世紀初期にかけての対馬では、朝鮮との折衝においては、それまで行なっていた力ずくでの交渉が通用しなくなったため、政治的懸案の解決に文書主義が取られるようになり、対馬内部での史料が必要とされるようになってきた[11]。かかる状況下で登場するのが陶山訥庵である。訥庵は対馬府中（厳原）に生まれ寛文年間に京都、江戸に遊学し木下順庵門下で朱子学を学んだ。朝鮮との外交関係でのブレーンとして活躍し、対馬藩政では殲猪政策や農政、軍備の拡充などを提起した。訥庵以前の時代には対馬についての史料が整理されておらず、かたや後世の対馬の人物は必ず訥庵に言及するので、訥庵が十八世紀以降の対馬藩内での自己認識の言説の土台をつくったといえる。

訥庵は対馬を「日本六十八州の内」「日本の西北の邊徼」「外国之境」であると位置づけ、外敵からの防御の武備が必要であると強調し、そのような防衛の要地であることが歴史的に由来するものと位置づけている（『鉄砲格式僉議条目』、『農書輯略後語』）。訥庵は次のようにも述べる。

> 食兵之二事は国家之重事と相見、食兵相備り居不申候ては、御大名様国土人民を御保ち被成候御実意相立ち候とは難申、御国は日本藩屏之地にて御座候故、食兵之御備へ別て厳密に可被仰付御事と相見へ……（『鉄砲格式僉議条目』宝永期）

対馬が「日本藩屏」として大名が領地・人民を維持するための「実意」が成り立つためには、経済的基盤の「食」、軍事的基盤の「兵」の両者を備えることが重要だと述べている。訥庵は対馬を、外敵に対する防衛として位置づけることに加えて、経済的な基盤の必要性も重視しているということを示すために、「藩屏」としての対馬と位置づけているのである。先行研究ではおなじ史料から軍事的側面を強調しているが[12]、「藩」概念が中華文明圏に由来する概念である以上、経済的基盤の保障を求める思考、「恩威」は東アジアの礼的秩序の文脈に由来すると考えられる。訥庵は東アジアの国際秩序内での対馬の位置づけを意識していたと考えられよう。それはつぎにみる用例が前提にあったと考えられるからである。

①「訓導入館之節我等に対して対州の事情を論候、其詞に……対馬は朝鮮の藩臣にして、両国の通交つかさどるなり」

②「むかし貴国通信使金誠一吾州の人に語りて云く、対馬島は我国藩臣なりと、此事懲毖録に見へたり、我州本州の藩臣たること弁ぜずして明也」

③「吾州は則本朝の藩臣にして、図書を貴国より請るは吾州のよからざるしわざなり。若図書を請歳船をやるゆへに貴国之藩臣とせば、礼曹の書契に何ぞ吾州を称して貴島とし、貴国を称して弊邦とせらるゝや。吾州を称して貴島とし、貴国を弊邦とせらるゝからは、吾国は貴国の藩臣たらざること分明也」

④「藩臣外国の君に表を奉るの誼とすべからざる由見へたり、今表文を奉る外臣を以貴国の藩臣とするは、弊事をおしあらはし、定体をやぶるの甚しきなり」

これは裁判と訳官との対話の形式になぞらえて日朝関係について言及する『対韓雑記』（元禄期）から「藩」言

説にかかわる部分を抽出したものである。訥庵は、対馬が「朝鮮の藩臣」ではなく「本朝（日本）の藩臣」であるという立場から朝鮮で「対馬が朝鮮の藩臣であり両国の通交をつかさどる」と認識されていること①にたいする反論を述べる。ここで対馬が「朝鮮の藩臣ではない」とわざわざ述べる理由は、朝鮮において「対馬が慶尚道に属してきた」とされる説が念頭にあるからである。朝鮮王朝では対馬征伐を契機として「対馬が歴史的に慶尚道に属している」という認識が体系化された。やがて朝鮮で対馬が「朝鮮の藩屏」であるという言説は観念化するものの、その後も朝鮮の一部の知識人の間で継承されるようになっていた。たとえば金誠一が「対馬は朝鮮の藩臣である」と述べたことが『懲毖録』にみられる②。ただし『懲毖録』は柳成龍の著であり、金誠一が述べたことを伝聞の形で記しているのであって、訥庵は金誠一自身の言説からかかる理解を得たわけではない。金誠一は自ら記した『海槎録』のなかで具体的に「対馬が朝鮮の藩臣である」という認識を披瀝しており、松浦霞沼は『朝鮮通交大紀』に『海槎録』を引用して具体的に金誠一の言説を批判する。ともあれ対馬が朝鮮から「朝鮮の藩臣」と認識されていることが対馬の人々に知られていたようであり、訥庵はそうした状況にたいする批判の意図をもって『対韓雑記』を記したのである。

③④は図書、上表文の問題である。先行研究では、「対馬島は慶尚道鶏林に属する」という中世以来の朝鮮側の認識にたいし、訥庵は対馬が日本の藩臣であることを強調し、図書・歳遣船・上表文を「よからぬしわざ」として批判しており、また対馬藩主の上表文奉呈をもって朝鮮の藩臣とする論が弊事を押し表わし定体を破るものであると非難したと指摘されている[13]。本稿で加味しておきたいのは、ここにみられる「藩臣」が「異朝（＝中国）に臣属する」という意味での「藩」であるということである。仮に対馬を「朝鮮の藩臣」とするならば、「異朝に臣属する対馬」「異朝の陪臣としての対馬」という位置づけになる。しかし訥庵は対馬が「日本の内」であるという自己認識が根底にあるから、こうした位置づけにたいしては批判的である。

さて訥庵以前の対馬藩では史料が整理されていなかったことは、それまでの対馬の歴史を記すためには朝鮮の史料に依拠せざるを得なかったことを示す。するとここで言及された「藩臣」ということばは朝鮮での用法に触発されて出現したものであるといえよう。訥庵は対馬が「朝鮮の」藩臣とされることにたいし拒否反応を示す一方で対馬が「本朝の」藩臣であることは認めており、「藩臣」という位置づけ自体には異論がない。朝鮮における対馬認識を否定的媒介とする際に「藩」概念が用いられるようになるのであろう。このことを具体的に検討するため松浦霞沼の『朝鮮通交大紀』をみていく。

三　対馬「藩屏」言説の朝鮮における対馬認識言説との関係

松浦霞沼は播磨国の生まれ、新井白石・雨森芳洲らとともに木下順庵門下で学び、のち芳洲の推薦で対馬藩に仕え朝鮮方真文役として活躍した。霞沼の編著には『朝鮮通交大紀』（一七二五年、以下『大紀』と略す）がある[14]。一般に『大紀』は中近世の日朝関係を調べるための二次史料として用いられる傾向にあり、十八世紀前期の対馬藩における言説を探るための一次史料としての用いられ方はあまりなされてこなかった。『大紀』は全十巻で成り立っており、巻一から巻八は応安元年から正徳六年までの高麗・朝鮮の日本通交文書を年代順に掲げて解説しその和訳文を付した外交文書集、巻九と巻十は『海槎録』を掲げてそれに和訳文を付したものである。

「凡例」には撰述目的と意図が記されているが、ここでは以下の三点を指摘しておきたい。第一に、これまで朝鮮が対馬にたいしどのような態度を取ってきたのかを明らかにし、対馬ではどのように対応したらよいのかを記し、そのうえで幕府にたいし対馬・朝鮮関係の沿革を説明して理解させるという問題意識がある。第二に、宗家に関わりのない事象については扱わない、つまり宗家が日朝関係を担っているという現在的状況を踏まえたうえでの選択的意図が働いているとみられる。第三に、『大紀』は漢文史料を引用してそれにたいする和文を添えるという形式を取っているが、あくまでも和文を主とし、真文を考証のための素材と位置づけている。和訳文はかならずしも直訳ではなく意訳した箇所が少なくないので、『大紀』の和文は当該期の対馬藩士が知るべきだと霞沼が考えた内容という視点から分析することができる。また按文からも霞沼の考えを知ることができる。

『大紀』に引用される書物はつぎのとおりである。〔日本〕瑞渓周鳳『善隣国宝記』、不明『続善隣国宝記』、林羅山『京都将軍家譜』、規伯玄方『方長老の記』、新井白石『殊号事略』、陶山訥庵『宗氏家譜』、雨森芳洲『天龍院公実録』、不明『分類紀事』(十七世紀後半成立)、『善隣通書』(十七世紀後半成立)、『柳川一件記録』、『(寛永十三年)信使記録』。〔朝鮮〕『高麗史』、申叔舟『海東諸国記』、徐居正『東文選』、金宗直『佔畢斎集』、金安国『慕斎集』、魚叔権『攷事撮要』、奇大升『高峰集』、金誠一『海槎録』、同『鶴峰集』、同『倭人礼単志』、柳成龍『懲毖録』、同『西厓集』、洪履祥『海東名臣録』、金徳謙『青陸集』、李恒福『白沙集』、李徳馨『漢陰集』、金尚憲『清陰集』、安邦俊『隠峰野史別録』。〔中国〕陳建・沈国元『皇明従信録』、章潢『図書編』。十七世紀前期までの事項については基本的に朝鮮の史料に依拠しており、十七世紀後期以降になると日本、対馬の史料に依拠していることがわかる。つまり史料の典拠が十七世紀中期を境に朝鮮のものから対馬のものへと転換していくのである。これは対馬が十七世紀後半からいわば「記録の時代」[15]に入ったことを明確に示す。ところで『大紀』それ自体を一冊の書物という視点からみると、この書物のなかには朝鮮に由来する文献と対馬に由来する文献とが混在しているという事実も浮かびあがってくる。また中国の史料について「二部がひかれているにすぎない」と指摘されているが[16]、ここでひかれているのはいずれも明代の史料であって、清代の史料はひかれていない。つまり『大紀』は十七世紀までの朝鮮と明、そして十七世紀以降の対馬の言説が併存して構成されている書物なのである。

『大紀』における「藩」言説を整理したものが【表】である。①～④は史料を引用して和文を付したものに「藩」言説が見られる記事、㋐～㋔は按文のなかで「藩」言説に言及する記事、Ⓐ～Ⓒは金誠一『海槎録』に関する言及である。便宜上霞沼が引用した漢文史料については〔漢〕、霞沼の和文は〔和〕、霞沼の按文は〔按〕を付す。

①～④は史料の引用とそれの和文訳である。朝鮮における「藩」言説のうちどのような文面が選択されたのかという点から注目することができる。霞沼は「藩屏」である対馬にたいし朝鮮が「恩義」を施す方針をとっていると理解しており、朝鮮でかかる認識がみられることを理解するよう述べる①③。しかし霞沼は対馬が「朝鮮の藩屏」という位置づけにたいしては否定的であるので、朝鮮の史料にみられる内容を意訳したと考えられる。朝鮮では境界地域に海賊が侵入するなど「藩籬」が固まっていないこと、すなわち「藩屏」対馬が充分に機能していないことを問題とし、そのために重鎮を設置することを必要としていた、という点を霞沼は意訳した②。また朝鮮では、朝鮮は「中国の東藩」という立場であり、「朝鮮の藩」たる対馬も「中国の藩」と認識されている④が、これにたいし霞沼は対馬が「中国との朝貢関係はない」という立場にたつ。

㋐～㋔は霞沼の按文であり霞沼の認識がより明確に表れていると考えられる。霞沼は「日本（徳川政権）は中国の藩臣」ではなく、対馬はその徳川政権の威を借りる立場にあると認識している㋒。また霞沼は、対馬が「中国の藩臣」ではなく「日本の藩臣」と理解している。さらに霞沼は日朝いずれにおいても「朝鮮が中国の藩臣」「朝鮮国王は明皇帝の藩国王」という認識をもっていることを史料を挙げて示した㋓。宗義智は朝鮮にたいし歳遣船を増やすための論理として自らが「朝鮮の東藩」であることを自称していたが、当時対馬が困窮きわまっていた事情をふまえると、宗義智が「朝鮮の東藩」と朝鮮に向けて自称したことを対馬の困窮を打開するための方便として理解していたと考えられる㋐㋑。

Ⓐ～Ⓒは金誠一『海槎録』の引用とそれに対する按文である。『海槎録』は一五九〇年に豊臣政権に向けて派

表 『朝鮮通交大紀』における「藩」言説

	巻	年		発言者	対象	記述	備考
①	2	永正9 壬申 (1512)	通論対馬島主書	金安国	宗盛長	〔漢〕足下宜急下令管内、務得捕獲、寘之明刑、以暴足下藩衛国家之素心、不勝幸甚、継今以往、申勅一島、厳加検戢、毋俾縦悪、以克終恪順之美、毋孤国家棄瑕優撫之恩 〔和〕足下国に向ふの誠いつくむかありとするや、宜しく速に令を下し、此輩を捕へ是を厳刑に置き、国に藩屛たるの誠を顕わし、以て我国家旧悪を捨るの恩に背く事なかれ	
㋐	2	永禄7、8 (1564、5)		松浦霞沼（按文）		〔按〕慶長十六年辛亥、明の萬暦三十九年、壬辰乱後始て歳船を送られし時、萬松院公礼曹へ送られし書の略に、省三十船通二十船、陋島何以救民生乎、所冀再挙五十船之例、以堅固東藩とあり	㋑と同一
②	2	永禄10 丁卯 (1567)	倭書契修答	宣祖	足利義栄	〔漢〕若薺浦開路之事、弊邦患海賊之竊発、軫藩籬之不固、創置重鎮、防遏境上、以図萬世之安、近日両国之間、猜嫌不起、辺圉永清、夫豈小補哉、若使漁採之民舟交島嶼、而或有纎芥違言、則非両境安全久遠之策也 〔和〕薺浦海路の事、弊邦先き海賊の潜に発するを患ひ、始て重鎮を置き辺境を防き、もつて両国安全の久遠を慮るのミ	典拠は『高峰集』
③	3	文禄元 壬辰 (1592)	答平義智書	洪履祥	宗義智	〔漢〕我国与日本交好如兄弟、講信修睦、無纎毫間隙、今二百年、至於対馬島、則称為東藩臣附我国、故国家待之尤厚、舡粟以哺之、韋布以衣之、挙一島之民、自乃祖乃父無不被涵濡卵育、以得生活、秋毫皆国家之恩 〔和〕我国日本好ミを交る事既に兄弟のことくにして、対馬嶋に至りては其東藩と称し、我国に臣とし附くの故を以て、国家是を待事尤厚し、一嶋の民其祖先よりして生活の恵ミを受るもの、いつれか我国家の至恩に非さらむ	典拠は『西厓集』
㋑	5	慶長16 辛亥 (1611)		松浦霞沼（項目）		慶長十六年辛亥、明の萬暦三十九年、朝鮮光海三年、此年始て歳遣船を渡されしなり、第一船の書に上京の事、熊寿・熊満・盛氏の使船の事、漂民を刷還し、および信	㋐と同一

	巻	年		発言者	対象	記述	備考
						使に随ひ労をいたすの輩、忠を賞し職を授るの事、また歳船五十の旧例に復するの事を請はれしなり、その略に又、省三十船通二十船、則陋島何以救民生乎、寔不堪悶望之至、所冀再攀五十船之例、以堅固東藩軽乏、進上伏請登用云々、とありし也	
④	5	慶長19 甲寅 (1614)	貢路上京についての朝鮮国礼曹参議金緻からの復書	金緻	宗義智	〔漢〕本国即天朝東藩也 〔和〕我国ハ天朝の東藩なり	按文で『懲毖録』、宣祖より足利義昭への復書(『大紀』2巻)に言及
㋒	6	寛永6 己巳 (1629)	朝鮮礼曹参議宗克訒をして玄方を使するの復書	宗克訒	規伯玄方	〔按〕いまこの礼曹の回契を見るに、我国大明の為に胡国を撃ち、また貢物を大明ニ納めむともとむなといふもの、唯東武の仰より出てさるのミならす、また我国をもつて中国の藩臣たらしむるなり、此の書東武へ披露あるへきものにあらす、不審しき事なり	按文で『攷事撮要』『宗氏家譜』『寛永十三年信使録』に言及
㋓	7	慶安3 庚寅 (1650)		松浦霞沼(按文)		〔按〕①寛永十三年信使録ニ、土井大炊頭公・酒井讃岐守公此事日本第一の聞へなり、朝鮮ハ中国の藩臣にして我国のことき八開闢以来紫宸殿を去て年号を定めらるゝ御事なれハ、我国の年号を用ひられ、然るへきと仰られ、東福寺璘西堂始て輪番として来られし以来、いつれも我国の年号を用ひられしなり、理の当然たり、 ②其後萬暦四十一年癸丑礼曹参議柳潚、柳川景直に復せし書に、且書中有今上皇帝陛下之、豈秉筆者不識礼義名分而然耶、我殿下即皇帝藩国王也、切勿此等無論之語見加也、といひし事あり、かくのことき類ひ妄作の甚しき、徒らに笑侮を外国に取るのミにあらす、誡むへきものなり	『寛永十三年信使録』(㋔と同一)、『鶴峰集』
㋔	8	正徳元辛卯(1711)		呉命峻	宗義方	〔按〕我国の年号を用ゆる事を議せられしに、土井大炊頭公・酒井讃岐守公同しくおふせられしに、此事日本第一の聞へなり、朝鮮は中国の藩臣にして我国のこときハ開闢より紫宸殿を立て年号を定めらるゝ御事なれば、我国の年号を用ひられ然るへきとの事	『寛永十三年信使録』(㋓と同一)

	巻	年		発言者	対象	記述	備考
Ⓐ	9	天正 18 庚寅 (1590)		松浦霞沼（按文）		〔按〕大抵彼れ我州を視ること其藩臣のことし	『海槎録』附
Ⓑ	9	天正 18 庚寅 (1590)	答許書状書	金誠一	許箴	〔漢〕世受国恩作我東藩、以義則君臣也、以上則附庸也、…故奉藩称臣恪候度、世執壌奠、稽顙北闕、其怛威報徳也至矣、…則到藩臣之邦独不能治其罪耶、…況本島臣事我朝与藩臣無異… 〔和〕夫此島の我国における、世々国恩を承け我か東藩たり、義を以ていへは君臣なり、土を以ていへは我か属嶋也、…此嶋また我か国恩に仰き頼むの重きをしつて藩臣と称し、北闕に稽首し、其徳にしたかひ、威に震れすといふことなし、…今藩臣の邦に至る、独是を杖つへからさらむや、…対馬嶋我国に臣としてつかふる藩臣に異なるものなし…	典拠は『海槎録』。按文で『鶴峰集』を引用
Ⓒ	10	天正 18 庚寅 (1590)	副官請楽説	金誠一		〔漢〕且義智何如人也、乃我国一藩臣也 〔和〕且義智何等の人たるや、我国の一藩臣のミ	典拠は『海槎録』

遣された朝鮮通信使の副使金誠一の記録である。霞沼は『海槎録』の引用に先立ち「大抵彼れ我州を視ること其藩臣のことし」と始め、対馬が朝鮮の使節を礼待するときに少しでも至らないところがあれば金誠一が対馬に威を示して服させようとしたことを述べるⒶ。金誠一は中国—朝鮮の関係を、朝鮮—対馬の関係に類比させて認識し、対馬が「藩臣の邦」であるとみなす。金誠一は、朝鮮における対馬の位置づけが代々国恩をうけて「朝鮮の東藩」であったと理解するⒷ。そこから宗義智を「朝鮮の一藩臣」だとみなすⒸ。霞沼は金誠一がこのように対馬を「朝鮮の藩臣」とみなし対馬にたいし傲慢な態度をとることを批判する。金誠一の述べた言葉について逐一史料を提示したことにより朝鮮で（金誠一が）対馬をどのように認識していたのかが具体的に明示されたのである。

　以上、『大紀』にみられる「藩」言説についてみてきた。霞沼は朝鮮での見方を次のように理解した。朝鮮では、「朝鮮が中国の藩臣」であり、「対馬が朝鮮の藩臣」であると言っており、そこには中国との君臣関係が前提されている。霞沼はそうした朝鮮での認識にたいし、「対馬は中国の藩臣ではなく」、ましてや「中国の藩臣である朝鮮の藩臣ではない」とし、そのうえで「対馬は日本の藩臣」であると述べる。つまり『大紀』の編纂は、対馬を「日本の藩臣」とする自己認識に根拠を付したという意義がある。霞沼はあくまでも朝鮮の文脈で用いられる「藩屛」「藩臣」を前提としていた。しかし「藩屛」「藩臣」という自己認識を明確な形で記したという点は注目されよう。霞沼は対馬が朝鮮から「朝鮮の藩臣」とされることにたいする否定形として「日本の藩臣」と主張している。対馬における自己認識の形成には朝鮮の史籍の見解が否定的媒介としてはたらいたのである。松浦霞沼は朝鮮の史籍を系統的に収集して日朝関係の歴史書を編纂することでかかる認識を示したのである。

四　「藩屛」言説の幕藩体制への適合

対馬は十八世紀中期までに度重なる通信使の接待や交易不振などにより、それまでの好景気が一転して悪化した。かかる状況への対応を課題とするなかで芳洲が登場する。近江にうまれた芳洲は、江戸で木下順庵のもとで朱子学を学び、また朝鮮語・中国語に通じ、対馬藩に仕えて文教と対朝鮮外交に生涯尽力した。

芳洲は「対州ハ朝鮮之藩屛と成候とて此方之書キ物ニ書付ケ、藩屛と申言葉ハ家来之主人ニ対し申言葉ニ候と申所ニ心付無之候人有之候」と述べる（『交隣提醒』三三条、一七二八年）。対馬が「朝鮮之藩屛」であると朝鮮の書物に見られるが、藩屛とは家来が主人にたいし述べる言葉であることを対馬の人々は理解していない。「文字」を読み分けるだけの能力があれば、対馬が朝鮮の藩屛であることが誤っていることは理解できる。そのためには

「学力有之人」を取り立てることが切要である。芳洲は、対馬において朝鮮で用いられている概念を「正しく」理解したうえで、対馬の取るべき立場を「正しく」表明することを重視しているのである。ここで言及されている「藩屛」が「朝鮮の書物に見られる」という点は『大紀』にみてきたとおりである。芳洲は朝鮮で用いられている「藩」言説の正しい理解が必要であると説いていた。朝鮮では対馬を徳化することを前提として対馬を「藩屛」視しているのであるが、そのことが誤りだというのである。この理解は訥庵や霞沼におけるものとも共通である。

他方で芳洲は「藩屛」について独自の解釈も付していた。この点についてはとりわけ新井白石となされた「藩屛」論争のなかに明確にみられる[17]。芳洲は徳川政権にたいし経済的支援を要求するための論理として対馬が「日本（徳川政権）の藩屛」であるということを主張した。本稿では芳洲の主張には朝鮮の言説が前提にあることをふまえて検討したい。

「藩屛論争」を経て芳洲が記した『隣交始末物語』（一七一四年）で「藩屛」言説が用いられている部分は次のとおりである。

①「王代の時、対州ニハ別して重兵を置き官属を備へ、藩屛第一の要地といへる」
②「対馬守義智ニ被仰付は其方義日本の藩屛大切なる場所ニ居、両国之通交を司どれり」
③「対州ハ日本藩屛の地ニ住す」
④「永く対州をして外国藩屛の職を尽さしめ玉ふハ保国経遠の策」

①は芳洲の論理を示したものである。日本のなかで外国と接する地域として対馬以外の薩摩・長崎・松前とも

比較し、これら三国が接する琉球・蝦夷・中国は取るに足らない一方、対馬の接する朝鮮のみが日本と抗衡する国であって対馬の武備は厳重でなければならない。古代より対馬には特別の兵を配置しており対馬は「古代から藩屏第一の要地だった」。つまりここで芳洲は「対馬が藩屏第一の要地」という言説に歴史的由来を付したのである。②は一六〇五年に松雲大師一行が伏見に赴いて徳川家康らと会見した折に老中本多正信が宗義智に将軍の命を告げたこととなっている部分である。本多は、対馬が「日本の藩屏」として重要な場所に位置し日朝両国の通交を司っており、そのことを根拠として参勤の減免、領地の加増が許可されたと述べる。このことの真偽はさしあたり別問題として、ここで重要なのは老中を通じて将軍からこのように言われたと芳洲が言っていることである。芳洲は「対馬が日本の藩屏である」という言説に正統性を付与したのである。③は芳洲の論理が披歴されているものである。対馬は「日本の藩屏」の地にあるとはいっても生産力が低いため武備を整えることができない。そのため家康の時代より朝鮮との交易を許可され、それをもって所領の不足を補って「異国鎮衛の当職」を務めてきた。④は宗義智が家康から朝鮮との交易を許可された時点から交易をやめて所領を所望する願望があったこととなっている部分である。対馬に「外国藩屏の職」を全うさせることが日本を保つ策のなかでも最上のものである。しかし交易では収入が不安定なので安定した収入を得るために所領の加増が必要であると宗義智に述べさせている。以上①〜④より芳洲のいわんとする「日本の藩屏」たる対馬の位置づけは次のように整理できる。一、対馬は外国にたいする「日本の藩屏」として防衛を担ってきたという歴史的な由来がある。二、対馬は家康の時代から「日本の藩屏」という役儀を預かってきたという正統性がある。三、対馬が「日本の藩屏」たるためには経済的な保障が必要である。

　芳洲の目的は対馬への経済支援を徳川政権に要求することであり、そのためには対馬の特殊性を主張する必要があった。それにたいし白石は、対馬・松前・薩摩にたいし日本における境界を指す領国であるという意味で「藩屏」と認識し、芳洲の主張するように「藩屏」が対馬のみに該当するという特殊性は否定していた。そこで芳洲は朝鮮でもちいられている論理を借用して徳川政権における対馬の立場として「日本の藩屏」を主張したのである。冒頭に整理したとおり、「藩屏」は朝鮮では「恩威を与える」「徳化する」という意味合いが根底にあり、「経済的支援の対象となる」ことを意味する。芳洲は朝鮮でのかかる用法を念頭に置いたうえで、対馬が徳川政権の「恩威を受け」、「経済的支援の対象となる」ことを徳川政権にたいし主張したのである。君臣関係の「臣」に相当する対馬にたいする経済支援の必要性があると主張する点をみるならば、その論理構造は朝鮮におけるものと同じではあるものの、君臣関係の「君」に相当するものは朝鮮国王ではなく徳川将軍であるという違いがある。また軍役の問題から経済的保証を土地に求めんとしたことも朝鮮での文脈とは異なっている。芳洲は徳川日本に適合したかたちで「藩屏」の概念を再解釈したものといえよう。先行研究で述べられていた「藩屏」論争の背景には、朝鮮で認識されている「藩屏」概念を念頭に置いて再解釈した側面もあったと考えられる。

五　おわりに

本稿では「藩」言説を媒介として十八世紀対馬という場における自己認識の形成と朝鮮における対馬認識の言説との関係について検討してきた。最後に十八世紀後期の対馬での「藩」言説を展望して論を終えたい。

芳洲の弟子である満山雷夏[18]（一七三六〜九〇）は芳洲の議論には徳川政権に経済的保障を要求するための論理としては説得力が欠けていることを批判し、具体的な対策を立てること、根拠を示すことを提起する（「隣交始末物語の考評」『佩問緒言』中巻）。そのうえで、対馬が「御通信の御手次」（文）と「本国の藩屏」（武）の「文武御両職」

を兼帯することで「封建の侯国」としての役割を正しく全うすることができるという（「隣交始末物語の考評」）。「通信」は朝鮮との交易に関連し、「藩屏」は徳川政権からの経済的保障に関連している。このような「藩屏」としての自己認識は徳川政権から「役儀」として預かっているものだとしており、徳川政権の経済的保障と明確に結びつけている。つまり雷夏は芳洲の議論の大枠を踏襲し、芳洲の議論をより具体化しかつ根拠づけたのである。[19]

また芳洲の孫である松浦桂川（一七三七〜九二）は対馬の立場について「抑日本ニテ対州を以、朝鮮一国之御防ト思召候ハ御料簡違ニテ、朝鮮ハ素リ唐ヲ初、諸戎諸狄日本外国之禦ハ、皆対州ニ有之候」（「桂川答問書」）と、軍事的防衛としての対馬の役割を強調する。桂川も財政的問題の解決を重視しており、「東五郎創置候料簡、国家之御益ニ相成申候」と芳洲の認識を継承している。また寛政期には海防強化の必要性にせまられて「藩屏」の「役」という軍事的防衛の役割に立脚した自己認識が対馬藩内で共有されていた。[20] これらを鑑みると、十八世紀後半には芳洲の「藩屏」認識が藩内に広がっており、とりわけ対馬を日本の軍事的要地とする位置づけが強調されるようになっていたことがわかる。

訥庵は、「朝鮮の藩屏」説に対する否定形として「日本の藩屏」説を主張せんとした。これについて明確な根拠を提示することで「藩屏」に通底する日朝の言説の混在性を示した者が霞沼であったとすると、幕藩制社会に適合する形に再解釈した者が芳洲であった。そして後続世代にとってはこの芳洲の議論を前提とした「日本の藩屏」説が既成事実となっていく。そのなかで日朝の言説の混在性は忘却されていくようになるのである。ところで朝鮮における「藩屏」論には「藩臣」たる対馬にたいする経済的支援という含意があり、あくまでも「礼」「恩威」が主眼にあった。芳洲も朝鮮におけるものと同様の論理で、徳川政権にたいし経済的支援を要求する文脈で「藩屏」という自己認識を表明している。しかし「藩屏」が「辺境の守り」のための「経済的支援」と関連付けられる点は共通だとしても、朝鮮では「礼」すなわち「恩威」の文脈が優越する一方で、日本にそれを適合させようとすれば「武」すなわち軍役の文脈が優越するようになり、朝鮮での文脈とは距離が生じる。また朝鮮では君主が「藩屏」に「恩威」を授受するものであるという理解が中央から発せられているのにたいし、日本ではかかる理解が「藩屏」じしんから中央にたいして発せられたようにベクトルの向きが逆転するのである。

注

（1）米谷均「近世日朝関係における対馬藩主の上表文について」（『朝鮮学報』一五四、一九九五年）、石川寛「日朝関係の近代的改編と対馬藩」（『日本史研究』四八〇、二〇〇二年）、同「対馬藩の自己認識――「対州の私交」の検討を通じて」（九州史学研究会編『境界のアイデンティティ』岩田書院、二〇〇八年）、石田徹「対馬藩における帰属意識と日朝関係認識――訥庵・陶山庄右衛門を中心に」（明治学院大学国際学部付属研究所『研究所年報』一三、二〇一〇年）。

（2）米谷均「雨森芳洲の対朝鮮外交――「誠信之交」の理念と実態」（『朝鮮学報』一四八、一九九三年）。また芳洲の自-他認識が明清王朝交替を経て形成された「日本＝中華」意識を基盤にもつ十八世紀徳川日本の儒者にみられるようなものであったとも指摘されている。桂島宣弘「雨森芳洲再考――近世日本の「自-他」認識の観点から」（『立命館文学』五五一、一九九七年）。

（3）田代和生「対馬藩経済思想の確立」（『日朝交易の対馬藩』創文社、二〇〇七年、初出は二〇〇〇年）。

（4）吉村雅美「一八世紀の対外関係と「藩屏」認識――対馬藩における「藩屏」の「役」論をめぐって」（『日本歴史』七八九、二〇一四年）。また吉村は平戸藩・対馬藩・松前藩における「藩」言説を比較し、三藩の共通点として他国・他民族を「夷」「賊」と位置づけそれから日本という国を守る、防御のための「武」が強く意識される、「藩」認識が他国・他民族との戦いという歴史性に立脚する、「藩」がいずれも天明期に強く意識化される、という諸点を指摘する。吉村雅美『近世日本の対外関係と地域意識』清文堂、二〇一二年。

（5）①は「藩、屏也」（『説文』）、「呉人藩衛侯之舎」（『左氏』哀一二）、「羝羊觸藩」（『易』大荘）。②は「吾願游於其藩」

（『荘子』大宗師）、「藩、崖也、域也」（『釋文』）。③は「外有大國賢王、竝爲藩屛」（『後漢書』和帝紀）。以上の出典は『大漢和辞典』を参照した。
（6）石母田正「天皇と「諸蕃」」（『日本古代国家論 第一部』岩波書店、一九七三年）、山尾幸久「『日本天皇』と華夷思想」（『古代の日朝関係』塙書房、一九八九年）。
（7）山口啓二「藩体制の成立」（『岩波講座日本歴史 近世二』岩波書店、一九六三年）、渡辺浩『東アジアの王権と思想』（東京大学出版会、一九九七年）、八〜九頁、青山忠正「近世に「藩」はあったか」（『明治維新の言語と史料』清文堂出版、二〇〇六年）など。対外関係史では吉村前掲書。
（8）紙屋敦之『大君外交と東アジア』吉川弘文館、一九九七年。
（9）河宇鳳「朝鮮半島の人々の対馬認識」（『朝鮮王朝時代の世界観と日本認識』金両基監訳・小幡倫裕訳、明石書店、二〇〇八年）。
（10）なお鄭多函は朝鮮前期に女真族・対馬が朝鮮の「藩籬」「藩屛」と位置づけられたと指摘する。朝鮮朝廷は朝鮮と女真・対馬との主従関係を儒教的名分秩序の枠内に位置付けるなかで女真・対馬を朝鮮の臣下ないしは諸侯国を意味する「藩籬」「藩屛」として把握するようになり、それを具現化するため対馬に派遣した使臣の名称に朝鮮国内の地方官の職名を使用していた。鄭多函「朝鮮初期 野人과 對馬島에 대한 藩籬·藩屛 認識의 형성과 敬差官의 파견」（『東方學志』一四一、二〇〇八年）。
（11）池内敏『大君外交と「武威」――近世日本の国際秩序と朝鮮観』名古屋大学出版会、二〇〇六年。
（12）石田前掲論文、吉村前掲論文。
（13）米谷前掲注（1）論文。
（14）書誌事項については田中健夫「『朝鮮通交大紀』解題」（田中健夫・田代和生校訂『朝鮮通交大紀』名著出版、一九七八年）。本稿では名著出版本の史料に依拠した。
（15）長正統「日鮮関係における記録の時代」（『東洋学報』五〇−四、一九六八年）。
（16）田中前掲解題、二五頁。

（17）この論争の経過と内容については田代前掲論文を参照。

（18）雷夏の自他認識については松本智也「対馬藩儒満山雷夏の自他認識――「藩屏」論と「礼」論より」（『立命館文学』六五五、二〇一八年）。

（19）なお雷夏は、対馬が内面的には「朝廷の王臣」であり、形式上の主君である将軍から「藩屏」の役儀を預かり経済的保障を得ているという自己認識をもっていた（「太閤へ御謁見之考論」『佩問緒言』下巻）。

（20）吉村前掲論文。

第九章　吉益東洞の医学思想の再検討——「万病一毒」論を中心に

向　静静

一　はじめに

吉益東洞（一七〇二～一七七三）は、日本医学の「豪傑」、古方派医学の「巨擘」「泰斗」と評される人物である[1]。古方派医学は、江戸中期に京都で興った医学の「復古」を掲げた流派である。彼らは、中国漢代の医学書『傷寒論』[2]を崇め、それ以前の性理学的な思惟のもとにあった李朱医学（後世派医学）を批判した。代表的な医家には東洞のほか、名古屋玄医（一六二八～一六九六）、後藤艮山（一六五九～一七三三）、香川修庵（一六八三～一七五五）、山脇東洋（一七〇五～一七六二）などがいる。東洞の医学が徂徠の理を否定する「実証主義」的考え方の影響を受けていたことは、儒学思想史研究において早くから指摘されてきた[3]。また、東洞ら古方派医学の「親試実験」主義の展開によって、科学としての医学の方法が次第に明らかになっていったことも、既に指摘されている[4]。このように、東洞らの古方派は近代医学の濫觴として位置づけられてきた。だが近年では、そうした往時の古方派の礼賛に対して、科学思想史の分野からかなり厳しい疑義が呈されている。例えば山田慶次は、「吉益東洞は、科学そのものを完全に否定していた。……中国医学理論を迷妄と断じ、医学をたんなる技術に貶めた古方派は、日本医学を矮小化しただけでなく、学問的に荒廃した」と述べている(5)。

これらの研究に対して、医学思想の角度から東洞の「万病一毒」論を検討したのが、舘野正美である。舘野は、『古書医言』に焦点を当て、東洞の医学思想の書誌学的分析を行った。舘野の研究によれば、東洞の『古書医言』は、『黄帝内経』『傷寒論』はもとより、『周易』や『尚書』等のいわゆる〝経書〟を始めとして、『荀子』などといった〝諸子〟の書物にまで及ぶ、総計三七種類の中国古典文献を広く渉猟したものであり、それらの中に散見される古代中国の医学思想は、東洞の「万病一毒」論などの医学思想の「源流」をなすものだったという(7)。

ところで、本稿では東洞が、漢代張仲景の『傷寒論』を再把握して李朱医学を乗り越えることになった点に注目したい。というのも、なぜ彼が『傷寒論』を聖典視するのかについては、古学派の影響という従来の説のみでは説明できないところがあるからである。同時に『傷寒論』に注目するということは、彼の「医」としての自己認識、及び彼が取り扱っていた疾病についての検討を要請する。本稿では、東洞の「疾医」観を検討し、今までの東洞の医学思想研究において看過されてきた、東洞が生きた一八世紀の疾病構造、及び東洞の治験録に示された疾病をも視野に入れ、東洞の医学思想、とりわけ『傷寒論』の影響や彼の「万病一毒」論を中心に考察することを課題とする。

二　吉益東洞における「疾医」

東洞は安芸の医家に生まれ、祖父の代から金瘡産科を業としていた。彼は『素問』『難経』をはじめとする諸家の医書を読み漁ったが、それらの説に疑問をもち、『傷寒論』を中心とする古医方の研究に精進し、一七三八年、同郷の儒医堀景山（一六八八〜一七五七）を頼って、京都に来ることとなる。この時、後藤艮山・香川修庵・山脇東洋らは既に、古方派医学を唱えていた。かくて東洞も医業を開始したのである。しかし、意に反して医業では生計が立たなかったので、人形作り等をして糊口を凌いだ。このような貧窮生活が数年間続いたが、四十四歳の時、東洞の技量が山脇東洋に認められ、東洞院に移って門戸を張ることができるようになった。東洞の号は、この時に始まったといわれる。

医家としての東洞は、どのように己を「医」と認識していたのであろうか。東洞は、医家を「疾医」「陰陽医」「仙家医」の三つに分けている。「陰陽医」は、病の所在を視ず、ただ「陰陽五行、相生相剋、経絡」などの「臆見」をもって病を論じ、病を治療することができないと指摘する。「仙家医」は、「気を煉る或は煉丹」に従事し、「害」が多く生じると論じている。それに対して、「疾医」は、ただ「病毒」を取り去り、「諸病疾苦」を治し尽くすと述べている(8)。同じ古方派の医家である山脇東洋は『周礼』の職分に従い、「医」を「食・疾・獣・瘍」と分け、己の「医」を張仲景のような「疾医」と認識しているが、東洞は、『周礼』の中の「疾医」を取り出し、「疾医」対「陰陽医」「仙家医」の図式を強調しているのである。更に、東洞は、「疾医」について以下のように述べている。

扁鵲は疾醫なり、其道後漢の張仲景に傳はり仲景歿して後絶て傳る者なし。(9)
為則曰、嚮讀於呂氏春秋、而雖有獲於病之大本為一毒、然未嘗獲其治法也、故孜孜汲汲、夜以繼日、久之始獲於傷寒論、不知手舞之足蹈之、是三代疾醫、治萬病一毒之法也、於是朝考夕試、視病之所在、以處其方、信而有徵。(10)

司馬遷の『史記』に記載されている春秋時代の伝説的な名医扁鵲は、東洞の「疾医」の理想像であった。扁鵲の「疾医」の道は、張仲景に伝わったが、仲景の没後、「疾医」の道を行う人は一人もいなくなったと東洞は嘆いている。東洞は、『呂氏春秋』から「万病一毒」の理論を得、また『傷寒論』から「万病一毒」論の「治法」を獲得したのである。(11)具体的にいうと、その「治法」は、『傷寒論』の「隨證而治之」といった考え方に従い、「証」によって「方」を用いるという対応関係（「方証相対」）に当たるものである。こうして東洞は、己が扁鵲・張仲景を継ぐ「三代疾医」であると自称するに至る。

「疾医」と自己規定する東洞は、治療の「方」を重要視している。(12)彼は張仲景の医書から「方」を選び、自ら薬物書を多く著した。一七五一年には、張仲景の医書『傷寒論』『金匱要略』から二二〇方を選び、『類聚方』という書を成した。東洞の高弟である村井琴山（一七三三〜一八一五）の『医道二千年眼目篇』によれば、一七六七年に『類聚方』が開板された時には、約一万部が刷られ、五千部が京都・大坂の本屋に、五千部が江戸の本屋に送られたが、約一ヶ月の内に、京都・大坂の方では完売したという。(13)『類聚方』が開板される前には、張仲景の「方」をただ口で唱える者が多かったが、その「方」の使い方を知る者は「十分ノ二三ニモ過ギズ」、『類聚方』の開板後、東洞の教えに従い治療を行う医家は「十ニシテ八九」に達したといわれる。(14)ここから、『類聚方』により、『傷寒論』の「方」が普及したことが窺えよう。また、東洞は『類聚方』の中の「方」を「試行」し、その中から一七三方を選び、適応する症状に簡潔な文章を付し、『方極』一巻にまとめた。また、『方極』をもとにして、門人が東洞の口授に基づく解説を加え、初心者向きの『方機』を一八一一年に出版している。更に、一七八四年、東洞の苦心作『薬徵』三巻が刊行された。同書には東洞が常用する五四品の物が挙げられ、その形状・色・産地・効果などが示されており、「辨誤」の項目には、従来の本草書、例えば『神農本草経』・李時珍『本草綱目』・陶弘景『本草経集注』等に混在する陰陽五行・五臓六腑説を批判する文が記載されている。[15] このように、東洞は、「方」の探究に全力を注ぎ、彼の著した薬物書により、古方派医学は、京都・大坂のみならず、全国で知られるようになったのである。

「陰陽医」を批判する東洞は、決して陰陽五行そのものを全面的に否定しているのではない。ただ陰陽五行のような説が疾病の治療に無益だと主張し、その理屈を専ら論じる医家の行為の批判をしているのである。[16] では、東洞は、どのように人体を認識しているのか。『医断』[17]の「元気」の項目に、以下の説がある。

夫元氣者、陰陽一元氣也、天之所賦、人之所生、所謂先天之氣也、是豈可虚衰者哉、亦豈可補乎哉、若夫隨年齒而旺衰者、天地之道、萬物之常也、非人力只所能挽回矣。[18]

つまり、東洞は、「一元気」論をもって人体を理解しているのである。それが朱子学の「理」という形而上的な思惟を排除しながら説かれた、伊藤仁斎の「一元気」論から影響を受けていたことは明らかである。「気」は天地から賦与された、生まれながらのものであり、年を重ねることによって、衰えてゆくものだとされる。決して補うこともできず、人力によって挽回するものではないと指摘されている。「仙家医」らの練丹術や「陰陽医」

らが「本草」をもって「気」を養うことも、延命には繋がらないであろうと述べる。

東洞は、『医断』『東洞先生答問書』等で、「医」として人事を尽くして「疾病」の治療に力を注ぐ必要性を強調している。例えば東洞は、以下のように「医」としての責任を説いている。

束手以待斃、是豈仁人之用心乎、故既眡其死、猶且盡吾術、以望其或生、古之道也、然而不生、然後可謂命也已矣。[19]

方不得其法、方證齟齬而致死者、非命也、故技術不可不鍛煉、方法不可不審明、苟術之不精、方之不中、而致死者、醫之罪也。[20]

ここから分かるように、東洞は治療に際しての「束手以待斃」「方不得其法、方證齟齬」といった患者の死が医家としての「罪」であると明言する。つまり東洞は、医家として、患者に治療を施すこと、及び心血を注いだ医術への精進を強調しているのである。従って、『傷寒論』の注釈書『補正輯光傷寒論』[21]（一八二二）で東洞は、『傷寒論』にある「難治」という言葉を削り、繰り返し以下のように述べる。

今徒論表裏虚實、以為難治、束手以待其斃、豈仁人之用心乎哉。[22]

難治二字、妄也、凡先論病之治不治者非疾醫之道也、疾醫之道唯隨證處方而已、豈遑其他哉。[23]

このように、東洞は、「虚實」などの空論空説をもって病因を判断し、患者の治療を拒絶するような李朱医学の医家の行為を非難している。東洞の治験録『建殊録』の中にも、他の医家に「不治」と判断され処方を拒絶された患者が、東洞の治療によって「全愈」した事例が多く記載されている。[24] 東洞とほぼ同時代に活躍した杉田玄白（一七三三〜一八一七）の回顧録『形影夜話』（一八〇二）の中でも、「無益」な病因を説き、「治療に実用には立たぬ病名をつけ、「人を誤る事多し」という医家がいたことが当該期の「風俗」であったと記されている。[25] 以上から、東洞は「醫者は唯病毒を去て、人の疾苦を救事なり、其術を覺へたるこそ真の醫なり」[26]というように、「医」としての責任を強調しているのである。東洞における「盡人事」とは、つまり「仲景之規矩」＝「方証相対」をもって治療することだったといえよう。このように、「疾医」としての東洞は、李朱医学の陰陽五行などの空論を批判し、病の治療に全力を注いでいる。

東洞の医説は、畑黄山（一七二一〜一八〇四）、亀井南冥（一七四三〜一八一四）らに反対されたり、田中栄信（一七三一〜一七九二）のような門人に支持されたりして、江戸時代において賛否両論に分かれ、激しい論争が繰り広げられた。[27] その中で、最も批判を受けたのは、「毒藥所能治己」であり、これは東洞のいわゆる「万病一毒」論である。しかしながら、東洞の「万病一毒」論を理解するには、これまで論じられてきたような中国古典文献・医書や江戸中期の古学派儒学からの影響も確かに無視できないが、ほかにも考えなければならない要素がある。東洞が一七三八年に上京するまで、安芸にいた時期の思想が示される史料がないため、現段階では、不明な点が多いものの、一つ言えることは、彼が扱っていた疾病との関係から「万病一毒」論にたどり着いたことである。

三　吉益東洞の「万病一毒」論と梅毒

東洞は、『黄帝内経・素問』の「百病生於氣」の説を否定し、「病之者毒也」と主張した。[28] 東洞の一世代前の後藤艮山が伊藤仁斎から影響を受け、李朱医学の陰陽五行論的な思弁説を批判して、「一元気」という形而上の概念を形而下の現象説明に応用することで、「一気留滞」説[29]を提唱した。東洞は、後藤艮山の説を継承し、陰陽五行をもって疾病に名を付け、病因を論じるのは「空論」「臆見」と斥けるとともに、目に見える「証」を重視し、治療を「万病一毒」に求めた。このことは、『薬徴』『医事或問』『医断』をはじめとする様々な著作の中で繰り返し強調されている。

既述したように、東洞は『呂氏春秋』「盡數篇」の「毒鬱」論から「万病一毒」論を得、また『傷寒論』から「万病一毒」の「治法」を獲得した。そして注目すべきは、「於是朝考夕試、視病之所在、以處其方、信而有徴」「余四十年来所親試實驗[30]」と述べられるように、東洞は書物から得た理論を実際の治療において「親試実験」した上で、「万病一毒」論を確信するに至っていたことである。

では、東洞は、具体的にどのような疾病を治療していたのだろうか。東洞前期の治験記録『建殊録』（一八二五）を見ると、「癆咳」「癩疾」「痔瘻」「癲癇」「淋疾」「黴瘡」「痘瘡」「哮喘」「天行痢」等がある。また『東洞先生投剤證録』を見ると、「下疳」「便毒」「黴瘡」の治験記録が最も多く書き残されている。水戸藩医である原南陽（一七五三～一八二〇）は『叢桂亭医事小言』（一八一九～一八二〇跋）巻四に、「下疳ハ古ノ無キ病ニテ総名ヲ黴毒ト唱フと示しており、また「下疳、便毒、楊梅瘡ト、三病ノ形狀ハ異ナレドモ、其源ハ一物也、之ヲ黴毒ト云ト一言ニテ通用ス」と書いているように、「下疳」「便毒」「楊梅瘡」「黴瘡」は、いずれも梅毒を指している。

東洞より少し前の時期を生き、『傷寒論』の復古を初めて唱えた名古屋玄医は、『医方摘要』に「楊梅瘡」を治療する方法を書いている。後藤艮山の『師説筆記』にも、その高弟の香川修庵の『一本堂行余医言』（一七八八）にも、「黴瘡[31]」の記録が残されており、山脇東洋も『東洋洛語』において「黴毒」を論じている。[32]後藤艮山・香川修庵は梅毒に対する治療法として、温泉（特に城崎温泉）を勧めていた。

周知のように、梅毒が日本に齎されたのは一五一〇年代であり、そのことが一五一二（永正九）年の竹田秀慶の書『月海録』の中に「永正九年人民多く瘡あり」と記されている。田端泰子「曲直瀬玄朔とその患者たち」[33]に記載された、李朱医学医家である曲直瀬玄朔『玄朔道三配剤録』の表を見ると、三三三症例のうち、「小瘡」「便毒」等の梅毒と見られる記録が七例、約二パーセントを占めている。それに対して、筆者が『東洞先生投剤証録』を精査した結果、四四七件の記録のうち、「下疳瘡」「黴瘡」「便毒」等と梅毒の病状を明確に記しているのは九十四件であり、約二一パーセントを占めている。加えて、「手足麻痺、陰嚢腫大腐潰、出膿水」といった梅毒と見られる症状が多く書き残されている。病状が記されていない例を含めるならば、梅毒患者の件数は更に多かったと考えられ、東洞が多くの梅毒患者を診療したことが窺えよう。また、注意を引くのは、李朱医学の治療手引きとしての曲直瀬道三『啓迪集』には、梅毒の内服薬方が載っていないことである[34]。曲直瀬玄朔の治療録『医学天正記』に外用の軽粉（汞粉）を用いて梅毒を治療する例は一件記されているが、内服の薬方は見当たらない。

一八世紀に入り、梅毒の感染が確実に広まっていた記録は他にも多く見られる。例えば、同じ古方派の医家である永富独嘯庵（一七三二〜一七六六）の『漫遊雑記』には、梅毒の治療例が多く掲載されている。彼が著した梅毒医書『黴瘡口訣』（一七八八年序文）には「都會繁華ノ地ハ、十人ニ八九人ハ、此病ヲ病[35]」と、梅毒の蔓延実態が記されている。『黴瘡口訣』の他、一八世紀後半になると、梅毒の治療法を扱った医家向けの梅毒専門書が多数刊行されたが、梅毒治療の特効薬は依然として存在しなかった。江戸で活躍した玄白も、梅毒について『形影夜話』の中で、次のように書いている。

兎角するに内に、年々虚名を得て、病客は日々月々に多く、毎歳千人余りも治療するようにうちに、七八百は梅家なり。如斯事にして四五十年の月日を経れば、大凡此病を療せし事は、数万を以て数ふべし。今年七十といふに及べども、いまだ百全の所を覚えず。これは患者の不謹みなるか、但し治療の拙なるか、益難治と言ふを知りたるまでにて、若年の頃に少しも変わることなし。(36)

ここで玄白は、梅毒の蔓延の実態と医家としての無力を語っている。玄白は「古今の医書」「他人の秘蔵せし珍書」「阿蘭医方の諸書」を読み尽くしたが、梅毒に治療効果がなかったという。

このように見てくると、東洞が生きた一八世紀は、まさに梅毒が蔓延する時代であったといえる。浅田宗伯の『皇国名医伝』中に、「東洞世業金瘡産科」(37)の記述があることから、金瘡医（外科医）及び産科医としての東洞の所には、多くの梅毒患者が治療を受けに来たと推測できる。東洞は、梅毒の治療に後藤艮山・山脇東洋が唱えた温泉治療法を取り入れつつも、「方証相対」に従い、『傷寒論』の生薬を使っていた。例えば、彼は発汗排毒の効果がある土茯苓（山帰来）を配剤していた。この土茯苓は日本には産しないため、中国からの輸入量が多く、江戸期を通して最も需要度の高い生薬であった。(38)その他、梅毒の治療に水銀剤「生々乳」も多用していた。一七二五年、中国の陳司成が著した梅毒の治療書『黴瘡秘録』の和刻本が出版されたことで、同書記載の水銀療法が日本の医家に知られるようになった。例えば、香川修庵は、『一本堂行余医言』の巻之六「黴瘡」で、『黴瘡秘録』を挙げている。東洞が『黴瘡秘録』を読んだ記録はないが、『東洞先生投剤証録』に、梅毒の患者に「生々乳」を処方した事実があることに鑑みれば、陳司成の『黴瘡秘録』を読んでいたと推測できよう。この水銀療法は、極めて危険な処方だといわれている。(39)梅毒が色々な病気を引き起こすことは後藤艮山によって既に指摘されていたが、(40)東洞にはまだはっきりこれらの疾病を区別する力がなかったと思われる。東洞は、「万病一毒」論の疾病観をもって、「証」＝「毒」の所在に従い、方＝「毒薬」(41)を使い、「汗・吐・下・和」の排毒法で治療をしていた。「瞑眩」反応が出るほど過激な治療によって救われた患者も多数いたが、亡くなる者も少なくなかっただろう。よって、彼が著した『医断』の「死生」項目の中の「毒薬所能治已」は、当時の医師達によって厳しく批判されることにもなった。『建殊録』と同じく、『東洞先生投剤証録』にも、「諸医療不愈」「更医數人逐無效」「眾医療之無寸效」「至今不治」というように、長年にわたり疾病に苦悶する患者の姿が克明に記載されている。梅毒のような疫病を前に、本草や仙家医の不老長寿術等といった、思弁的な李朱医学の補益薬は、役に立たなかったのだろう。当時、五年や一〇年治療しても治らない病気は、「痼病」といわれていた[42]。東洞が診療した患者の中には、他の医家によって五年から二〇年もの間治療を受けていたにも拘わらず、治ることのなかった「不治」の患者が多く存在したことが『東洞先生投剤証録』から分かる。

東洞の「万病一毒」論は、息子の吉益南涯によって「気血水」説に敷衍された[43]。また、彼の「万病一毒」論は後の麻疹治療にも大きな影響を及ぼした。例えば、『麻疹一哈』(一七七八年序文)を著した大倉勝雲(生没年不詳)は、東洞の熱心な信奉者であった。彼は、あらゆる病気の原因は一つの「毒」であるため、この「毒」の所在を明らかにした上で、それに対応する治療をすべきだとする東洞の医論を、麻疹治療に応用している。勝雲は、李朱医学の医家が病名に拘り、患者個々の病状を診ようとしない治療法を採っていることを、批判している。また、前で触れた村井琴山も、著書『麻疹略説』(一八〇三年自序)の中で、師東洞の「万病一毒」論を支持し、病気はその証に従って治療すべきで、麻疹という病名に基づく治療はありえないと、李朱医学の治療を厳しく批判している[44]。

四　おわりに

江戸中期に、李朱医学への懐疑を生じ、そのアンチテーゼとして勃興した古方派には、確かに古学派儒学の影響があった。しかしながらそれ以上に、古方派勃興の要因として、「臟腑・陰陽五行・経絡・五運六気」といった説が「皆非治疾之用[45]」であると認識されていたことに注目する必要があろう。「後世の醫は、専ら其理を窮る事をつとむ、然れとも病を視定さる。……唯空論理窟にて道に害ある[46]」とあるように吉益東洞は李朱医学の「空論」を批判し、「世上に難治といふ病人を百人治療して、余は七八十人を治すへし、後世の醫は、百人の中十人を治する事あたはす[47]」と、李朱医学の治療効果を否定しているのである。

このように、古方派医家らは、『傷寒論』への復古を唱え、「親試実験」に基づき、治療法の模索に努めていた。後藤艮山は温泉治療等の民間の治療法を勧め、香川修庵は薬物・温泉の「試行」に力を注いでいた。また山脇東洋は、『黄帝内経・素問』『黄帝内経・霊枢』『難経』などの中国古典医書に記された内景図を懐疑し、「疾医」の志をもって、一七五四年、京都六角獄舎において日本で初めて刑屍体の解剖に立ち合い、実見したことを記録して『蔵志』としてまとめた。

東洞は、「陰陽医」「仙家医」を批判しつつ、己を「疾医」と位置付けていた。東洞は、陰陽五行そのものを否定していたわけではないものの、陰陽五行をもって疾病に名を付け、病因を論じ、「本草」で気を養うようなことを批判していた。なぜなら、東洞の最も大きな関心事は、疾病を治療することにあったからである。彼は、『呂氏春秋』から「万病一毒」論を得、また『傷寒論』から「万病一毒」の「治法」を獲得し、実際に梅毒等の流行病の治療において「親試実験」をしたことで、「万病一毒」論を確信するに至ったといえよう。かくて彼の「万病一毒」論は、江戸後期の流行病の治療に広く応用されることとなる。

ところで、近代中国の医家である陳存仁（一九〇八～一九九〇）は日本に渡り、九三種類の日本の漢方医学書を収集し、『皇漢医学叢書』として一九三六年に中国で上梓している。興味深いのは、東洞の医書が『皇漢医学叢書』の一二～一四巻に所収されていることである。東洞の医学思想はしばしば、近代中国の医学思想にも大きな影響を及ぼしたといわれる。二〇一八年四月には、東洞の医書が『吉益東洞古方医学全集』として中国で上梓された。今後、吉益東洞の医学思想は、東アジア規模で考察されていくことになろう。

注

（1）例えば、吉益東洞・藤田大信『補正輯光傷寒論』、杉田玄白『形影夜話』、富士川英郎編『富士川游著作集七伝記（二）』、呉秀三「吉益東洞先生」『東洞全集』、富士川游『日本医学史』などの評価がある。

（2）『傷寒論』は、中国後漢に著された医学書で、今日に至るまで医学の正典とされている。内容は、伝染性の病気に対する治療法が中心となっている。著者である張仲景（一五〇～二一九）は張機ともいい、南陽（今の河南省鄧県穣東鎮）の人である。張仲景の一族の者が傷寒で多く亡くなったため、この書が記されたという。『傷寒論』の原著は、『傷寒雑病論』といい、表題が現在と異なる。明清期における『傷寒論』の研究は、南宋の成無己の『注解傷寒論』を出発点として継承したもの、あるいはそれを批判の対象としたものが多く、主に「尊王（叔和）賛成（成無己）派」「弁証論治派」「錯簡重訂派」という三つの流派に分けられる。江戸時代中期古方派の台頭の一契機となったのは、明清期の「錯簡重訂派」の『傷寒論』研究書である。

（3）源了圓『徳川合理思想の系譜』中央公論社、一九七二年。

（4）有坂隆道「親試実験主義の展開」（『ヒストリア』八号、一九五三年）、前田一良「経験科学の誕生」（『岩波講座日本歴史』一一巻、岩波書店、一九六三年）。

（5）山田慶次『日本の科学』藤原書店、二〇一七年、一八四頁。

（6）中国の研究者廖育群氏も、吉益東洞の「万病一毒」論を論じた。氏は、文化史の立場から東洞及び彼が著した薬物書を詳しく紹介した上で、東洞の「万病一毒」論は、後藤艮山の「一気留滞」説から影響を受けて形成されたものだと指摘する。廖育群『吉益東洞――日本古方派的「岱宗」与「魔鬼」』上海交通大学出版社、二〇〇九年。

（7）舘野正美『吉益東洞「古書医言」の研究』汲古書院、二〇〇四年。

（8）『医事或問』巻上（呉秀三編『東洞全集』〈復刻版〉思文閣出版、一九七〇年、二頁）。

(9) 同前、一一二〜一一三頁。
(10)『古書医言』(前掲『東洞全集』一三八頁)。
(11) 東洞は『医事或問』で以下のように述べている。「傷寒論に傷寒にも中風にも宿食にも瘀血にも皆小柴胡湯を用てあり、是によりて萬病皆一毒といふ事を覺悟し」(前掲『東洞全集』三四頁)。
(12) 東洞は『方極』で「方」について以下のように述べている。「夫醫之學也方而已」(前掲『東洞全集』三六〇頁)。
(13) 村井琴山『医道二前年眼目篇』巻之十(大塚敬節・天数道明編『近世漢方医学書集成三二 村井琴山(二)』名著出版、一九八一年、二〇三〜二〇四頁)。
(14) 同前、二〇四〜二〇六頁。
(15) 香川修庵は一七三一年に早くも『一本堂薬選』を刊行した。同書では、本草書の中の「薬の寒熱気味、五運六気」が否定されている。薬物の「才能」(薬効)を重視する姿勢は、東洞に影響を及ぼしたと思われる。
(16) 東洞は、『医断』において、以下のように「陰陽」を論じている。「陰陽者、天地之氣也、無取於醫矣……非唯無益於治、反以惑人、學者思緒」(前掲『東洞全集』四四七頁)。
(17) 吉益東洞の門人である鶴元逸は、師の医説を『医断』としてまとめ、また中西新斎がこれを校訂し一七五九年に刊行した。
(18)『医断』(前掲『東洞全集』四四五頁)。
(19) 同前、四四四〜四四五頁。
(20)『東洞先生答問書』(前掲『東洞全集』四六六頁)。
(21) 門人藤田大信が吉益東洞の口授によりまとめた『傷寒論』の注釈書である。
(22) 吉益東洞・藤田大信『補正輯光傷寒論』、一八二二年、早稲田大学蔵。
(23) 同前。
(24) 例えば、『建殊録』に次のような記録がある。「泉州佐野豪族食野喜兵衛家僕元吉者、年三十二餘、請治曰、嗝噎二年所、十日五日必發、頃者胸腹脹滿、舉體愈不安、眾醫皆以為不治、無一處方者、盖聞先生之論、死生者天之所

命、疾病者醫之所治也、等死願死於先生之治、幸為療之……出入二月所、全愈」（前掲『東洞全集』四九一～四九二頁）。

(25)「無論五行家所説の病因は、大抵は無益のもの多きなり。……しかるを当世の医家、其本源に暗く、患者に対して自らも不決なる事を、或痰なり、癪なり、肝経の湿熱なりなど、能様に説けば、患者は何の弁へなく、此説を聞ば、尤と心得て病を託し、治を受く。なべて如此きは世の風俗なり」（『日本思想大系六四　洋学上』岩波書店、一九七六年、二七七頁）。

(26)『医事或問』（前掲『東洞全集』三頁）。

(27)吉益東洞の医説に反対する論説としては、畑黄山『斥医断』（一七六二）、堀江道元『辨医断』（一七九〇）、亀井南冥『南冥問答』（一八二五）などがあり、『医断』に賛成するものは、田中栄信『弁斥医断』（一七六三）、木幡伯英『斥医断評説』（一八〇四）、加屋恭安『続医断』（一八一一）などがある。

(28)「蓋本之素問曰、百病生於氣、雖然病之者毒也、毒乘之也、豈氣特病乎、又豈毒自除乎、説者不論及此、誤也」『医断』（前掲『東洞全集』、四四五頁）。

(29)「一気留滞」説について、艮山は以下のように述べている。「凡病ノ生ズル風・寒・冷・湿ニヨレバ、其気滞リ、飲食ニヨルモ滞ナリ。七情ニヨルモ滞也。皆元気ノ鬱滞スルヨリ成ル也。故其サ、ユルモノハ大概如此チガヘドモ、其相手ニナリ滞トココハ一元気ナリ。其経絡デ滞モ皮膚デ鬱スルモ、其ハチハ腹内ヘ落コム処ヘタマルト同ジ故、其大ワリヲ心得レバヨシ。精審ニセンギスルハイラヌモノナリ」後藤艮山『師説筆記』（『日本思想大系六三　近世科学思想下』岩波書店、一九七九年、三八五頁）。

(30)『東洞先生答問書』（前掲『東洞全集』四六一頁）。

(31)香川修庵の『一本堂行余医言』（一七八八）巻六に「黴瘡」の項目があり、冒頭には「黴瘡下疳便毒本是一證而非別疾」と記されている。（大塚敬節・矢数道明編『近世漢方医学書集成六五　香川修庵（一）』名著出版、一九八二年、四九一頁）。

(32)山脇東洋『東洋洛語』（大塚敬節・矢数道明編『近世漢方医学書集成一三　後藤艮山・山脇東洋』名著出版、一九七九年、四二二頁）。

（33）田端泰子「曲直瀬玄朔とその患者たち」（京都橘大学女性歴史文化研究所編『医療の社会史～生・老・病・死～』思文閣出版、二〇一三年、一六一～一六九頁）。

（34）山脇悌二郎『近世日本の医薬文化』平凡社、一九九五年、一一頁。

（35）永富独嘯庵『黴瘡口訣』一七八八年序文、早稲田大学蔵。

（36）杉田玄白『形影夜話』（前掲『日本思想大系六四　洋学上』二八三頁）。

（37）『皇国名医伝』（大塚敬節・矢数道明編『近世漢方医学書集成九九　浅田宗伯』名著出版、一九八三年、四六七頁）。

（38）前掲山脇『近世日本の医薬文化』八頁。

（39）刈谷春郎『江戸の性病』三一書房、一九九三年。

（40）後藤艮山は『師説筆記』において以下のように述べている。「凡病ヲ診スルニ、今昔年瘡毒ノ患アリヤ否ヲ可問。イカントナレバ諸病ハ多瘡気経絡ヲ壅塞シテ、気コレガ為ニ不行シテ成ル者多ケレバナリ」（前掲『日本思想大系六三　近世科学思想下』三八〇頁）。

（41）薬物を指している。東洞は、すべての薬物・草木には毒があると認識している。『医断』で、東洞は以下のように論じている。「藥者、草木偏性者也、偏性之氣、皆有毒、以此毒除彼毒而」（前掲『東洞全集』四五〇頁）。

（42）「世にいはゆる沈痼病抔とて五年も治療して治せさる病」（前掲『東洞全集』三三一頁）。

（43）吉益南涯の「気血水」説について詳しく論じることは避けるが、簡潔にいうと、彼の著書『医範』に「毒無形、必乗有形、其證乃見」と書かれているように、毒は無形であるため、気血水という有形の物に乗じて病気が発症するというものである。

（44）鈴木則子『江戸の流行り病――麻疹騒動はなぜ起こったのか』吉川弘文館、二〇一二年。

（45）『医断』（前掲『東洞全集』四四六頁）。

（46）『医事或問』（前掲『東洞全集』二一八頁）。

（47）同前、二一九頁。

第三部　変容する知と移動

第一〇章　京城帝国大学法文学部の哲学関連講座をめぐる問題提起——帝国大学との関連性を重視して

許　智　香

一　はじめに

本稿では、植民地朝鮮において唯一の官立大学であった京城帝国大学の哲学関連講座について論じる。京城帝国大学（以下、京城帝大）については多くの研究があり、個別学科や人事に関する研究も進んでいる。[1]本稿はこれまでの先行研究を参考にしながら制度として哲学科が初めて置かれた場所として、京城帝大に注目する。この問題についてもすでに趙要翰の一九七二年の論文をはじめ、韓国における西洋哲学受容という側面から京城帝大の哲学科に触れた論考は多くある。なかでも金載賢は、植民地朝鮮における西洋哲学の制度化を「検閲」「監視」といった帝国日本の植民地政策のなかで把握しつつ、教授たちの自由主義的特徴を指摘する一方、学生たちの動向については三木清などマルクス主義的影響を指摘した。[2]しかし金は、「京城帝大哲学科」としつつも、履修科目および学生については「哲学、哲学史」講座を中心に論じる一方、教授については「哲学、哲学史」講座担任に、「心理学」「美学」講座担任の一部、そして「朝鮮語学文学」講座担任であった高橋亨を取り上げている。議論の中心を「哲学、哲学史」講座に置いたとはいえるものの、「京城帝大哲学科」といった場合、その全体像がいかなるものであったかについてはやはり気になる。

そもそも戦前日本の帝国大学は、講座制であった[3]。京城帝大の場合、「法文学部学科設置並授業開始ノ件」において「京城帝国大学法文学部ニ法学科、哲学科、史学科及文学科ヲ置キ大正十五年五月一日ヨリ授業ヲ開始ス[4]」と学科に関する規定はあったものの[5]、実際には「各学部ニ於ケル講座ノ種類及其ノ数」を明示し、医学部と法文学部で各講座を開設した。したがって、厳密には哲学関連講座を問うべきだが、その哲学関連講座とは何かという問題は依然として残る。「美学、美学史」講座は含むべきか、「教育学」はどうか、などの問題を避けるために、本稿では『京城帝国大学一覧』の「卒業生姓名」に「文学士—哲学科—〇〇専攻」と記載されていることを参考に、この「哲学科」が包括する専攻を一旦「哲学関連講座」とみ、場合によって両名称をともに用いる。また、専攻ではなかった「社会学」講座も、先行研究に倣って哲学関連講座に含むことにする。

二　京城帝国大学哲学関連講座をめぐる二つの論点

京城帝大は六番目の帝国大学として一九二四年に予科を開設し、一九二六年から法文学部と医学部をもって開学した。まずここでは、本稿の問題意識について述べておく。

第一に、「東洋・朝鮮研究」を設立趣旨とする京城帝大の性格に照らしてみれば、京城帝大の哲学講座は例外だったともいえる点である。当時の京城帝大の設立趣旨には、三代朝鮮総督・斎藤実と初代総長に就任した服部宇之吉の祝辞――「殊に朝鮮に於ては大学教育は創始の業に属するのみならず東洋文化朝鮮特殊の疾病薬物等の研究に重大なる使命を有するに……」（斎藤）[6]、「朝鮮の研究を行ひ東洋文化研究の権威となると云ふことが本学の使命であると信じて居る……」（服部）[7]――から窺われる通り、「東洋・朝鮮研究」という使命が付与されていた。この点について近年の研究では、初代総長・服部が東洋研究における最高権威者として、実際に法文学部の学制と人事を決めた人物であることと、そのかれが「二年ほどの期間を通じて植民当局との葛藤まで甘受しながらまで」訴えた「東洋文化研究の権威」という「大学の使命」は、断じて上滑りの発言ではなかったことを前提としつつ、京城帝大の「東洋文化研究」の具体的な知的装置を批判的に検証する作業が行われている。[8]一方、「朝鮮・東洋文化研究」という建学理念の重さに比べれば京城帝大の「東洋文化研究」の一環として語られてきた「支那哲学」「朝鮮史学」「東洋史学」「朝鮮語学朝鮮文学」「支那語学支那文学」講座の在籍者は、「わずか一三・九％に過ぎ」ず、「過半数以上の学生（五八・二％）は法科系学科に在籍し」「行政官僚となること」を目指していた点、[9]「東洋文化の権威を担う」朝鮮人の教授は一人も輩出されなかった点、[10]また、一九二四年時点での教科担任内定では朝鮮関連講座が一つもなく、朝鮮関連講座は比較的に遅れて設置された点なども指摘されている。[11]このように、京城帝大に関する近年の研究では、「朝鮮研究や『東洋学』の研究者、関連講座に着目した研究が京城帝大研究の主要部分を占め」ている。[12]

以上の内容からみれば、京城帝大の哲学講座は例外的であったといわざるをえない。後にみるように、哲学関連講座に「朝鮮史」や「朝鮮語学、朝鮮文学」といった講座はなかった。

第二の問題は、「帝国大学」と「植民地アカデミズム」との関係である。[13]西洋哲学――Philosophy、近代日本の学制名称としてはこの単語をカタカナで音訳した「ヒロソヒー」が最初の形であった――が最初に「哲学科」

という看板を通じて学制化したのは、一八七七年の東京大学（一八八六年より帝国大学）であるが、京城帝大の哲学科は、それぞれ「朝鮮語学、朝鮮文学」と「朝鮮史学」講座が新設された文学科と史学科とは異なり「内地」の帝国大学をそのまま移す形で設置された。植民地朝鮮に哲学科ができたことは、「東洋文化、朝鮮特殊の疾病」といった京城帝大の使命から説明できない点についてはすでに述べた通りである。他方、当時のすべての帝国大学が普遍学問たる哲学科を擁していたので植民地朝鮮でも哲学科が設置されたという説明もできない。なぜならば、一九一八年に始まった北海道帝大及び大阪帝大（一九三一年）、名古屋帝大（一九三九年）はそもそも戦前に法・文学部を持たなかったからである。さらに、出帆から哲学科を擁していた帝大は東京帝大しかなかった。京都学派で有名な京都帝大すら一八九七年に京都帝大理・工科大学から始まって以来、二年後に法・医科大学が、一九〇六年になって漸く文科大学が新設された[14]。一九三〇年代の戦時体制まで行かなくても、帝国大学の出帆と新設過程は、理系中心で行われていた[15]。つまり、一九二六年当時、京城帝大における法文学部の設置とは当然のことではなかったのである。

このように京城帝大における哲学関連講座の設置は、京城帝大の設立趣旨からも、そして、単純に帝国学知の植民地への伝播としても説明しきれないのである。それでは、法文学部設置の歴史的背景とは何か。そこで、同じく「法文学部」という形をとった東北帝大法文学部（一九〇七年。一九一〇年に新設された九州帝大も同様）の設置背景を参考にする必要がある。一九〇七年に理・農科大学で始まった東北帝大に法文科系が増設された背景としては（一九二二年）、第一次世界大戦がもたらした経済的好況のなかで原内閣が断行した高等学校増設と大学教育の方向改善が挙げられる[16]。以前は中等教育卒業生を収容するのに東京・京都両帝大で充分だったのが、高等学校卒業者の増加によってかれらを収容する帝大の拡張が必要となったのである。しかし、なぜ法文学部という統合体制であったのか。最初の増設計画は法学部だったという。次の大学史の記述を参照しよう。「従来の帝国大学の法学部の教育は法律に偏するきらいがあるから、広く人文系の学科をとりいれて、円満な知識をもつ人間を養成するように要請した」。「デモクラシー・人文主義の波もたかまり、明治の官僚国家が変質しつつあった……」。「デモクラシーが高揚しはじめた第一次大戦後といっても、まずその当時としてはむしろ驚くべきことであった。法文学部という、既に固定している学部ではない新構想をもって出発しようとした事情が、このような自由の風をもたらしたのであろう」[17]。帝国大学法文学部という例を通じてみれば、人文学による人格形成という観念は、後発型資本主義国家において短期間でできあがったものであるといえる。法文学部という体制は、それほどに新しくかつ画期的なものであったのであり、法学士も「幅広い教養をもつように」要求された。第一回卒業生を輩出した一九二九年の京城帝大『会報』には、次のような「研究室報」がみられる。

成程私達はノートリアスな役人や商人は持つてゐた。然し、私達は詩人や哲学者の言葉に接することが出来なかつた。然るに、我が大学には、詩人や哲学者が雲集し、彼等の下には許多の青年法人、少壮哲学徒が詩想に思索に耽つてゐるのである。実に京城帝大の誕生は、否、大学の文科(詳しく云へば文学科、哲学科及史学科)の存在こそは、近代都京城の、否オール朝鮮の内的生活に於ける一大炬火であり、革命でなければならない。私達の今までの内的生活は、我が文科の存在に依つて、如何ばかり、質に於て量に於て豊富となり、光を増したことだらう[18]。

こうした生気に満ちた京城帝大の会報も以上のような背景から考えるべきである。

また、こうした帝国大学法文学部という現象は「植民地」の問題とあわせて考えなければならない。第一次世界大戦がもたらした総力戦は日本の経済全体を揺さぶった。最小限の軍事負担で最大の利益を得た日本はその勢いでシベリア出兵を断行するも、すぐさま米騒動に直面する。一九二〇年以後経済不況は深まり、帝大卒業生でも就職難を経験せざるをえなくなる[19]。当時、京城帝大哲学科に著名な岩波グループの学者たちが集まったのも、このような経済的な背景が大きかったと考えられる。また、先行研究でも指摘されているように、植民地朝鮮の知識人にとって「内地」の「エリート教養主義」は、それ自体乗り越えねばならないものであったと同時に、「植民地的差別」という矛盾を乗り越える精神的武器でもあった[20]。

以上の論点を確認した上で、以下ではまず、京城帝大の哲学関連講座が、帝国大学といかに連動していたのかを、旧東京大学の例を通して検討する。その次に、京城帝大法文学部における哲学関連講座の全体像を示した上で、講座担任教授および助教授、そして部分的ではあるが、設置科目をも一瞥する。

三　哲学科の学制定着過程——旧東京大学から帝国大学、そして京城帝国大学まで

京城帝大は帝国大学であった。この事実だけで京城帝大にはその設立趣旨以上の意味があったと言わねばならない。「朝鮮人に敢えて法文学部を作り、法律、政治、哲学などを教える必要があるかという疑問」は早くから提起されていたが、帝国という位相の前で払拭された[21]。先に引用した『会報』でみたように、それは「学問」を通して行われた。京城帝大にこのような帝国大学としての位相を付与し、それを自らの役割とも結びつけようとしたのが、「哲学、哲学史第一」講座担任の安倍能成であった。かれは京城帝大開学記念式で次のように語っている。「ギリシヤの小亊細亜に有したミレトスの町が、ギリシヤ哲学の誕生地であつた事を思へば、京城帝国大学の使命も亦軽からぬものがあることを覚ゆるのである[22]」。ここでかれは、西洋哲学におけるミレトスの持つ意

味を植民地朝鮮に代入することによって、植民地朝鮮における学問の普遍性を担保しようとしているのである。

次に、日本において哲学が最初に制度化される過程について、西洋（the West）とその他（the Rest）がどのように分割されたのか、そして、それが京城帝大の哲学科の講座編制といかに連動しているのかをみてみよう。

一八七七年、東京大学文学部は、「第一　史学、哲学、及政治学科」「第二　和漢文学科」で始まる。その大枠は大学南校から継承されたもので、大学規則（一八七〇）による大学南校の教科内容は法・理・文科の区分のもと、文科は「レトリック、ロジック、羅甸語、各国史、ヒロソヒー」を含んでいた。つまり、リベラル・アーツを含む西洋の人文学を文科で教えていたのが、東京大学文学部になると、第一は西洋方面を、第二は和漢方面を独立学科として編成することになったのである。中身を一見する必要があろう。まず「第二学科ハ三年間和漢古今ノ文学ヲ専修セシムルヲ旨トシ且二年間英吉利文学及ヒ三年間欧米史学或ハ哲学ヲ兼学セシム」と、第二科では「和漢古今ノ文学」を専門にする傍ら「和漢文ノミニテハ固陋ニ失スルヲ免レサルノ憂アレハ並ニ英文哲学西洋歴史ヲ兼学セシメ」とし、「欧米史学或哲学」を兼修するようにした[23]。一方、「第一　史学、哲学、及政治学科」の各学年別科目をみると、第二科と同様、「史学」は「欧米史学」のことを、「哲学」は、大学南校期の「ヒロソヒー」から「哲学」に訳語を替えただけで、「論理学」「心理学」「道義学」「哲学史」を指していた。また「政治学科」という名称に含まれる関連科目には「政治学」「経済学」「政治学及列国交際法」があった[24]。

哲学科は一八八一年より独立した学科として登場する。「第一　哲学科」「第二　政治学及理財学科」「第三　和漢文学科」と、哲学科から分かれた第二科では、史学科が一旦廃止され、理財学科が新設される。ところが、この第一科の一八八二年の改訂には東洋哲学と西洋哲学という区分が見受けられる。一八八一年に独立した哲学科の翌年における改正内容の一部である。

第二年〔括弧内の数字は一年間の毎週授業時間〕
東洋哲学（哲学史）（1）／西洋哲学（哲学史　世態学　心理学）（6）／史学（史論）（3）／和文学（2）／漢文学及作文（4）／英文学（文学史　作文及批評）（4）／独逸語（3）
第三年
東洋哲学（印度及支那哲学）（4）／西洋哲学（近世哲学）（3）／生理学（3）／和文学（2）／漢文学及作文（4）／作文（英文）（2）／独逸語（3）
第四年
東洋哲学（印度及支那哲学）（4）／西洋哲学（心理学　道義学　審美学）（6）／作文（漢文）（毎月二回）／卒業論文（邦文漢文若英文）[25]

前年度に「従来哲学と称したるものは、専ら西洋哲学を内容とせるものなりしに、新に印度及支那哲学を科目中に加へられたること世態学（社会学）、審美学（美学）、生理学、日本財政論等を設けられたることなり[26]」と教科内容が追加されたのが、一八八二年には「東洋哲学」と「西洋哲学」として、科目自体に区分がなされる。だが、ここで注意すべきなのは、それぞれが含む内容の非対称性である。ここには、「西洋 the West」と「残余／それ以外 the Rest」という図式が適用されている[27]。すなわち、西洋哲学は西洋という名称を冠するだけで、哲学の下位分野を含む一方、東洋哲学は「印度及支那哲学」という地域を括弧に入れている。言い換えれば、「西洋という仮想の統一体」のもとで「それ以外」として東洋哲学が構成されているのである[28]。酒井直樹の次の指摘をみよう。「学問としての『哲学』には場所や民族の限定がないことです。これに対して『インド哲学』には、インドという地域あるいはその地域の住民の名前がつけられています。同じような例として、『中国哲学』を考えることもできるでしょう」[29]。人文科学（the humanities）とエスニック・スタディーズの間における「不規則性や歴史的諸事件の堆積作用」、そして人文科学と地域研究における奇妙な不均等性については、すでに多くの議論がなされてきた[30]。以上の例から、明治初期の一八八二年に、すでに西洋を中心とした学門の地政学的配置が、哲学科の学制編成を通じて具体的に現れていたことが指摘できよう。

一八八六年、旧東京大学が「帝国大学」になると、「東洋哲学」は哲学科の下位履修科目の一つとして「論理学」「心理学」「哲学」「審美学」に並置される[31]。この帝国大学期のあり方が、一九二〇年代までの各帝国大学の哲学科における学科編制に受け継がれることになる。一八八六年の帝国大学文科大学の四学科制（哲学科、和文学科、漢文学科、博言学科）は、それ以後、七学科制と九学科制を経て一九〇四年（東京帝国大学）には文・史・哲学科の三学科体制となるが、哲学科の中身は一八八六年の様子を維持しながら次のように定着する。哲学科の専修学科に当たる一九〇四年度の「受験学科」は「哲学及哲学史」「支那哲学」「印度哲学」「心理学」「倫理学」「宗教学」「美学」「教育学」「社会学」であった[32]。「印度哲学」を除く全ての学科目が、一九二六年の京城帝大の哲学関連講座類と一致することがわかる。京城帝大の設立当時、印度哲学関連講座がなかった帝大は、京城帝大のみであった。

「帝国大学」という観点から哲学科の定着過程をみる際にもう一つ重要なことは、哲学という名称の下に東洋を編制し、東・西洋哲学に分け始めた時期に、帝国大学という場において国家的意識が学制編制と結びついていったことである。哲学科の場合、「東洋」を哲学の下位分野に収めることで、地域性を越える普遍的学門として近代日本に定着することができた。しかし他の学科、「第二　政治学及理財学科」および「第三　和漢文学科」はどうだっただろうか。結論からいえば、帝国大学期になると機能的側面、すなわち近代的主権国家の形成に必要な人材養成という側面より、国家的アイデンティティが学門的権威と結びつく現象が生じる。「古典講習科」が良い例としてあげられる。この「古典講習科」は一八八二年に旧東京大学の附属機関として設置されるが、これは古典という「伝統」を受け継ぐものではない。「古典講習科」については品田悦一の論考が良い参考になるが、品田によると、最初に提案された名称が「和書講習科」だったことからもわかるように、古典講習科は漢文および作文を通して、実際に公文書を自由自在に書ける実務的な人材養成を目的としていた。[33] この古典講習科は、和漢文学科とのヘゲモニー闘争のなかで一八八八年には二回目の卒業生を輩出して完全廃止となり、和漢文学科は一八八九年に「国史学科」と「国文学科」に再編され、「漢学科」と分けられる。また、第二科において政治学科目に「日本古今法制」を、理財学科科目に「日本財政論」を新設したのが一八八二年であり、帝国大学令の直前には政治学科に変更し、法学部に移転する。ここで詳しく論じる余裕はないが、帝国大学において哲学科が東洋を含みつつ、独立した学科として形を備えていったちょうどその時期に、いわば国家学も帝国大学を通して権威を伴っていったことを忘れてはならない。

四　京城帝国大学法文学部の哲学関連講座

こうして京城帝大法文学部には［表1］のように八種類の哲学関連講座が設置された。各講座の担任教授およびかれらの在任期間、前歴などは［表1］に、学歴は［表2］にまとめた。助教授についても［表3］で提示した。また、実際に哲学関連講座で開設された科目については、『京城帝国大学一覧』からわかる「専攻別学修科目及単位数」を［表4］で示し、実際に開設された科目については一部ではあるが［表5］で再現してみた。ただし哲学科の場合、史学科のような学科の機関誌を持たなかったため、実際に開設された科目については各講座別で設けられていた機関誌などを参考にするしかない。［表5］はその内容である。

大きな特徴を簡単に述べておくと、まず、京城帝大法文学部の講座制の特徴として、講座数を増やして教授を確保しようとした点はすでに指摘されている。哲学科の場合もそうであった。一九二六年度に京城帝大の哲学科に入学した学生数は一二名で、同時期の東京帝大の哲学科に入学した学生数一六三名に比べるとその数は一割にも満たないが、講座数でいうと東京帝大にも劣らなかった。全講座が揃った一九二七年度における京城帝大の哲学関連講座数は八種類一三講座で、同じ種類に当たる東京帝大の講座数が一七であったことからすれば、大きな差はなかったといえる。むしろ、東京帝大の「教育学」講座五、「支那哲学、支那文学」のような京城帝大には存在しなかった講座を除けば、京城帝大の講座の方がむしろ多いほどであった。また、講座担任教授に関しては［表2］からわかるように、①京都帝大宗教学専修を卒業した赤松智城と助教授・福富一郎を除いた全員が東京帝大出身であること、②担当した講座が必ずしも自己の専攻とは一致しないこと、③ほとんどが朝鮮と関連性のない学門的履歴をもつことがわかる。最後に、専攻別学修科目は一九二七年度と三五年度に改訂される。三一年度の例を挙げたのは、それが二六年度の規程内容を元に科目名を具体的に明示しているので、開設された大体の科目が窺えるからである。それをみれば、おおむね概論、概説、演習（心理学専攻は実験演習を、宗教学と支那哲学専攻は原典講読を含む）、特殊講義が行われたことがわかる。したがって［表5］はこの区分の元に整理した。

五　おわりに

本稿では、京城帝国大学法文学部における哲学関連講座がどのような形をなしていたかを再現する試みとして、まず問題提起を行い、基本的な調査内容を表で提示した。京城帝大は植民地に設立された官立学校であると同時に最高学府であった。哲学関連講座の設置は、当時の「植民地にあえて法文学部を作り、哲学などを教える必要があるか」という疑問をかえって先取りするものであったともいえる。植民地であったからこそ「帝国大学」を作らねばならなかったのであり、植民地側もまた帝国大学の開校を歓迎した。通堂あゆみが指摘するように、哲学科は「文科系のなかでももっとも講座数が多」く、教員たちの「発信力」も大きかったが、「学生の志望率が極めて低かった」[34]。だが、法文学部の四つの学科のなかで朝鮮人卒業生数が「内地人」数を越える学科は哲学科しかなく[35]、朝鮮人学生の四三・四%が七専攻のなかで「哲学、哲学史」専攻を選んでいたことも付け加えておきたい。今後、普遍的学問とみなされてきた「哲学」が植民地で有していた意味をさらに具体的に検討していく所存である。

注

（1）鄭圭永「京城帝国大学に見る戦前日本の高等教育と国家」（東京大学博士学位論文、一九九五年）、馬越徹「日本型植民地大学としての京城帝国大学――「帝大モデル」の移植課程」『韓国近代大学の成立と展開』（名古屋大学出版会、一九九五年）、丁仙伊『京城帝国大学研究』（文音社、二〇〇二年）、鄭駿永「京城帝国大学과 植民地ヘゲモニー」（ソウル大学校博士学位論文、二〇〇九年）、鄭根埴編『植民権力과 近代知識：京城帝国大学研究』（ソウル大学出版文化院、二〇一一年）、酒井哲哉・松田利彦編『帝国日本と植民地大学』（ゆまに書房、二〇一四年）。

（2）金載賢「韓国에서 近代的学問으로서 哲学의 形成과 그 特徴：京城帝国大学哲学科를 中心으로」（『時代와 哲学』一八巻三号、二〇〇七年）。

（3）寺崎昌男『東京大学の歴史――大学制度の先駆け』（講談社学術文庫、二〇〇七年）、天野郁夫『帝国大学――近代日本のエリート育成装置』（中公新書、二〇一七年）を参照。

（4）『京城帝国大学一覧』一九三一年度、二六頁。

（5）同時期に同じ法文学部の体制を取った東北帝国大学と九州帝国大学には学科規定がない。

（6）「京城帝国大学始業式に於ける斎藤総督告辞」（『文教の朝鮮』京城帝国大学開学記念号、朝鮮教育会発行、一九二六年六月）、二頁。
（7）「京城帝国大学始業式に於ける総長訓辞」（同前、三～四頁）。
（8）鄭駿永「国史と東洋史の挾間――京城帝国大学と植民地の「東洋文化研究」」シンポジウム「東アジア史学史のために」（二〇一八年一月二八日、於立命館大学、近刊予定）。
（9）通堂あゆみ「京城帝国大学法文学部の再検討――法科系学科の組織・人事・学生動向を中心に」（『史学雑誌』一一七編二号、史学会、二〇〇八年二月）、五九、六四頁。
（10）張信「京城帝国大学史学科의 磁場」（『歴史問題研究』二六号、二〇一一年一〇月）、四六～四七頁。
（11）前掲鄭根埴編『植民権力과 近代知識：京城帝国大学研究』三一五頁。
（12）松田利彦「京城帝国大学の創設」（前掲酒井・松田編『帝国日本と植民地大学』）一〇八頁。
（13）洪宗郁「〝植民地アカデミズム〟의 그늘、知識人의 転向」（『間SAI』第一一号、二〇一一年）。洪は一九三〇年代末における植民地朝鮮の共産主義知識人の転向という問題を「植民地アカデミズム」という観点から捉える。植民地朝鮮の知識人たちは転向書を前にして、アカデミズムの世界を中心に自ら構築してきた抵抗の論理を、もう一度民族教化という形にこね上げなければならなかった。洪は、植民地におけるアカデミズム世界を積極的に捉えることで、転向の問題を民族的主体性の放棄としてではなく、植民地を生きることの意味として問い直そうとする。
（14）前掲天野『帝国大学』二一四頁。
（15）同前、四九頁。
（16）一九一八年六月、臨時教育会議では大学改善に関する二〇項目、希望事項八項目を提示した。そのなかで希望事項として追加された内容は次の通りである。「大学では従来『人格ノ陶冶、国家思想ノ涵養』がなおざりにされていたと指摘し、その充実を望みつつも、しかしその方法は、高等学校の場合のように修身科を置くなどの方法で行ってはならないと述べている。外国の大学におけるように荘厳な講堂や立派な学寮を備えることなどによって、学生の学問的精神の陶冶を図ることが、ひいては国民思想に与える大学の影響を正しくさせる方法であるとした」

（文部省『学制百年史』記述編、ぎょうせい、一九七二年、四八四頁）。

（17）東北大学『東北大学五十年史』上、一九六〇年、一〇〇五〜一〇〇八頁。

（18）京城帝国大学学友会『会報』一九二九年、一一〇〜一一一頁。

（19）遠山茂樹・今井清一・藤原彰『新版　昭和史』岩波書店、一九五九、三〜一九頁。

（20）尹大石「京城帝大의 教養主義와 日本語」（成均館大学校大東文化研究院『大東文化研究』第五九集、二〇〇七年）。

（21）前掲鄭駿永「京城帝国大学과 植民地へゲモニー」一〇五頁。

（22）安倍能成「京城帝国大学に寄する希望」（前掲『文教の朝鮮』京城帝国大学開学記念号）、一七頁。

（23）東京大学百年史編集委員会『東京大学百年史　資料二』（東京大学出版会、一九八五年）、六三五頁、東京帝国大学『東京帝国大学五十年史』上、一九三二年、四七三頁。

（24）同前『東京大学百年史　資料二』六三五〜六三六頁。

（25）前掲『東京帝国大学五十年史』上、七〇三〜七〇五頁。

（26）同前、六九七頁。

（27）酒井直樹「西洋の脱臼と人文科学の地位」（『別冊思想トレイシーズ』1、岩波書店、二〇〇〇年）、一一〇頁。

（28）同前。

（29）酒井直樹『ひきこもりの国民主義』岩波書店、二〇一七年、vii〜xiii。

（30）西谷修・酒井直樹『世界史の解体』（以文社、一九九九年）、前掲『別冊思想トレイシーズ』1。

（31）前掲『東京帝国大学五十年史』上、一二八四〜一二八六頁。

（32）東京帝国大学『東京帝国大学五十年史』下、一九三二年、三七二〜三七三頁。

（33）古典講習科および和漢文学科については、品田悦一「国学と国文学」（齋藤希史編『近代日本の国学と漢学――東京大学古典講習科をめぐって』東京大学グローバルCOE、二〇一一年）を参照。

（34）通堂あゆみ「『選科』学生の受け入れからみる京城帝国大学法文学部の傍系的入学」（『お茶の水史学』第六〇号、二〇一七年）、三五頁。

（35）一九二九年より一九四二年九月までの法文学部卒業生数の分布は以下の通りである（『一覧』一九四二年度、二八二～二八三頁）。

区分	法学科	哲学科	史学科	文学科
内地人数	350	37	56	129
朝鮮人数	339	52	29	67

表1　京城帝国大学哲学関連講座と担任教授

講座名		講座担当	在任期間	前歴及備考（数字は西暦）
教育学	講座	松月秀雄	1926.4.1.～1928.3.	24 年～京城第一高普教師 45.3.31. 法文学部長任
	第一講座	松月秀雄	1928.4.1.～1945	
	第二講座	田花為雄	1928.4.18.～1930.6.24.（助）	前・熊本県女子師範学校教諭
			1930.6.25. 教授任～1945	
		松月秀雄	1932.3.31.～1934.3.31. 兼	田花は欧米留学
倫理学	講座	島本愛之助	1926.4.1.～1927.6.	13 年～東京外国語学校教授
	第一講座	島本愛之助	1927.6.2.～1931.4.5. 死亡	
		安倍能成	1932.3.31.～1934.3.31. 兼	安倍は哲学哲学史第一講座担任
		×	1934.4.～1938.11.	
		小島軍造	1938.11.30.～1939.5.（助）	29～31 年ドイツ留学、31～34 年日本大学等で講師 34～35 年法文学部講師、35～39 年倫理学助教授
			1939.5.19. 教授任～1945	
	第二講座	白井成允	1927.6.2.～1940.4.24. 免	22 年～第二高校教授
		宮島克一	1941.6.6.～1945.4.12 免.（助）	38～41 年国民精神文化研究所
心理学	講座	速水滉	1926.4.1.～1927.6.	前、山口高校・第一高校教授
	第一講座	速水滉	1927.6.2.～1936.1.	36.1.16.～40.7.6. 京城帝大総長
		×	1936～1938.11.	
		天野利武	1938.11.30.～1939.5.（助）	28～30 年京城帝大法文学部助手、31～35 年法文学部講師、36～38 年心理学助教授
			1939.5.19. 教授任～1945	
	第二講座	黒田亮	1928.1.13.～1942.9.23. 免	27 年心理学助教授任
		×	1942.10.～1945.3.	
		和田陽平	1945.3.31. 任	？
哲学哲学史	講座	安倍能成	1926.4.1.～1927.6.	前・一高・法政大学等で講師 28.9.11.～30.9.11. 法文学部長
	第一講座	安倍能成	1927.6.2.～1940.9.4. 免	
		田邊重三	1940.10.23.～1941.4.（助）	28～41.4. 哲学哲学史助教授、29～32 年在外研究員、哲学研究会主任
			1941.4.28. 教授任～1945	

哲学哲学史	第二講座	宮本和吉	1927.6.2.～1944.11.18.免	前・新潟高校教授 37.8.31.～39.8.31.法文学部長
		×	1945	
支那哲学	講座	藤塚鄰	1926.4.1.～1940.4.22.免	09～21年第八高講師～教授、21年～中国留学
		阿部吉雄	1941.6.6.～1943.10.(助) 1943.10.21.教授任～1945	30年～東方文化学院服部助手及び35年～同研究員
社会学	講座	秋葉隆	1926.11.27.～1928.4.(助) 1928.4.18.教授任～1945	21年～モリソン文庫 24～26年予科教授として在外研究員
宗教学宗教史	講座	×	1926	
		赤松智城	1927.8.13.～1941.3.15.免	前・仏教大学・龍谷大学教授
		佐藤泰舜	1941.4.10.～同11.(助) 1941.11.30.～1945	前・駒澤大学・東洋大学教授
美学美学史	講座	上野直昭	1926.4.1.～1927.6.	32.5～35.4.九州帝大兼任、35.2.26.～37.8.31.法文学部長
	第一講座	上野直昭	1927.6.2.～1941.1.31.	
		矢崎美盛	1941.8.6.～1945	前・法政大学・東京帝大・九州帝大等で講師、27年～九州大学教授、41年～京城帝大を兼任
	第二講座	×	1927	
		田中豊蔵	1928.6.12.～1942.4.22.	20年～文部省古社寺保存計画調査、21年～慶應義塾大学講師、26年～東京美術学校講師
		×	1942.5.～1944.3.	
		田中梅吉	1944.3.30.～同3.31.免	16年～朝鮮総督府臨時教科用図書編輯事務嘱託、24.6.～29.4.京城帝大予科教授（独語）、28年～43年法文学部助教授
		×	1944.4.～1945	

出典：鄭根埴編『植民権力과 近代知識：京城帝国大学研究』（ソウル大学出版文化院、2011年）346～349頁、『朝鮮総督府官報』『京城帝国大学一覧』『京城帝国大学予科一覧』各号参照。

表2　京城帝国大学哲学関連講座担任教授学歴

氏名	生没年	出身学校	出典に記載されている専攻	卒業年度
松月秀雄	1892～1993	東京帝大	哲学科	1917.7.
田花為雄	1896～1983	東京帝大	教育学科	1922.3.
島本愛之助	？～1931	東京帝大	哲学科（倫理学専修）	1905.7.
小島軍造	1901～1980	東京帝大	倫理学科	1927.3.
白井成允	1888～1973	東京帝大	哲学科（倫理学専修）	1913.7.
宮島克一	？	東京帝大	倫理学科	1929.3.
速水滉	1876～1943	東京帝大	哲学科	1900.7.
天野利武	1904～1980	東京帝大	心理学科	1927.3.
黒田亮	1890～1947	東京帝大	哲学科（心理学専修）	1915.7.
和田陽平	？	東京帝大	心理学科	1932.3.
安倍能成	1883～1966	東京帝大	哲学哲学史	1909.7.
田邊重三	1895～1975	東京帝大	哲学科（哲学専修）	1919.7.
宮本和吉	1883～1972	東京帝大	哲学哲学史	1909.7.
藤塚鱗	1879～1948	東京帝大	哲学科（支那哲学専修）	1908.7.
阿部吉雄	1905～1978	東京帝大	支那哲学科	1928.3.
秋葉隆	1888～1954	東京帝大	社会学科	1921.3.
赤松智城	1886～1960	京都帝大	哲学科（宗教学専修）	1910.7.
佐藤泰舜	1890～1975	東京帝大	印度哲学科	1923.3.
上野直昭	1882～1973	東京帝大	哲学科（心理学専修）	1908.7.
矢崎美盛	1895～1953	東京帝大	哲学科（哲学専修）	1919.7.
田中豊藏	1881～1948	東京帝大	文学科（支那文学専修）	1908.7.
田中梅吉	1883～1975	東京帝大	文学科（独逸文学専修）	1908.7.

出典：『東京帝国大学卒業生氏名録』（1939）、『京都帝国大学卒業生名簿』（1936）などを参照。

表3　京城帝国大学法文学部哲学分野助教授

氏名	出身学校	出典に記載されている専攻	卒業年度	『京城帝国大学一覧』科目	生没年	在任期間	備考
加藤常賢	東京帝大	支那哲学科	1920.7.	支那哲学	1894～1978	1928～1933	
鈴木榮太郎	東京帝大	倫理学科	1922.3.	社会学	1894～1966	1942～1945	
寺澤智了	東京帝大	哲学科（宗教学専修）	1915.7.	支那哲学	?～1968	1927～1929	
本多龍成	東京帝大	支那哲学科	1929.3.	支那哲学	?	1935～1940	
西順藏	東京帝大	支那哲学支那文学科	1937.3.	支那哲学	1914～1984	1942～1943	
小林英夫	東京帝大	文学部選科	※1923 東京帝大文学部選科入学	言語学	1903	1929～1931 講師、1932～1942 助教授	卒業生氏名録にない（選科卒業による学士無）。
手島文倉	京都帝大	印度哲学史専攻	1917.7.	宗教学 宗教史	?	1928 講師、1929～1930 助教授	1931年に死亡
諸戸素純	東京帝大	宗教学宗教史学科	1931.3.	宗教学 宗教史	1907～1970	1942～1943	1944.9.22東北帝大教授に転任
福富一郎	京都帝大	心理学専攻	1918.7.	心理学	1893～1946	1926～1933	予科教授として本科助教授を34年1月25日迄兼任、21年京城師範学校教諭～30年3月まで兼任、22年京城医学専門学校教授数ヶ月兼任
高田真治	東京帝大	哲学科（支那哲学専修）	1917.7.	支那哲学	1893～1975	1927	予科教授から転任
谷信一	東京帝大	美学美術史（美術史）	1930.3.	?	1905～1991	1945.3.3 任命	

出典：①鄭根埴編『植民権力과 近代知識: 京城帝国大学研究』（ソウル大学出版文化院、2011年、358頁）『東京帝国大学卒業生氏名録』（1939）『京都帝国大学卒業生名簿』（1936）『東京帝国大学一覧』（1923～24）『京城帝国大学一覧』（1926～42）など参照。

②福富一郎については、稲葉継雄「京城帝国大学予科について」『九州大学大学院教育学研究紀要』第7号、2004年を参照。

③小林英夫については、板垣竜太「金壽卿の朝鮮語研究と日本：植民地、解放、越北」『社会科学』102号、同志社大学、2014年を参照。

表4　1931年度哲学講座専攻別学修科目及び単位数

哲学、哲学史		倫理学		心理学		宗教学、宗教史	
科目	単位数	科目	単位数	科目	単位数	科目	単位数
哲学概論	1	倫理学概論	1	心理学概論	1	宗教学概論	1
西洋哲学史概説	2	倫理学史	2	心理学演習	4	宗教詩概説	1
論理学認識論	1	倫理学特殊講義	2	心理学実験演習	1	宗教哲学	1
哲学演習	3	倫理学講読及演習	2	心理学特殊講義	2	宗教学、宗教史特殊講義	4
哲学特殊講義	2	哲学科及法学科ニ属スル科目中別ニ定ムルモノ	11	哲学科ニ属スル科目中別ニ定ムルモノ	6	宗教学、宗教史講読及演習	3
哲学科ニ属スル科目中別ニ定ムルモノ、希臘語及羅甸語ノ中	8			生理学、精神病学及生物学ノ中	2	哲学科、史学科及法学科ニ属スル科目中別ニ定ムルモノ	8
史学科、文学科及法学科ニ属スル科目ノ中	2			史学科、文学科及法学科ニ属スル科目ノ中	2		

美学、美学史		教育学		支那哲学	
科目	単位数	科目	単位数	科目	単位数
美学概論	1	教育学概論	1	支那哲学史概説	1
美学演習	2	教育学概説	1	支那倫理学概論	1
美学特殊講義	1	各科教授論	1	支那哲学、支那哲学史特殊講義	3
西洋美術史	2	教育行政	1	支那哲学、支那倫理学講読及演習	3
東洋美術史	2	教育学演習	2	支那語	1
哲学科、史学科、文学科及法学科ニ属スル科目中別ニ定ムルモノ	10	教育学特殊講義	1	哲学科、史学科、文学科及法学科ニ属スル科目中別ニ定ムルモノ	10
		哲学科ニ属スル科目中別ニ定ムルモノ、生理学、精神病学及生物学ノ中	10		
		史学科、文学科及法学科ニ属スル科目ノ中	2		

注：外国語学修については「第四条　学生ハ第五条及第六条ニ定ムル科目ノ外ニ外国語ヲ修ムヘシ」とし、法文学部規程第二章に「外国語学修課程」を別途定めている。
出典：『京城帝国大学一覧』1931年度。

表5　京城帝国大学哲学講座開設科目一例

専攻科目	年度	概論	概説	演習	特殊講義	その他
教育学	1926					
	1931	①松月秀雄：教育学概論	①松月秀雄：教育史概説	①松月秀雄：教育学演習	②田花為雄：教育学特殊講義（人文主義ト実学主義）	②田花為雄：各科教授論 ○神尾弌春：教育行政
	1942	①松月秀雄：教育学概論	①松月秀雄：教育史概説	①松月秀雄：教育学演（青年期の教育） ②田花為雄：教育学演習（比較教育学）	②田花為雄：教育学特殊講義（明治教育史）	②田花為雄：各科教授論
	1943	①松月秀雄：教育学概論	①松月秀雄：教育史概説	①松月秀雄：教育学演習 ②田花為雄：教育学演習（武家家訓）	②田花為雄：教育学特殊講義（日独教育制度の比較研究） ②田花為雄：教育学特殊講義（教育方法史研究）	②田花為雄：各科教授論
倫理学	1926	島本愛之助：倫理学	島本愛之助：倫理学史			
	1931	②白井成允：倫理学概論	②白井成允：倫理学史（近代独逸）	①島本愛之助：倫理学演習（アリストテレス倫理学演習）	①島本愛之助：倫理学特殊講義（現代の倫理哲学思想）	
	1942		①小島軍造：西洋倫理学史概説 ②宮島克一：日本道徳史	①小島軍造：倫理学演習（Kant: Kritik der prakischen Vernunft. 前学年の続き） ②宮島克一：倫理学演習	①小島軍造：倫理学特殊講義（共同体倫理の問題）	
	1943	①小島軍造：倫理学概論	①小島軍造：西洋倫理学史概説 ②宮島克一：日本道徳史	①小島軍造：倫理学演習 ②宮島克一：倫理学演		
心理学	1926	①速水滉：心理学				
	1931	①速水滉：心理学概論		①速水滉：心理学演習 ②黒田亮：心理学演習 ②黒田亮：心理学実験演習（下級）	②黒田亮：心理学特殊講義（変態心理学）	○大塚藤吉：生理学

専攻科目	年度	概論	概説	演習	特殊講義	その他
心理学	1942	②黒田亮：心理学概論		①天野利武：心理学演習（外国雑誌） ①天野利武：心理学実験演習 ②黒田亮：心理学演習（現代心理学演習） ②黒田亮：心理学演習（東洋心理思想研究）	①天野利武：心理学特殊講義（教育心理学）	○服部六郎：精神病学
	1943	①天野利武：心理学概論	①天野利武：心理学史	①天野利武：心理学実験演習 ①天野利武：現代心理学演習 ①天野利武：児童心理学演習	②黒田亮：心理学特殊講義（感情の心理） ○和田陽平：心理学特殊講義（心理学実験法）	
哲学哲学史	1926	安倍能成：哲学概論		安倍能成：哲学演習		
	1931	②宮本和吉：哲学概論	①安倍能成：西洋哲学史概説	①安倍能成：哲学演習 ②宮本和吉：哲学演習（前年度ノ続キ）	①安倍能成：哲学特殊講義（独逸観念論の哲学）	②宮本和吉：論理学認識論（認識論）
	1942	②宮本和吉：哲学概論		①田邊重三：哲学演習（Brentano: Versuch über die Erkenntnis.） ②宮本和吉：哲学演習（Kant: Kritik der reinen Vernunft. 前学年ノ続キ）	①田邊重三：哲学特殊講義（アウグスティヌスの哲学） ②宮本和吉：哲学特殊講義（独逸観念論の哲学・カントよりヘーゲルまで）	①田邊重三：論理学
	1943	②宮本和吉：哲学概論	①田邊重三：中世哲学史 ②宮本和吉：近世哲学史（独逸観念論の哲学）	①田邊重三：哲学演習 ②宮本和吉：哲学演習		①田邊重三：論理学史
支那哲学	1926			藤塚鄰：支那哲学演習		藤塚鄰：儒教倫理 藤塚鄰：論語講義

専攻科目	年度	概論	概説	演習	特殊講義	その他
支那哲学	1931		藤塚鄰：支那哲学史概説	藤塚鄰：支那哲学演習（支那哲学支那倫理学講読及演習）		
	1942	阿部吉雄：支那倫理学概論		阿部吉雄：支那哲学演習		
	1943	阿部吉雄：支那倫理学概論	阿部吉雄：支那哲学史概説	阿部吉雄：支那哲学演習 西順藏：支那哲学演習	西順藏：支那哲学特殊講義（支那上代に於ける天人の思想）	
社会学	1926					
	1931	秋葉隆：社会学概論		秋葉隆：社会学演習（フランス社会学・既ニ概論ヲ聴講シタル者ニ限ル）	秋葉隆：社会学特殊講義（原始社会・前学年ノ続キ）	
	1942	秋葉隆：社会学概論		秋葉隆：社会学演習 Maciver: Society.	秋葉隆：社会学特殊講義（民俗の研究）	
	1943	秋葉隆：社会学概論	秋葉隆：社会学史	秋葉隆：社会学演習	秋葉隆：社会学特殊講義（原始社会） ○鈴木栄太郎：社会学特殊講義（農村社会学） ○鈴木栄太郎：社会学特殊講義（家の研究）	
宗教学宗教史	1926					
	1931	赤松智城：宗教学概論		赤松智城：宗教学宗教史講読及演習	赤松智城：宗教学宗教史特殊講義（現代の宗教哲学） ○手島文倉：宗教学宗教史特殊講義（華厳哲学） ○手島文倉：宗教学宗教史特殊講義（大乗仏教概論）	
	1942	佐藤泰舜：仏教概論		佐藤泰舜：宗教学演習（仏典講読）	佐藤泰舜：宗教学特殊講義（華厳十句章研究）	
	1943	佐藤泰舜：宗教学概論	佐藤泰舜：仏教概説 ○諸戸素純：宗教史概説	佐藤泰舜：宗教学演習 ○諸戸素純：宗教学演習	○諸戸素純：宗教学特殊講義（日本宗教史）	

専攻科目	年度	概論	概説	演習	特殊講義	その他
美学美学史	1926					
	1931	①上野直昭：美学概論	①上野直昭：美術史（西洋美術史） ②田中豊蔵：美術史（東洋美術史）	①上野直昭：美学美学史演習（美学講読）		
	1942	①矢崎美盛：美学概論	②田中豊蔵：東洋美術史 ②田中豊蔵：日本美術史	②田中豊蔵：美学美術史演習（美術史籍講読）	②田中豊蔵：美学美学史特殊講義（日本上代美術史平安期ヲ主トス）	
	1943	①矢崎美盛：美学概論	①矢崎美盛：東洋美術史 ○児島喜久雄：西洋美術史			

注：担任教授名の前の数字①は第一講座を、②は第二講座を示す。○はその他で、助教授で一覧した人以外の人物については以下の注を参照。

○神尾弌春：「朝鮮総督府事務官神尾弌春ニ対シ法文学部講師ヲ嘱託シ…」（『朝鮮総督府官報』1293号、1931.5.1、8面）

○大塚藤吉：京城帝大医学部生理学教室担任教授。生没年は1898～？。在任期間は1928～1945。1924年に京城医学専門学校教員の在外研究員として欧米留学（前掲、鄭根埴他『植民権力과 近代知識：京城帝国大学研究』359頁、韓国歴史情報統合システム）。

○服部六郎：京城帝大医学部神経科学精神科学教室助教授。生没年は1888～？。在任期間は1928～1942（同上、368頁、韓国歴史情報統合システム）。

○児島喜久雄：現在1942年度まで確認できる『京城帝国大学一覧』1942年度に「講師　西洋美術史　東京帝国大学教授文学士　児島喜久雄」が確認される（187頁）。生没年は1887～1950。京城帝大法文学部講師は1939年に任用される（前掲『日本美術年鑑』昭和22～26年版、144頁）。

出典：「学界彙報」（『東亜の光』1926.9、80～81頁）、「彙報」（『文教の朝鮮』1931.5、110～111頁）、『哲学年鑑』第一輯（1942、385～386頁）、同第二輯（1943、429～430頁）。

第一二章　近代歴史学と脱植民地主義
——植民地朝鮮における「正史」編纂の試み

沈　熙　燦

一　はじめに

明治維新の翌年、新政府は東京九段坂上の旧和学講談所に「史料編輯国史校正局」を設置し、天皇の「修史の詔」を通して王政復古に伴う「正史」の編纂を命ずる。以来、正史編纂事業は太政官正院歴史課から内閣制度の成立を経て帝国大学臨時編年史編纂掛へと移管されていく。しかし、修史の方針および内容をめぐる内部葛藤が生じ、一九世紀末に久米邦武筆禍事件が起きると帝国大学の編修機関も廃止される。編年史の正史編纂計画が中止されたのである。その結果、政治的危害から逃れることができると思われた実証主義の傾向が強くなっていき、修史事業も収集した史料そのものを刊行する方式へと変わっていく。

右の内容は、草創期近代日本のアカデミズム史学に関するきわめて一般的な理解である。この正史編纂の過程とその頓挫については、最近の研究によって注目に値する新しい事実が提示されつつあり[1]、また一五年戦争期における文部省教学局編『国史概説』を二回目の正史編纂の試みとして分析した興味深い研究もある[2]。ところが、これらの先行研究は、史学史研究の範囲をもっぱら日本列島にのみ限定する嫌いがある。正史の意味を一国史的な概念として捉えるため、日本における近代歴史学の誕生が中国史・朝鮮史の「排除／包摂」の産物であったこと、帝国日本の正史編纂の企画が台湾や朝鮮といった植民地でも行われていたことなどが看過されている。以下本章では、これらの問題を中心に近代歴史学の植民地主義的な側面をあらわにしたい[3]。具体的には植民地朝鮮での歴史編纂事業をとりあげる。さらに、それに対する被植民者の認識論的抵抗を紹介することで、東アジアにおける近代歴史学と脱植民地主義の課題についても考えてみたい。

二　植民地朝鮮における「正史」編纂の流れ

前節で述べたように、明治政府の古代以来の「六国史」を引き継ぐ正史編纂の努力は結局実らず、いわば一種の史料集編纂へと帰結する。その原因についてはすでに多くの分析がなされており、主に修史事業に務めていた帝国大学国史科の教授たちが「抹殺博士」と呼ばれるほど、大衆的支持をえていなかった点、漢文での叙述に拘泥していた点、そして国学者・神道家たちとの対立などが指摘されてきた。ただし、国学者・神道家たちとの対立が「日鮮同祖論」をめぐる意見の衝突に由来することは、さほど知られていない。手短に説明すると、国史科の教授であった久米邦武と星野恒は、記紀神話に書かれている朝鮮関係記事を国史の一部として扱おうとする日鮮同祖論を唱えたが、国学者や神道家たちは、これを皇室の歴史に異物を混ぜあわせる不敬な発想として厳しく批判したのである。もちろん、久米や星野の目的は、天皇と皇室の尊厳さを一層高めることにあったが、一九世紀末の段階ではこうした主張は認められなかった。神話を歴史のなかにとりいれて合理的に解釈しようとした初期国史学者たちの企図は失敗に終わり、日鮮同祖論は非科学的なものとして退けられる。そして正史の編纂において研究者個人の史論を綱文に代替し、関連史料を並べていくスタイルが確立していく。

そうしたなかで、一九一〇年の韓国併合により朝鮮史研究の必要性が再び高潮すると、朝鮮総督府は一九一五年から『朝鮮半島史』の編纂に着手する。「朝鮮半島史編成ノ要旨及順序」の一部を以下に引用する。

朝鮮半島史ノ主眼トスル所ハ大体左ノ如シ
第一　日鮮人ノ同族タル事実ヲ明スルコト
第二　上古ヨリ李朝ニ至ル群雄ノ興亡起伏ト歴代ノ革命易姓トニ依リ衆民ノ漸次疲憊ニ趣キ貧弱ニ陥リタル実況ヲ叙シテ今代ニ及ホシ聖世ノ恵沢ニ倚リ始メテ人生ノ幸福ヲ全ウスルヲ得タル事実ヲ詳述スルコト
第三　編成ハ悉ク信頼スヘキ事実ヲ基礎トスルコト(4)

ここには「主眼トスル所」の「第一」として日鮮同祖論を明らかにすることが挙げられている。ただし、この一文は、同化政策を推進していた初代総督寺内正毅の持論をそのまま反映した朝鮮総督府官僚たちの常套句として、当の『朝鮮半島史』叙述事業に参加していた歴史学者たちの認識とはかけ離れたものとみるべきであろう。『朝鮮半島史』の編集主任には、三浦周行、黒板勝美、今西龍などが務めていたが、この三人は明治維新後に生まれた世代として、先述した国史科の教授たちとは三〇年ほどの年齢の差があった。とりわけ、以後総督府の朝鮮史編纂事業において重要な役割を果たしていく黒板と今西は、日鮮同祖論にはかねてから否定的な立場をとっていた[5]。かれらにとって植民地支配の歴史的正当性を証明する作業は、神話の不可視なる力ではなく、あくまでも科学的な歴史研究に基づかなければならないものであった。

『朝鮮半島史』編纂事業は未完のまま終了するが[6]、原始時代から現代までを対象とする朝鮮通史の叙述を目指していた点（第一の主眼）、最上位の公的機関である朝鮮総督府が立案および実施を行っていた点、帝国大学出身の研究者たちが執筆に携わっていた点（第三の主眼）[7]などを勘案すれば、これをもってまさに植民地朝鮮における正史編纂の試みであったといっても差し支えないだろう[8]。その目的は、朝鮮が植民地に転落せざるをえなかった理由を合理的に実証することにあった。

残存している『朝鮮半島史』の原稿をみると、綱文と史料の提示という東京帝大史料編纂掛の形式ではなく、執筆者が自らの史論を自由に記述するスタイルが採択されている。当該期は、すでに韓国統監府の取調局、朝鮮総督府の参事官室で行われていた李王家の典籍調査および古文書の収集・整理作業などがある程度完成していた。第三の主眼、つまり「信頼スヘキ事実」という科学的厳密性を確保しておいたので、後は第二の主眼にしたがって叙述するのみと考えたのかもしれない。

しかしながら、植民地支配の正当性をイデオロギー的に粉飾することと、それを歴史的必然として立証することとは、当然異なる作業である。正史編纂のシステムがまだ完備しておらず、新史料が次々と発掘されるもそれを分析する人手が足りない状況において、上記の二つの課題を同時に遂行しようとした『朝鮮半島史』の編纂は、最初から多くの困難を抱えざるをえなかった[9]。当初の予定より事業年限が数次にわたって延期されるなか、一九一九年に三・一運動が勃発すると、植民地朝鮮での正史編纂作業は根本的な変化に直面する。朝鮮民衆の民族自決の主張は、日鮮同祖論の見直しと歴史研究における科学的権威の強化へと、植民地朝鮮における正史編纂の方向性を塗り替える契機となった。『朝鮮半島史』編纂事業から一時身を引いていた黒板勝美が、新しく企画された『朝鮮史』編纂事業を全般的に管轄するようになり、それと同時に東京帝大史料編纂掛の手法が本格的に導入されたのである。

一九二二年一〇月、総督府は『朝鮮半島史』編纂のため中枢院内に設置していた編纂課を廃止し、同年一二月、「朝鮮史編纂委員会規程」を公布する。この新しい委員会は、通史の叙述といった既往の方針の代わりに、史料の収集と刊行を通じた『朝鮮史』の編纂を掲げていた。そのため、史料採訪をほとんど実施しなかった『朝鮮半島史』の場合とは違って、史料編纂掛の方式、とりもなおさず地域の官憲の力を動員し、直接名望家に訪れて所蔵されている史料を筆写、または複本を作った後、郵送などで返す方式が用いられた。こうした史料採訪が国家の正史編纂事業という権威に頼っていたことはいうまでもない[10]。総督府の政務統監が委員長を務め、学務局長などが委員として参加したことも、同委員会の権威を高めるためであったと思われる。

さらに、一九二五年六月「朝鮮史編修会官制」により、中枢院の付属機関から総督直轄の独立官庁に格上げされた「朝鮮史編修会」が、『朝鮮史』編纂に関する事業を引き受けることになる[11]。朝鮮史編修会に務めていた学者たちの回想によると、『朝鮮史』は『大日本史料』『大日本古文書』『大日本維新史料』などを編修のモデルにしていた[12]。黒板もまた「私ハ東京帝国大学デ二十有余年ノ間大日本史料及大日本古文書ノ編纂ニ終始致シマシテ幸イ経験ヲ持ツテ居ル者デアリマス」と述べている[13]。

この植民地朝鮮における最大の歴史編纂プロジェクトは、一九三八年全三五巻の『朝鮮史』の刊行が終わることで一段落する。『朝鮮半島史』から『朝鮮史』への転換につれて、前述した三つの主眼にも変化が現れた。まず『朝鮮史』は統一新羅以前の時代、日本史の時代区分でいうと、いわゆる上代史以前については関係史料を編年にしたがって羅列するだけで、編纂の範囲も一八九四年の甲午改革までを対象としている。これは原始時代から韓国併合までを想定していた『朝鮮半島史』の体裁、すなわち通史の叙述を目指していた第二の主眼に変化が生じたことを意味する。また「日鮮人ノ同族タル事実ヲ明スルコト」という第一の主眼も、少なくとも『朝鮮史』の記述をみる限り、完全に消し去られたといってよい。「学術的ニ最モ公平デナケレバナラヌモノ[14]」を掲げていた『朝鮮史』に、神話や伝説の要素を含んでいる日鮮同祖論が入り込む余地はなかった。

一九一五年に計画され、三八年に一旦完結する植民地朝鮮の正史編纂事業において、最初から最後まで貫かれた原則は、第三の主眼――「編成ハ悉ク信頼スヘキ事実ヲ基礎トスルコト」――のみであった[15]。ただし、こうした科学的実証性の強調とは、いい換えれば、帝国日本の学術的権威を植民地朝鮮で顕彰することでもあった。東京帝大史料編纂掛の方式にしたがって、綱文と典拠資料のみを延々と並べ立てている『朝鮮史』の構成は、ある意味第三者によるいかなる批判や異議申し立ても拒んでいるようにみえる。研究者個人の史論を極力排除し、収集した史料にもとづいて事実――と思われること――だけを淡々と書いていく方式は、中途半端な通史の叙述よりり、支配者と被支配者の〝知〟をめぐる権力関係をより明確に際立たせる効力を有していた。

要するに、日本の神話から朝鮮を分離し、実証的な史料集の刊行に力を注いでいた帝国日本の正史編纂システムが、朝鮮史編修会を通して植民地朝鮮にも植えつけられたのである。膨大な『朝鮮史』が一種の史料集、ないしは索引集の形をとっているのもそのためである。一方、研究者の個人的史論を発表する場――すなわち「学会」――として、既存の『朝鮮半島史』の成果を吸収した「朝鮮史学会」が一九二三年に設立される。研究者の訓練と養成は、一九二四年に創設された「京城帝国大学」が担当した。その規模はさておき、とりあえず植民地朝鮮にも史料の収集と編纂を独占する公的正史編纂機関（朝鮮史編修会）、個人の研究成果について議論する学会（朝鮮史学会）、研究者の指導と教育を担う大学（京城帝大）という、帝国日本と同様な近代歴史学の制度化が進められたのだ[16]。

三　矛盾と軋み

とはいえ、帝国本国における正史編纂と、植民地におけるそれとは、その内実と意味を異にせざるをえなかった。たとえば、植民地では歴史研究の基本になる史料の収集すら容易ではなかった。

或人ガ私ニ問フテイフニハ歴史編纂ノ趣旨如何又曰ハク内地人ガ主脳トナツテ居ルカラ編纂ガ一方ニ偏シハセヌカト云フタコトガアリマスカラ歴史編纂ノ趣旨ヲ一般ニ知悉セシムルコトガ必要ト思ヒマス……民間ニ所蔵ノ記録及旧記ニシテ日本ニ関係アルモノハ焼棄シ又ハ祖先ノ著述遺稿或ハ国史ニ関係セル記録等ハ絶対ニ秘蔵シテ若シ官憲ニ貸与センカ押収ニデモ遣フカノ如ク考ヘル者ガアリマスカラ編史ノ趣旨ニハ政策ヲ含マズ真正ノ学術的編纂ニシテ公平無私ナルコトヲ一般人民ニ知ラシメルコトガ有益ト思ヒマス(17)

この引用文は、朝鮮史編修会に参加していた朝鮮の儒学者洪憙の委員会での発言である。日本とは違って、植民地朝鮮においては国家の正史編纂への参加が、むしろ家柄の名誉を毀損することと認識されていた点、また「内地人ガ主脳トナツテ居ル」ことに対する不安が広がっていた点などが読みとれる。そのため「編史ノ趣旨ニハ政策ヲ含マズ真正ノ学術的編纂ニシテ公平無私ナルコト」の宣伝が模索されているが、そもそも朝鮮史編修会が総督府の直轄機関であったことを考えると、到底なし遂げえない提案であった。

それから「言語」の問題を指摘しなければならない。朝鮮総督府は、正史編纂の目的の一つとして朝鮮人を「教化シテ人文ノ域ニ進メ」[18]ることを打ちだしていたにもかかわらず、『朝鮮半島史』と『朝鮮史』はすべて日本語で書かれていた。朝鮮史編修会の朝鮮人委員たちは、日本語が読めない一般の朝鮮人読者のため、諺文か漢文をつけることを提案したが、予算などを理由に却下される。これは植民地朝鮮における正史編纂事業が朝鮮人を読者として考慮していなかった点、さらにその究極の目標は帝国日本の学術的権威の誇示にあった点を物語っている。帝国本国とは違って、植民地朝鮮では〝読者〟のいない正史が紡ぎだされていたともいえよう。

ほかにも、もはや帝国の一部をなしている日本と朝鮮の過去の関係をどのように描くのかの問題もあった。既述したように、神話や伝説の要素を含む日鮮同祖論は非科学的な議論として正史編纂の埒外におかれたが、日朝関係が上代史・古代史にだけ限られるものでないことは多言を要しない。文禄・慶長の役のさい、朝鮮に「帰化」したといわれる日本の武将沙也可（朝鮮で慕夏堂金忠善の号と名をもらった）をどのように解釈すべきかをめぐって若干の論争があった。最初沙也可は「腰抜け武士」「売国奴」か、あるいは「朝鮮謳歌の為め作製したるもの」としてその存在自体が否定されていた[19]。韓国併合以後には、朝鮮の嶺南地方にある鹿村で共同体を作っていた子孫たちも屈辱をなめていた。

友人菊池長風君曾て嶺南に入るの時鹿村の住民君の文名を聞き代表者を以て君に会談を請ひ、君の筆に依りて慕夏堂を日本に紹介し併せて数百年来可憐なる鹿村民の在ることを寺内総督に伝達せられんことを懇請したる由なるが君は慰諭して戯れて曰く「君等の祖先は日本に反逆せし国賊也其国賊の子孫今嶺南に蕃殖せることを総督に報告したりとて君等に於て何の利益もなからん」と……[20]

しかし、植民地朝鮮における実証的歴史研究が軌道に乗ると、沙也可は朝鮮史編修会の修史官中村栄孝によって歴史的実存人物として認められ[21]、『朝鮮史』にもその記事が載せられることになる。そして、中村は一九三三年に発表した沙也可論文を一九四三年に『大邱府史』に転載するが、ここには「内鮮一体」が叫ばれるなか、沙也可をその歴史的一例として紹介する意図があったと考えられる。だとすれば沙也可は、「作製」されたものから——科学的・合理的な正史編纂を経て——内鮮一体の事例として表象されたともいえる。この沙也可をめぐる歴史表象の変化から、正史がもつ認識論的暴力性が植民地で発現する様子を垣間見ることができよう。

四　近代歴史学の鬼子

正史編纂に孕まれているこうした困難の基部には、近代の学知としての〝日本史〟と〝朝鮮史〟の間における構造的問題が横たわっていた。『朝鮮半島史』から『朝鮮史』への移行により——実証主義の名の下、天皇や皇室の無垢さに触れないよう——統一新羅以前の神話や説話などが絡まる時代は曖昧なまま残されることになったが、これは久米邦武筆禍事件以来、日本のアカデミズム史学がとってきた立場と一脈通ずるものであった。植民地朝鮮の正史編纂事業においても、日本史の起源における朝鮮問題、その隠蔽されたアポリアは潜伏しつづけていたのだ[22]。

他方、朝鮮の知識人たちもさまざまな形で朝鮮史を構想していた。近代的歴史学の嚆矢とされる朴殷植や申采浩は、朝鮮半島の北部に注目していた。かれらは高句麗や白頭山、もしくは檀君神話などを朝鮮史の中核に位置づけていたが、これは加羅、百済、新羅など、朝鮮の南部地域と日本列島との古代からの親密な関係を唱えていた日本の朝鮮史研究に対するアンチテーゼにもなっていた[23]。また三・一運動後に設立された大韓民国臨時政府は、

『韓日関係史料集』の編纂（主任は李光洙）を通して韓国併合の不当さを示そうとした。

そのなかでも朝鮮史と日本史の内的緊張関係を極端まで推し進めようとしたのが、崔南善である。一八九〇年生まれの崔南善は、韓国併合以後、文芸活動や出版事業に専念しながら三・一独立宣言書の草案を作成するぐらい、独立運動に深く関わっていた。とくにナショナルな固有性に学術的な枠組みを与えようとした「朝鮮学」運動の展開に大きな影響を及ぼしたことを特記しておきたい。

> 歴史を暴かなければならない。明らかにしなければならない。知らねばならない。一太極が含蔵している無限大を、半万年事実を通して洞観・朗照すべきだ。この一つだけは、他人の爪にも触れられず、もっぱら俺の精神、俺の能力、俺の準備、俺の積功をもって、時間上の光復をなし遂げるべきだ。そうだ。われらの当面の大急務は空間上の光復に劣らない意味においての時間上の光復だ。否、空間的光復よりも先立って時間上の光復をなし遂げなければならない。……精神から独立する。思想によって独立する。学術に独立することに自己を保持する精神、自己を発揮する思想、自己を究明する学術の上に、絶対なる自主、完全なる独立を実現する。朝鮮人の手で「朝鮮学」を建てるのだ。朝鮮の血が中に回り、朝鮮の息が外に漂う、活溌溌なる大朝鮮経典を、われらの場で、われらの力で創るのだ。恥を知るべきだ。発奮すべきだ。俺のことを俺が知っておくべきだ。俺の生命の泉を俺の手で搗くべきだ。俺の栄光の太鼓を俺の手で叩くべきだ。[24]

「朝鮮学」とは「朝鮮の血が中に回り、朝鮮の息が外に漂う」ものとして「自己を保持する精神、自己を発揮する思想、自己を究明する学術の上に、絶対なる自主、完全なる独立を実現する」のがその目的と想定されているが、これが同時に「空間上光復」（空間的独立）ではなく「時間上光復」（時間的独立）の概念と結びついていることとに注目しなければならない。三・一運動という物理的抵抗が惨たらしい暴力によって制圧されるなか、崔南善は朝鮮の起源を日本より長く設定することで帝国と植民地の優劣関係の転覆を試みる。「時間上光復」とはその文学的表現にほかならなかった。併合前からすでに「日本といえば、古来我が文化を伝授」し、「原始時代、この国を建成したのも我が民族の一支のようであり、一国を形成してからも衣服・文字と百工技芸を我が国から諭去することで、ようやく文物をえた」といい、その内実を逆さまにした日鮮同祖論を主張していたことからもわかるように[25]、崔南善の提唱する「時間上光復」は、日本史の朝鮮史への包摂を狙うものでもあった。

一九二五年から執筆されはじめた「不咸文化論」は、その壮大な構想の集積体である。朝鮮と日本をはじめ、中央アジアやバルカン半島を含むユーラシア全体を「不咸文化」の圏域として捉える崔南善は、その文化圏の中心部に朝鮮を、そして周辺部に日本を位置づける。したがって日本の記紀神話も、天皇や皇室の尊厳を著しているテキストではなく、もっぱら——「park」「taigar」といった概念を含意する——不咸文化の一変容として書き換えられる。

> かく見来れば、日本歴史の出発点たる高天原に対する解釈も、金剛山泰山等と同じレベルに立たして、その考察の範疇を換へる必要あるを見るべく、随つて古き説の取舎も、新しき見解の創立にも taigar なる論点を無視されないであらう。日の枕詞に高光といふも、宝座を高御座といふも、天之高市天上高日国といふ意も、この見地からすれば、一層の明るさを以つて理解されるであらう[26]。

「日本歴史の出発点たる高天原」という文章は、決して軽く読み飛ばしてもよい箇所ではない。これは日本近代歴史学の草創期に現れた企画、すなわち日鮮同祖論をもって神話の力を歴史の内部に刻み込むことを、被植民者の立場から転用しているほぼ唯一の事例であるからだ。ここで「日本歴史の出発点たる高天原」は、日本神話独自の高貴な場所ではなく、「金剛山泰山等と同じレベル」に属するものとして、「taigar」観念のそれぞれの分有にすぎないものに変わっていく。

一九二八年朝鮮史編修会に嘱託として参加することで、いわゆる「親日派」の道を歩んでいく崔南善であるが、一方、同会のなか、帝大出身の日本人歴史学者たちとめげずに論争を交わした朝鮮人は、かれ一人しかいなかった。論争の焦点は、合理的正史編纂と神話の跡形をいかに調和させるのかにあった。崔南善は、日本人歴史学者たちの反発にもかかわらず、不咸文化の中核となる壇君神話を正史に編み込むことを強く主張した。その目論見の根底には、以下のような思惑があった。

park と共に taigar も、矢張り日本に於いて神格の称として用ゐられた様であつた。先づ造化三神の随一にして、高天原に於ける八百万神の指揮者の役を勤めたまふ高御産巣日神（別称高天彦神）から、伊弉諾神の別称たる多賀大神、大己貴神の妃たりし高津姫命、並にその御子たる高照光媛大神……尚ほ一方天照大神の御同胞なる建迷須佐之男命（素盞嗚尊）を始めとして、その御子にして韓国との御因縁を説かれる五十猛命……朝鮮の民間信仰に於ける、最高の大神を為す Taigam が、これ等と同根たるも異論なき所であらう。(27)

「朝鮮の民間信仰に於ける、最高の大神を為す「Taigam が」日本の神話を飾っている数多くの神々と「同根」であるという言述は、帝国と植民地のヒエラルキーに深刻な亀裂をもたらすとともに、神話と歴史の境界を隠すことで自己を定立してきた日本近代歴史学の矛盾を射抜く脱植民地主義的な実践であった。その意味で、崔南善の朝鮮学は、日本の近代歴史学が植民地で産み落とした鬼子でもあった。

五　おわりに

以上、簡略ではあるが、植民地朝鮮における正史編纂の流れとその特徴、そして被植民者の認識論的抵抗について述べた。明治維新以来、〝日本史〟を作りあげるとき、〝朝鮮史〟の問題が浮かびあがってきた。歴史と神話を分離するアカデミズム史学の制度化は、この朝鮮史を日本史の領域から排除することで行われた。しかし、韓国併合により朝鮮が帝国日本の版図に入ると、再び両者の関係が問われるようになる。

そのため植民地朝鮮での正史編纂が企画され、朝鮮が日本の植民地となったことは歴史的必然として描写された。アカデミズム史学の訓練を受けていた歴史学者たちは、これを——神話の力を借りず——あくまでも科学的に証明しようと務めた。その後、三・一運動などの影響により、正史編纂の方針は大きく変化するが、科学的実証研究という前提だけはさらに強化される。帝国日本の正史編纂システムがほとんどそのまま導入され、『大日本史料』『大日本古文書』『大日本維新史料』などに倣った『朝鮮史』の編纂が進められたのである。この事実は、『大日本正史編纂の問題を一国史の視点から捉えてきた既存の研究に対する重大な問題提起となるだけでなく、近代歴史学そのものに潜んでいる植民地主義をも浮き彫りにしてくれる。

ただ、植民地における正史編纂事業は、いくつかの難題を抱え込んでいた。その根本的な原因は、日本史と朝鮮史の関係を明確に定義することができなかった日本近代歴史学のアポリア自体にあった。崔南善は、このアポリアを被植民者の武器として捉え返し、帝国日本と植民地朝鮮の立場の転覆を企図したのである。日本の近代歴史学が踏みとどまった地点、とりもなおさず神話と歴史の関係そのものをさらに追及していったかれは、朝鮮を中心とする不咸文化の周辺部に日本を位置づけることで、いわば〝植民地版日鮮同祖論〟を提示し、正史編纂事業の抜本的な変革を求める。

しかしながら、こうした崔南善の広域文化論は、帝国日本の近代歴史学とその植民地主義から生まれた発想であって、とりわけ一九三〇年代半ば以降には、ファシズム的歴史認識と軌を一にしていくことになる。日中戦争期に崔南善は、『満蒙文化論』などの著述を通じて帝国日本の戦争論理を支えるイデオローグとなるが、これもまた、当時二回目の正史編纂の試みとして文部省教学局が編纂した『国史概説』の姉妹編『大東亜史概説』と対をなすものであったといえる。(28) 帝国日本の近代歴史学が植民地朝鮮で産みだしたこの鬼子は、今も東アジアにおける脱植民地主義の課題としてわれわれに与えられているが、その克服が近代歴史学に対する熾烈な自己反省を必要とすることは、以上の検討を通して明らかになっただろう。

注

（1）松沢裕作編『近代日本のヒストリオグラフィー』（山川出版社、二〇一五年）、マーガレット・メール『歴史と国家――19世紀日本のナショナル・アイデンティティと学問』（千葉功・松沢裕作ほか訳、東京大学出版会、二〇一七年）。

（2）長谷川亮一『「皇国史観」という問題――十五年戦争期における文部省の修史事業と思想統制政策』白澤社、二〇〇八年。

（3）日本における近代歴史学のはじまりと朝鮮史の問題については、拙稿「明治期における近代歴史学の成立と「日鮮同祖論」――歴史家の左手を問う」（『立命館史学』三五号、二〇一四年）を参照。

（4）朝鮮総督府編『朝鮮半島史編成ノ要旨及順序』復刻版、龍溪書舎、二〇一一年、四～五頁。

（5）黒板は、一九一〇年韓国併合記念号として刊行された『歴史地理』臨時増刊朝鮮号に掲載した「偶語」において「太古草昧な時代に、朝鮮の或る部分と日本の或る部分が一国を成して居つたといふのは、殆んど余輩の首肯し難いところである」と述べている（一五六頁）。同誌に「檀君の説話に就て」を載せている今西もまた、一九一九年八月の京都帝大夏期講演会で「世上の日韓同域論者の如きは余の採らざる所なり」と断じている（「朝鮮史概説」『朝鮮史の栞』近澤書店、一九三五年、六六頁）。

（6）より具体的な『朝鮮半島史』の考察として、張信「朝鮮総督府의 朝鮮半島史編纂事業研究」（『東北亜歴史論叢』二三号、二〇〇九年）、桂島宣弘「植民地朝鮮における歴史書編纂と近代歴史学――『朝鮮半島史』を中心に」（『季刊日本思想史』七六号、ぺりかん社、二〇一〇年）を参照。

（7）ちなみに『朝鮮半島史』の編集主任は、幾度の変動を経て小田幹治郎（東京帝大）・三浦（東京帝大）・黒板（東京帝大）・今西（東京帝大）の四人から、今西・荻山秀雄（京都帝大）・杉本正介（京都帝大）・瀬野馬熊（早稲田大学）・小田省吾（東京帝大）に変わるが、早稲田出身の瀬野を除けば、全員帝大を卒業している。

（8）ここでいう「正史」とは、もちろん朝鮮総督府が編纂した朝鮮史に正統性があるということを意味するのではない。そうではなく、むしろ近代における正史編纂のイデオロギー性を指摘するためにこの言葉を用いていることをつけ加えておきたい。

（9）この点に関しては、鄭駿永「小田省吾と朝鮮史学会、あるいは植民史学の蹉跌と制度化」（朴海仙訳、『季刊日本思想史』八四号、近刊予定）を参照。

（10）帝国日本と植民地朝鮮における史料採訪の様子については、それぞれ佐藤雄基「明治期の史料採訪と古文書学の成立」（前掲松沢編『近代日本のヒストリオグラフィー』所収）、長志珠絵「『朝鮮史』史料採訪『復命書』を〈読む〉――『朝鮮史』編纂と帝国の空間」（前掲『季刊日本思想史』七六号）を参照。

（11）朝鮮史編修会の沿革と人的構成、その特徴などに関しては、金性玟「朝鮮史編修会の組織と運用」（金津日出美訳、前掲『季刊日本思想史』七六号）、鄭尚雨「朝鮮総督府의『朝鮮史』編纂事業」（韓国・ソウル大学校博士学位論文、二〇一一年）を参照。

（12）中村栄孝「朝鮮史の編修と朝鮮史料の蒐集――朝鮮総督府朝鮮史編修会の事業」（同『日鮮関係史の研究　下』吉

川弘文館、一九六九年)、末松保和ほか「朝鮮史編修会の事業」(旗田巍編『シンポジウム　日本と朝鮮』所収、勁草書房、一九六九年)。
(13)朝鮮史編修会編『朝鮮史編修会事務報告書』一九二五年。
(14)同前。
(15)前掲張信「朝鮮総督府의 朝鮮半島史編纂事業研究」三七九〜三八一頁。
(16)より詳しい分析としては、前掲鄭駿永「小田省吾と朝鮮史学会、あるいは植民史学の蹉跌と制度化」を参照。
(17)前掲朝鮮史編修会編『朝鮮史編修会事務報告書』。
(18)前掲朝鮮総督府編『朝鮮半島史編成ノ要旨及順序』復刻版、三頁。
(19)幣原坦「沙也可」(『歴史地理』第一〇巻第一号、一九〇四年、四〇頁)、河合弘民「偽書慕夏堂文集」(朝鮮研究会編『慕夏堂集』一九一五年、六〇頁)、山道襄一「慕夏堂金忠善」(同、三八頁)。
(20)内藤湖南「序に代へて諸家に致せし書簡を録す」(同右『慕夏堂集』三頁)。
(21)中村「慕夏堂金忠善に関する史料に就いて」『青丘学叢』第一二号、一九三三年。
(22)日鮮同祖論をめぐる国学者と儒学者の対立は、少なくとも一八世紀における「日の神」論争まで遡って考える必要がある(子安宣邦「〈朝鮮問題〉と一国的始源の語り」『江戸の思想』第四号、一九九六年、姜錫元『上田秋成の研究』J&C、二〇〇二年)。帝国大学の正史編纂をめぐる葛藤や久米邦武筆禍事件は、その明治期における再現ともいえる。
(23)『朝鮮半島史』は、一九一五年上海で刊行された朴殷植の『韓国痛史』を直接的な批判の対象とみなしていた(前掲朝鮮総督府編『朝鮮半島史編成ノ要旨及順序』復刻版、三頁)。
(24)崔南善「朝鮮歴史通俗講話」『東明』一九二二年(引用は『六堂崔南善全集』第二巻、玄岩社、一九七四年、四一一、四一六頁)。
(25)崔南善はこうした観点をおそらく早稲田大学での留学を通して習得したと推察される。かれは一九〇四年と六年にそれぞれ東京府立第一中学校や早稲田大学高等師範部歴史地理科に留学した。とりわけ早稲田大学歴史地理科に

在籍していた時期には、日鮮同祖論を主張していた帝大の元教授（久米邦武）、その理論的土台となった紀年論争の当事者（那珂通世）、そして日鮮同祖論を在野で繰り広げていた人物（吉田東伍）が講師陣に含まれていた。崔南善は、日本に対する朝鮮の優位を唱える認識の根拠を、かれらの議論を被植民者の立場から捉えなおすことで手に入れたと思われる。この点については、拙稿「日本 비틀기：崔南善과 日本의 歴史学」（『사이』二四号、二〇一八年）を参照されたい。

(26) 崔南善「不咸文化論」一九二五年（引用は『六堂崔南善全集』第五巻、亦楽、二〇〇三年、二八九頁）。

(27) 同前、二九一〜二九二頁。

(28) 前掲長谷川『「皇国史観」という問題』。

第一二章　史料蒐集と〈植民地〉
——『朝鮮史』史料採訪「復命書」を中心に

長 志 珠 絵

一　はじめに——近代歴史学と史料蒐集

言語論的転回を経た歴史学研究において、「史料」をめぐる「公文書」至上主義はすでに過去のものだろうか。巷間目にするオーラルヒストリーと歴史実証主義的な手法を対立的にとらえる見方は今日ではさすがに「ためにする議論」といわざるをえないものの、書かれた記録、残された記録の持つポリティクスへの問い直しは、歴史学研究の特に方法論をめぐる認識に関わる作業だろう。その際、「実証主義」的手法を踏襲する者にとって、史料をめぐるポリティクスとはどのような領域なのだろうか。この点で、二〇一〇年代以降での史学史的な関心は「地域史」研究の系譜学的な検証をより精密に検証した研究動向を持つ一方[1]、やや広げて考えるならば、例えば山室信一編『空間形成と戦後認識』（岩波講座、二〇〇六）に代表されるような歴史空間の問い直しの提起など、従来の「一国史」的史観の批判という点で通底する。

他方、ポストコロニアリズムの観点からは、近代日本の「学知」が「帝国化」の過程で形成されたことのさらなる意識化といった課題が言われて久しい[2]。戦前の植民地企業エリート養成学校でもある「高商」機関所蔵の膨大な植民地関係史料の整理をふまえてかつて阿部安成は、一九一〇年以後の公文書としての朝鮮総督府文書を扱う際、「それは『日本史』としてなのか『朝鮮史』なのか。『満洲』について書かれた資料を用いた研究は、『日本史』として発表するのか『中国史』として扱われるのか[3]」と問うた。戦前日本の「帝国の学知」としての近代歴史学は、本土の歴史の足し算に終わるものではない。

特に本稿が対象とする『朝鮮史』編纂事業は、沈熙燦が明快な構図を描きつつ早い段階で明らかにしたように[4]、帝国日本の国史編纂と相互にからみあい、にもかかわらず、帝国日本を主語とし、植民地としての他者を析出する認識構造を通じて形成される。

本稿はこうした研究成果と問題意識を受けつつ、日本「内地」と植民地を横断的にとらえる作業として史料をめぐるポリティクスを考える。作業としては主に、朝鮮史編纂委員会が作成した史料採訪に関する公文書史料――「復命書」をテキストとして読むことで、歴史学のテクノロジーとしての「史料」蒐集の実践の持つ知の位相を考える。「復命書」とは上位機関に対する報告書の文書形式であり、本稿の場合、その多くは、史料蒐集の出張報告である。近代学術知＝近代歴史学という技術を伴った「国史」は帝国の知の移植であることと切り離せない。なぜ私たちはいまこの史料を読むことができるのか。史料蒐集という作業の持つポリティクスを検討する関心のあり方は、「どのように読むか」をめぐる思想史的考察が読書空間やテキストの同時代性に向けられてきた研究動向と相補完的な関係を結ぶだろう。

ところで戦前の「史料」をめぐる制度的人的環境は、行政文書も含めそれらの「公開」は想定されない一方、日本の近代歴史学は草創期以来、官的事業としての史料編纂事業の機構を備え、特権的な「知」のサークルを形成した。精力的な「史料採訪」は常に事業の中核的な位置にあった[5]。では公開されない史料を編纂していく前提としての「史料」の蒐集事業とは、どのように可能なのだろうか。たとえば史料編纂所の第二世代でもある三上参次は回顧録で、明治末期に多くの旧大名家や公家を史料蒐集の対象としていたこと、また史料収集を「成果」や「成功」と呼びつつ、その要因について、蒐集される側の経済的な困窮と官的事業としての権威について「貸主の方ではお上に取り上げられたと思っておった人が多かった。また政府の方ではそのままにしておった」（九四頁）と指摘し、あるいは「史料蒐集の出張なんかについて、行先の地方官憲が好意を持ってくれる、くれんということで非常な相違がある」（一九二頁）と史料収集が地域の行政機構の協力によって成立するとみる[6]。史料蒐集をめぐる、蒐集する側とされる側との非対称的な関係性は検討に価するイシューだろう。

一方、戦後の「日本史学史」叙述は政治至上主義的な歴史叙述に抗するものとして、東京帝国大学及び同史料編纂所を軸とした近代学知としての実証主義的歴史学を括弧に括る傾向を長らく持った[7]。他方、朝鮮総督府事業としての「朝鮮史」編纂は、帝国本国としての「国史」の成立・展開と人的制度的な連関、連続性と学問的共通性をめぐる密接な関係が明らかである[8]。近代国民国家の学知が帝国として植民地との関係をどのようにつむぎ、戦後の学知の中で看過されてきたのか。旧植民地社会では、「文化」略奪として記憶されてきた王陵の発掘は、すでに批判的な学知研究として考古学史研究が先行する。幕末維新期から陵墓及び陵墓参考地として比定されることで、その発掘が許されなかった本土の古代王陵調査と技術習得は、植民地下で可能となることで、近代日本の考古学の成立にとどまらず、戦後的展開の知的人的基盤を形成した[9]。戦後の帝国の忘却も含め、同様の構造を持つ学問史の個々の検討は、近代日本の史学史の内側で問いが発せられる。たとえば大韓民国国史編纂所と東京大学史料編纂所との間で植民地期朝鮮の日本語公文書の史料整理を進めてきた箱石大は、戦前歴史学の中心的機関であった東京帝国大学史料編纂所の方法論的な核としての「近代日本史料学」に注目し、「史料の所在確認、蒐集（基本的には借用）、複本作成、分類・整理、稿本作成」にいたる一連の編纂事業が朝鮮史編纂に導入されたとする[10]。

本稿は特に「史料採訪事業」の報告書「復命書」群に注目する。史料の「発見」と「蒐集」の現場性をたどることで、帝国の学知の持つポリティクスの磁場とこれに抗する動きを明らかにしたい。

二 「朝鮮史」編纂と史料採訪

『朝鮮史』編纂事業は主に朝鮮の前「近代」史を対象とした。『朝鮮史編纂事業概要』（以後、『概要』と記す。朝鮮総督府朝鮮史編修会編、一九三八年）から適宜要約すると、事業主体としては朝鮮史編纂委員会として一九二二年一二月、内務官僚から朝鮮総督府政務総監に就いた有吉忠一を委員長、李完用・朴泳孝・権重顕を顧問として設置（一九二五年「朝鮮史編修委員会」として官制）された。当初の委員としては、劉猛・魚允迪・李能和・鄭萬朝らの他、日本側は今西龍・稲葉岩吉・松井等・栢原昌三らが「内鮮の歴史専門家」として名前があがる。編纂方針は編年史による「史料実証」により刊行は『大日本史料』『大日本維新史料』の体裁にならうとする。一方で必要に応じて風俗、宗教等、トピックを扱う「分類史」編纂も可能とした。論争をよんだ歴史区分は「三国以前」[11]「三国時代」「新羅時代」「高麗時代」に加えて、「朝鮮時代」を前・中・後の三区分とし、朝鮮後期は「甲午改革」までとある。構成からは朝鮮時代が重要な位置を占めていたことがわかる。結局刊行事業は一九三二年から一九三八年に及び、編纂事業の過程では日本の古文書学を確立した帝国大学教授・黒板勝美や三浦周行らアカデミズム「国史」の権威をはじめ、帝国本国の著名な研究者が委員に名を連ねた。他方、戦後に活躍するとはいえ、東京帝大国史出身で史料編纂所に関わる多くの若い、朝鮮史を専門としない、「国史」研究者が多く関わった。

ところで学問的には、先行する『半島史』編纂に対して強調されたのは史料収集の卓越性だった。斎藤実朝鮮総督府長官は会設置の挨拶で「全土に散在する幾多の資料を集大成して学術的見地の上に、極めて公平なる編纂を遂げたもの」「資料はだんだん湮滅に帰し、一旦後るればそれだけ貴重なものが散逸」とする。[12]「朝鮮全土の史料を集大成」「資料」の「湮滅」という認識は、有吉も同様のポジション・トークと考えられるが、黒板がしばしば同じ語彙を用い、このため甲午改革後の史料蒐集や中国への調査も考える、としていた他、「材料も甚だ多い」と「朝鮮時代」に注目し、手厚い人員配置を示唆していた点は重要だろう。[13]編修委員会の提案としても「史料蒐集の範囲」としては「必要に応じ現代に及ぶ」とある。ちなみに黒板は朝鮮史編纂事業についてアカデミックな説明を加える一方、編纂の文体が「日本文」であることの根拠としては、「今度の歴史は朝鮮総督府が編纂するのでありますから日本文で書くことが穏当」と述べるなど、朝鮮史編纂の主体と主語を明確に意識した発言を『概要』の会議録に残している。

特に編纂委員会段階から注目される点は、史料調査の主な対象が「民間」とされた点である。第二回の朝鮮史編纂委員会の議題は早速「朝鮮内地方民間ニ所蔵スル史料蒐集ノ件」であり、「史料ノ蒐集ヲ容易ナラシムル方法如何」「民間所蔵ノ史料借入ニ付テ適当ナル方法如何」が項目にあがる。[14]この点は、のちの朝鮮史編修委員会として官制化する際の理由として、事業に対する朝鮮の人々の「誤解」と「軽視」が指摘され、「各方面に於ける史料の蒐集等に困難」が挙がることからも、[15]史料蒐集とは、植民地支配下での地域社会と直接の関係をとり結ぶ営為であったといえる。加えて史料蒐集の経緯と成果は編修委員会の段階では度々、委員内部に全体化された。『概要』によれば一九二四年四月、八月の委員会開催時にそれぞれ採訪史料の「展観」会を持った。編纂委員会による図書『採訪史料展観目録』(一九二五年五月)はこうした展観史料だろう。その内容を見ると展示は文書にとどまらず、墓誌や科挙の紅牌など金石文も加わった。多くは朝鮮王朝時代の公文書や文官の記録であり、著名な金誠一の『海槎録』やその日記のほか、慶尚北道や忠清北道など地方の面・里の史料は壬申倭乱に関連する記録も多い。同書はこれらの史料的価値についても個々に解説が加えられており、例えば22番「耆老所宴會圖」(忠清北道槐山郡沼壽面夢村里　柳海崙氏蔵)については、李朝の士大夫層の結社組織である耆老社の説明とともに、「光海君時代ノ遺蹟ハ特ニ珍貴トスベシ」としている(二二頁)。同家からは貴重な史料が多く蒐集—借り出しされていたようで、同じく24番「靖社功臣晋川君柳頎教書」については、「仁祖即位の際の一史料」と位置付けている。他の参考文献との比較や参照等、史料間のつきあわせによって、「(儒学の系譜として)最モ信スヘキ記録ナラン」や「……ヲ参考スルニ信用アル記録ナリ」等の評価が下されるなど、「考証」が多く記載される他、史料の出所として「本府学務課分室蔵」や「李王職蔵」などの機関が一定数の史料を蔵していたこともわかる。[16]

一九二二年、朝鮮史編纂委員会発足段階での内部文書、『委員会議事録』(一九二二～二四年)は五回に及ぶ委員会記録であるが、冒頭の「朝鮮史編纂計画」の「一　計画の大綱」では、以下のようにその方針が述べられている。

> 朝鮮ノ歴史ニ精通セル内鮮ノ学者ヲ挙ゲテ委員ト為シ一切ノ史料ヲ蒐集シ之ニ依リテ完全ナル朝鮮史ヲ編纂シ同時ニ其ノ材料ヲ整理シ朝鮮史料トシテ研究ノ便ニ供セントス。此ノ事業ハ史料ノ蒐集、史料ノ整理、草稿ノ記述、草稿ノ審査、稿本ノ印刷ニ区分シ五箇年ヲ以テ完結ヲ告グル見込ナリ。[17]

「完全ナル朝鮮史」叙述は、史料の蒐集・整理にはじまって、草稿とその推敲、審査・稿本印刷へと秩序づけられた組織的な作業の集約として構想されている。「一切ノ史料ヲ蒐集」は前提だった。こうした方針は官制化以降も継続され、『朝鮮編修会事業概要』「史料採訪内規」には、一九三八年刊行事業を終える段階での史料蒐集について、「地方史料借入」とその手順を以下とする。

地方史料の借り入れについてはまず郡庁を尋ね、館内に於ける史料存在の有無を調べ、郡庁員を同伴して史料の所蔵者に面談をし、資料閲覧の上目録を作成し、貴重史料についてはまず借り入れを交渉し承諾を得て、郡庁員と連名の仮借覧証を作成して資料を借り入れ、帰任の上、借覧期間を三ヶ月と定め、本会より正式の借覧を作成し、関係郡庁を経由して所蔵者へ公布する事をもって借覧の確実を期し、借り入れ史料は期間内に調査を為し謄写及び写真撮影の上、感謝状を添えて郡庁を経由して所蔵者に返還する。なお、借覧期間内に調査が終わらない場合、改めて郡を経由して所蔵者に延期の承諾を得る事とする。いままで、史料借り入れに関し、種々の問題を起こし、その為提供者に不安を与え、調査に不便を感じた例を聞いたため、万全の用意をした。このような借り入れ方法を取ったため、本会創立以来今日に至る一六年間の永きに渡り、一冊も史料を紛失する事は無く、各地所蔵者が喜んで本事業に協力してくれたのは、本当に本会の誇りとする所で、この事業の将来に対して好影響を与えるものと言える。(18)

郡庁の協力を前提とした「地方史料の借り入れ」としての史料蒐集は、「面談」「目録」作成、「承諾」、借覧期間の限定、「感謝状を添え」る等の手順が詳述され、種々の問題や提供者に不安を与えた例はない、「各地所蔵者が喜んで本事業に協力してくれた」とするなど、編修事業と朝鮮社会との軋轢が不在であることが強調される。また「全鮮全道は至らないところは無く」と調査の広域化が示され、一九三八年までの図書四九五〇冊、写真四五一〇点、文巻・画像・扁額など四五三点、予算九七万五五三四円（一六年間）といった膨大な数字もあがる。(19) しかし、帝国本国での官（旧帝国大学）による民間（地方）への史料収集をめぐって、所蔵者側の不安やネガティブな記憶、長期の貸出しの結果、行方不明となった資史料に関わるエピソードには事欠かない。[20]ましてや植民地事業の場合、史料及び所蔵者との接触は郡庁を介し、「郡丁員」を伴って行われた。史料「収集」をめぐる植民地下社会の「理解と協力」には疑義が残るだろうし、そもそも期限付きの貸借が遵守された事例はあるのか、検証を要するだろう。[21]しかし、ここでは構造的な権力関係を指摘するのではなく、あるいは先の『採訪史料展観目録』の文言のような史料解説としてではなく、「復命書」を集約的に検討することで、植民地権力による資料収集の過程を動態として検討していきたい。

三　「古蹟」調査としての『復命書』

『復命書』は文書の書き手である提出者が、自身の所属する機関の上級職位に提出する正式な報告書であり、中央省庁内や地方行政文書にも多く散見される。誰からどこに発せられているか、文書形式として情報が多い。朝鮮史編纂委員会の後継である「朝鮮史編修会」書類を引き継いだ韓国国史編纂委員会には、朝鮮史編修委員長宛、朝鮮総督府宛等、所属上級機関に向けて出された調査書形式の「史料採訪復命書」が多く残された。基本的に日本語で書かれ、修史官等、概ね二名による。

ところで先の『概要』は、史料収集を一九三二年から一九三八年に及ぶ『朝鮮史』刊行事業に直結させる。しかし調査記録である復命書の束からみると、古蹟調査と重複している例もあり、蒐集課題の変化を伺わせる。また量的に限られているものの、刊行事業終結後の一九三九年以後、解放前では一九四四年まで調査復命書は存在する。当初の史料調査の方針が度重なる史料調査を通じ、変わった要素もあった。[22] 長期に及ぶ採訪調査とその「復命書」からは、蔵に残る家産が「史料」とされていく過程が見えてくるだろう。

たとえば出張調査の目的について。「朝鮮史編纂」を目的とするとは何をどのように調査・収集することなのか。この点で復命書の記述内容には幅がある。朝鮮史編纂委員会の内部には、「旧半島史派」や関野貞・鳥居龍蔵ら「古蹟調査派」など学問的な背景を異にする研究者集団が存在した。[23] 古蹟調査を主とする復命書では写真撮影を中心に、「史蹟」の痕跡の踏査や建築物、遺構調査を踏査し、現在状況の把握を中心とするもので文書の借出しを原則としない。[24]

この点で、委員会設置後から官制化の時期での復命書からは、訪問場所や調査の観点について、古蹟調査事業と「朝鮮史」史料調査との近似がうかがえる。一九二四年八月、編纂委員として「平安南道地方史料採訪」の命を受けた稲葉岩吉は、八月一六日〜二五日の十日間、平譲・義州方面を訪査した。楽浪時代の遺物調査を主とし、「平安道庁の方針として発掘品の売買を絶対禁止しておるから所有者は其の所持品を公に知らせることを好まないといふ傾向があるので私蔵品を調査することは可成りに困難」とし、遺物が盗掘や密売の対象となるリスクが指摘されている。[25]

翌年一九二五年一二月でも、稲葉による全羅北道調査のうち「全北茂朱史庫調査報告書」は、『朝鮮王朝実録』の保管施設であった赤裳山「史庫」を歴史的建造物として調査した。朝鮮総督府は、『朝鮮王朝実録』の管理を「京城」の李王職へ移管・移動したが、保管施設であった「史庫」は放置されたまま、建築遺構調査はなされていなかった。植民地政策初期の史庫の扱いをめぐる暴力性は今日多くの言及があるものの、同時代では文化財保護的な観点による調査不足も指摘されていた。四史庫のうち「鼎足山城史庫」は前年の江華島調査によりそれらの破却が確認されたとあり、稲葉は史庫調査の緊急性を強調した。稲葉によれば、李朝時代、戦乱を避ける目的で設置された赤裳山の史庫は、山上にあった。場所を確認し、現地に到達することも容易ではなかったが、郡守に案内させ、寺院の僧侶から説明を受け、扁額の存在を確認して赤裳山史庫の「史庫及璿源寶閣」建造物の構造について二階建であったことや、正面ではなく、左右両側に出入口等が配されていた、と記録されている。[26] 古蹟調査についてはすでに学知の枠内にとどまらない植民地支配の一環としての役割が指摘されてきた。古蹟調査への関心は一九三七年以降にも見られ、例えば末松保和を修史官補とする平安南道への調査（一九三八年八月三日〜一〇日）では実際には踏査による遺物や建築遺構の確認に日数が割かれている。[27] こうした復命書の記述から「朝鮮史」調査は古蹟調査をかねる例を含んでいたことがわかる。

四　「世伝」事蹟と史料のあいだ

『朝鮮編修会事業概要』では先に見たように、地方行政官吏との密接な関係を前提とした。安藤正人は一九二三年五月　道知事会議に向けて「朝鮮史料保存ニ関スル協議」会が持たれ、朝鮮史編纂委員会から「官公署に属する古記録文書等」が各道知事に要請された事実を指摘する。[28] 復命書によればこうした委員会要請に先行した史料採集訪もなされていたようだ。調査は行政機関が保持する公文書にも向けられていた。

一九二二年三月、『慶尚南道史料採訪復命書』[29]の採訪は、道郡庁が保管する史料の「採集状況」調査を目的とした。栢原昌三は、成果として「多くの史蹟を実地踏査」したこと、書院・文廟・民間の私蔵史料について再度の調査の必要性を提言する一方、道庁機関による所蔵を目録化したとある。それらは咸安郡庁・慶尚南道庁の記録としての府邑誌・郡邑誌や・邑誌のほか、金石文の碑文、壬申倭乱の際の遺物（大砲）や山城の城趾（島津氏の築城）、金海の王陵等、文化財政策の対象となるものから、晋州郡庁・泗川郡庁には「地税台帳」「結税査完原簿」など朝鮮王朝時代の「結（負）」の基礎台帳と想定されるような、土地制度の基礎となる書面の所在が列記されている。これらの史料は「旧慣調査」や「土地調査事業」など、総督府の植民地政策に寄与する文書群であり、史料採訪は先行する旧慣保存調査に連続した可能性は高い。

「官公署に属する古記録文書等」要請後の一九二八年一〇月、稲葉による平安南道での調査報告書を見ると、平壌府立博物館で楽浪時代の遺品調査の一方、平安北道内の「郡廟史庫ニ貯蔵シアリシ書籍」を調査・借受けし、あるいは満浦鎮警察署をたずね、旧鎮僉使時代の史料や旧鎮僉使吏属の子孫から史料の行方を聞き[30]、更迭された際にその父が残した「引継目録の一冊を本人の意志により寄付」を得た[31]。同時期の日本人修史官及び修史官補による調査に比べ、稲葉の史料採訪の場所は、郡庁のような委員会で定められた地方行政機関からさらにその対象を行政権力の最前線でもある「鎮」へと広げ、当事者の子孫と直接交渉に及んでいる。朝鮮史の文脈をふまえ、どのような機関に公的記録としての史料が残り、引き継いでいるのか。あるいは破却という事実があるのか。安藤のいう「目録化事業」後にはこうした点への情報を意識した、より踏み込んだ調査が存在した、と見ることが出来るだろう。

あるいは朝鮮史編修会顧問、黒板勝美の以下の調査も複合的な要素を伴う。『済洲島・対馬島史料採訪復命書』[32]によれば黒板は、一九二三年八月、朝鮮史編纂委員会の用務の帰路、「古代日鮮関係の研究と内務省の史蹟名勝天然紀念物調査委員会委員としての調査」として六日、「京城駅」―仁川港―「総督府の御用船光済丸」から済洲島に向かう。記録者は栢原で、「私は先生の御供をして行くやう、兼ねて史料を採訪して来いと命を受け」て随行し、「八日島庁所蔵の史料、遺物、三姓廟及其史料、文廟城邑の古址石人等を観」て写真撮影と目録採りを行った。が、文献的な成果はそれほど多くはないうえ、黒板の歓迎会と「先生の講演」関係の業務も多く、「炎熱灼くが如き盛夏、夜昼ともに、一寸の油断も出来ず暁方にうとうとする位」のなか、「史料の採訪することは並大抵で無かつた」、「先生は毎に島司以下、両班や儒生について史料の有無を尋ねられ、私も注意を怠りませず」のうえ、講演会の前には「約一時間吾朝鮮史編纂委員会の使命に就いて宣伝」ともある。復命書はこのように必ずしも朝鮮史編纂に特化しない調査や調査官の人的関係をも映し出す記述を伴った。

では、文書史料採訪を主眼とした調査のうち特に士大夫層の旧家など、「民間」が保持する家文書についての調査はどのように進められたのだろうか。

『江原道史料調査採訪書』(一九二七年六月)は、修史官・稲葉岩吉、嘱託・朴容九により、江原道春川・横城・原州・寧越・江陵・襄陽・高城郡を移動、訪問場所とそこにいたる経緯、門中の来歴と「借来」書籍・史料のリストが日誌記録として並ぶ。一九二〇年代後半の復命書の叙述の典型的なスタイルである。

五月一六日に「京城」を出発した一行は、春川に宿泊し、翌朝から行動を開始した。

午前八時頃春川郡庁ニ就キ、郡守及庶務主任ト会見ノ上史料採訪ニ関スル趣旨ヲ説明シ、更ニ道庁ニ赴キ道参与官石明宣、同道嘱託厳達煥両氏ト会見ノ上採訪ニ関シ打合ヲナシ、当地ニ永ク根拠ヲ有スル門閥家ノ居所ヲ聴取ノ上、更ニ郡庁ニ案内者ヲ求メ実地調査ニ着手シタル所左記ノ史料ヲ発見ノ上借来セリ(33)

調査は郡守をはじめ、道参与官と嘱託といった現地の朝鮮人官吏から情報を得、「当地ニ永ク根拠ヲ有スル門閥家ノ居所」をわりだしていく。委員会指針に沿ったこのような調査は、郡(道)という植民地行政機関への訪問・接触に始まり、情報収集やコーディネートを含めたコラボレーターの協力に依存することで成り立った。実際、調査の初日からその「成果」は目覚ましい。「借来」史料のうちたとえば春川郡新北面粟文里の南相鶴家所蔵の写本『日観記』『日観詩草』は、一八世紀半ば、英祖年間での通信使の記録で、今日の日本では宝暦年間、第十一次通信使製述官として知られる南玉（秋月）の筆による日本見聞記である。

あるいは原州郡庁到着後の翌日、五月二三日付の記事では「郡守ト会見ノ上史料調査進行方法ヲ協議シ案内者ニ郡職員一人ヲ同行」となった。実際に郡の職員を同行しての調査は、連日のように名家の所蔵文書の「借上」を実現させていき、時間に沿って書かれた記録は、「借上」された書籍と原本史料の書名が並んでいく。寧越郡庁では郡守及び庶務主任に「当地ハ門閥ノ旧家ナク……門中族人ニテモ何等見ルベキモノナシ」(34)とされたが、結局「彰廊書院」での所蔵文書を「借来」とある。江陵郡でも郡庁から案内人を伴って同様の「資料ノ発見借来」がなされ、多くの個人所蔵の文書が「借上」され、運び出されている。一九二〇年代後半の調査は郡行政から情報を得ることで、李朝期の地方名家の子孫を探索し、所蔵史料を発見し、それらを「借出」した。価値あるものとして「発見」された史料・書籍についての「借出」の方針は、所蔵者ではなく、調査機関側が予め決めていた事項でもあった。多くの復命報告書の内容は、その門中がどのような史料や書籍を所蔵しているか、所蔵者に即した記録ではなく、訪問調査した委員が「史料」として抜き取った「借出」史料のリストである。史料採訪という形式は、蒐集する者こそを、歴史を書く主体へと追しあげる力学に満ちている。

もっとも郡庁官僚はこの作業に必ずしも積極的ではなく「各郡当局者ハ朝鮮史編修事業ノ如何ニ大功ナルカヲ充分ニ諒解セズ、等閑」した態度だと批判的だ。特に注目されるのは、「後日の参考のため」として稲葉ら編修官側が書き留めた、以下のような「史料」所蔵者の応対の様子だろう。

民間ニ於テハ今日マテ朝鮮史編修会ノ存在ヲ知ラザリシ為メ、修史ノ趣旨ヲ諒解セズ、反ツテ不安ノ心ヲ抱キ居リ、史料ノ所持シ居ルコトヲ否認スルヲ以テ之ガ諒解ヲ得迄相当ノ艱難ト手数ヲ費セリ。然シテ此ノ地

方ノ人士ノ性質ハ余リ傲慢ノ態度ナク淳厚ノ風アルヲ以テ一旦諒解ヲ得バ、史料保存者、之カ提供ニ吝ナラサルベシ。(35)

所蔵者は「不安ノ心ヲ抱」いていた。そもそも「民間史料」とは、先祖伝来の家産であって近代歴史学叙述のいう「史料」ではない。ましてやこうした手続きは構造的に、植民地権力による強制性の作動を含む。しかし蒐集側は「不安ノ心ヲ抱キ居リ史料ノ所持シ居ルコトヲ否認スル」人々を文化事業の意義を理解できない「淳厚ノ風」の集団とした。理解不足は編修会側の「艱難ト手数」によって解消するという。復命書には他にも所蔵者の非協力的な態度の断片を記録するが、様々な不協和音は、「編纂事業」という近代史料学に基づく「歴史」叙述＝「近代」に対する朝鮮社会の人々の側の無理解とされる。史料蒐集の現場をふまえて繰り返されるこうした論理は、朝鮮社会の側がいかに「史料」に無理解であり、「近代」知の心性に馴染まないかへの図式的理解の提示であるとともに、史料蒐集事業の主体―歴史を書くのは誰かをめぐる確認と捉えるべきだろう。

五　「民間」史料の蒐集

復命書の作成件数は、一九二七～一九三〇年が圧倒的に多い。その前年に各編別の編修担当者が決められ、一九二七年以降、原稿の執筆が着手された。復命書作成の量的な拡大は、『朝鮮史』刊行（一九三二年）に向けた史料採訪の本格化を示すだろう。この時期の復命書が記す史料の所蔵先は、多くの場合「民間」であった。また当初は「門中」「名家」一般を郡役所を通じて紹介を受けたが、この時期では李舜臣宗孫家への重点的な調査(36)をはじめ、李朝期に活躍した高位高官の儒官の末裔宅が標的となった。修史官身分で調査にあたった中村栄孝は、「壬申状草」「李忠武公全書」、また自筆本の『乱中日記草本』七冊ほか、遺物遺跡の調査をこなし、「李舜臣関係ノ主タル史料ハ今次ノ調査ニヨリテ殆ド尽サレタ」[37]と総括する。史料収集は着々と進められ、一点の復命書が記載する貸出リストは膨大な量となっていく。

ここでは史料蒐集に至る周辺的な記録に注目してみたい。復命書記述は、日本人調査官にとって価値のない古記録について淡白である一方で、史料の所蔵者に強い関心を寄せる。その記述からは、植民地支配から四分の一世紀たった社会において、地域の名家がそれぞれ「世伝」してきた文書の保持と散逸の状況の断片がうかがえる。

一九二七年四月の京畿道調査を見てみよう。ここには李朝・世宗時代の重臣である黄喜の居宅があった。しかし文書はすでに散逸し、子孫の不品行が理由とされる。子孫は「孝行を修まらず不浪者となりて先祖伝来の位土、山坂及び遺物等を一つも残らず売渡し酒色に消費し甚だしきは黄喜の画像をも売却せんとして」[38]と「京城」へ赴いたものの宿代にも窮したという。この郡では他にも一六世紀前半、中宗時代の碩学、白仁傑の子孫の一族についての記述があり、この一門もすでに離散していた。

著名な儒官層の末裔の没落例の記載は度々登場する。一九二九年六月の黄海道の調査では、松永郡で郡の文廟直員に紹介を受け面長を伴って訪問するも「愈應斗ノ子孫ヲ尋ネタルニ其ノ子孫ハ祖先ノ遺業ヲ蕩儘シ生活ニモ窮シ」て転居したまま消息不明という。載寧郡郡守は「門閥の子孫居住するも皆貧弱」とし、うち資産家かつ「歴史的観念アリ古文書を沢山保存」と聞いている人物は「京城府に移転」した[39]。

では一族の「世伝」の事蹟の「発見」や「借出」の回避方法はあったのだろうか。この点で興味深い叙述は、末裔たちがしばしば「不在」という行動をとることだ。先の京畿道調査では、面長の案内によって訪問した例でも「不在」、史料の「採訪を得ず」、借入できない。当主不在にも関わらず貸借の約束をとりつけた例では、その子息は郡庁在勤の身分にあった。高橋琢治による京畿道調査のまとめは「採訪地方ノ人士ニハ未ダ本会ヲ知ラズ本会ノ事業ノ趣旨ヲ解セズ」と朝鮮社会側の無理解を指摘する一方、所蔵家は「史料ノ借入ヲ以テ之ヲ押収」との疑い、「党派的観念を持って本会の事業を見、史料の借入れを喜ばざるもの」[40]と記す。文書の「借入」は「押収」として警戒され、当主の不在がこれを拒否する有効な戦略とみなされていたのである。

一九二三年、先の栢原は続けて対馬を調査し、「曾て学者の眼に触れなかった……私共に於いて初めて発見した」「朝鮮から宗家に贈つた図書だけでも大長持ちに山盛三杯」、他に二棟に「紛然と入れてある記録は手にふれるもの皆日鮮関係史料」といった宗家文書との出会いを興奮をもって記す。数日に及ぶ雑然とした小屋の中で奮闘、厳密に一点ずつ整理し目録を採ることで、旧臣の人々も「非常に満足の意を表し、多年放擲し置いたことを恥」[41]ずとする。宗家文書の価値を知らしめる啓蒙的役割は、近代史料学的手法を培った朝鮮史編纂会がもたらした、と栢原はとらえてみせた。しかし同時期の朝鮮社会において、これらの調査に対する反応は明らかに異なっている。このように地域の旧家の子孫を行政を通じて辿っての「民間史料」調査は、所蔵者として対象化された朝鮮社会側からの視線をも記述する両義的なテキストであった。

六　『復命書』を読む——修史官・洪憙とその戦略

ところでこうした組織的な史料調査において、担当調査員の能力や経験・意図は看過できるだろうか。朝鮮史編修会は朝鮮総督府中枢院に設置された一九二五年以降、総索引の刊行によって編纂事業が終了するとされてきた一九四〇年まで、修史官（補）一四名、嘱託三四名（重複をのぞき実質四〇名）が任命され、うち日本人は二七名だった。その偏りを指摘した金性玟論考は、特に実質的に草稿執筆した修士官補の学的力量について「大学を卒業したばかりか、あるいは朝鮮史についての知識が浅い人物」であり、朝鮮史に関わる「史料の所在および選別に疎い」とする[42]。金の指摘は特に日中戦争開始以後の史料蒐集を担った修史官補・田川孝三等の時代と比較すると明らかだ。金論文はさらにこうした日本人「初学者」に対比させ、史料蒐集を主管した修史官・洪熹の役割を「総督府主導事業を通して日帝の忠実な部下としての役割が認められる人物」とする。中枢院の旧慣制度調査事業にも参与し、総督府の官吏であった洪熹は、韓末性理学の伝統派でもあった艮斎田愚の弟子として儒学に精通し、近代化を肯定的にとらえた儒者でもあった[43]。

いわゆる「親日派」評価の一方で、復命書の記述を通じての修史官・洪憙は、朝鮮史の専門家としての学識や知見の卓越性を示す。特に「民間」に向けた史料調査の場合、訪問に関わる情報に加え、何を史料とみるか、調査者の力量は明らかだ。調査は特別な例をのぞいて二名で行われたため、修史官であった洪憙は日本人の修史官とは同行せず、単独又は朝鮮人の雇員や書記、日本人の修史官補との報告書を残すなど、報告書作成責任者の地位にあった。洪熹の報告書は助詞をハングル記載した例も多い[44]が、特筆すべきはその内容である。

一九三四年一一月、雇員・金建泰と忠清南道管内に出かけた洪熹の復命書は、「発見」した「民間」史料の目録化や経緯の記録にとどまらない。例えば『慷慨翁實記』を得た際には儒官任敬の手稿の事蹟であることが強調される。任敬の記録は、一七世紀後半から一八世紀初等にかけての粛宗・景宗代の実録や『承政院日記』に比べて「完備」し、「仲雪節恵等ノ記事モットモ明晰」とする。金論考は、一九三〇年代の史料調査の主体であった日本人の修史官補の場合、語学的な力量不足のため特に草書体の『承政院日記』の判読は困難だったとみるが、とすれば洪憙は内容の把握はもちろん、他の参考史料間の精粗を比較した上で、ここの史料の歴史的な価値を見いだし、指摘していたことになる。

あるいは「丙子正月啓本及同批旨」は高宗時代の文書であったが、「本朝旧制ニ於ケル君主ノ儒賢ヲ礼遇スル慣例ノ一班」に加え、「高宗時史料ノ重要」[45]とある。そもそも史料収集は、手順としては史料の編別・史料の取捨を経てようやく草稿段階にいたる。[46]どのような歴史叙述を構想するのか、この点に模索する作業でもある。とするならば、洪憙がどのような史料を「発見」し、貸出ルートにのせようとしたのか、この点をたどる作業は重要だ。編纂された「朝鮮史」の歴史叙述は扱う時代に偏りがあったとされるが、特に復命書の記録から見ると洪憙の史料蒐集は、「李朝末期学統ニ関スル史料ナルヲ以テ」など一九世紀の朝鮮儒学への関心を強く持っていたからだ。[47]洪憙の、李朝期儒学史を同時代史の東アジアの儒学思想史の文脈でとらえようとする構想は、日本本土への出張調査でもまとまって確認できるが[48]、ここでは一九三〇年四月、単独調査であった平安北道調査を見てみよう。[49]

博川・泰川・定州・宣川での調査で洪憙は、郡庁には向かわず、「有志」や李朝期の儒者の末裔や旧居を訪問する方法を取っている。特にここでの調査で対象とされた儒者は要請があっても官に応じず、在野にあって社会的な影響力のあった儒林である。一九世紀後期、一八九四年に没した雲菴朴文一・誠菴朴文五の事蹟及び遺著についてその意義が解説されている点は注意すべきだろう。一八九四年は朝鮮総督府事業が定めた「朝鮮史」記述の終点であり、「甲午改革」とされるが、甲午農民戦争のような、社会の動向も含めた朝鮮近代史叙述の可能性などあったのだろうか。この点でも調査が扱う時期と対象はポスト一八九四年の社会的な動きを含む。日清戦争の戦場となった朝鮮半島北部にあって、洪憙が着目した朴文一は、義兵運動の中心であった儒者・柳麟錫の同門であり、その関係も指摘される。[50]儒林の学統とはいえ、李朝末期や高宗時代での文化・教育活動を「朝鮮史」編纂事業の中で摘出する作業は、朝鮮史編纂会によって選択された時期区分に抗する問いを含む。かつ、この点以上に、歴史叙述の主体を取り戻す可能性を持つのではないか。いずれにせよ、叙述の終わる時期に焦点をあてる営みは意図的な作業と考えていいだろう。そもそも洪憙の調査は、借用されない記録にも根拠を伴って知見を披露する例が多い。そうした史料解題の延長には、史料を所蔵する地域や社会、士大夫層の側から構成された、いわば朝鮮社会を主語とした朝鮮史叙述の構想を期待させるものだろう。

他にも洪憙の復命書の記述は、儒学者の末裔の家がなぜ史料を残さないのか、個別例の政治的な要因を書き留めた。先の一九三四年一一月の忠清南道調査によれば、燕岐郡で吏曹に抜擢され、長官である判書をつとめた洪億・貞簡公の世伝の「諸般之記録」は「家乗」一冊が残るのみだった。その理由は当主の先代が「先世手筆、官教影幀等遺蹟ヲ子孫カ永久ニ保存シ能ハザルタメ或ハ他人ノ手ニ入リ或ハ兵焚ニ罹リテ珍重ナル価値ヲ喪失センヨリハ、寧ロ洗草又は焼却ス可シト云ヒ」[51]とし、自から処分したことによる。社会秩序の混乱は、「世伝」史料が失われる要因であったことを洪憙は指摘してみせる。先の金論文をはじめ、「史料略奪」事件への言及は多いが、史料の性格上、叙述に限界を持つ復命書は逆に、植民地期朝鮮の人々の側の能動的な拒否が、様々な情報として記されていると読むべきだろう。いずれにせよ、調査においてそれが結果として「学識が利用」されたにせよ、一九世紀末の儒学者の系譜を辿る作業とその存在は、明らかに総督府を修史事業の主語とする歴史叙述の構想とは異なる方向性を持つことが確認できるのではないだろうか。

一九三〇年前後、朝鮮半島の各郡で行われた史料調査は「朝鮮史」叙述を民間所蔵史料に拡大・網羅する力学を伴った。そこには、史料の取捨選択と価値判断を通じた、総督府を主語とする歴史の構築が存在した。特に史料収集を行う側と史料を所蔵する側との関係は、植民地の支配被支配に加え、官と民といった直線的な権力関係の磁場が働く構造にある一方、植民地社会側の情報や抗するあり方も豊富に残された。誰の側から誰の歴史を描く構想と抗争が展開されているのか。「実証主義」的歴史学の前提としての史料蒐集の権力関係の磁場と現場は復命書という形式を備えたテキストから豊富な情報を得ることができるだろう。

さらに復命書は先に述べたように、帝国が全面戦争に突入した一九三八年以後も存在し、その対象は中国東北部「満州」や帝国本国におよぶ[52]。ここまで述べてきたような史料調査が帯びる特徴は主に、第一次大戦後の状況下、朝鮮本土を対象とする、という歴史的前提のもとでの特徴として考えるべきだろう。とともに、『朝鮮史』編纂以後、軍事侵略によって広がる移動空間において展開された『朝鮮史』編纂の史料収集は、植民地をめぐる文化的支配という点での時間軸による比較としても、さらには総力戦体制下での帝国と近代歴史学という新たな課題をかいまみせる新たな主題としても検討可能だろう。

七　おわりに

「史料」収集の現場性に着目する作業は、歴史学が何にどのように依存して史料収集を可能としてきたのか、あるいは所蔵に関わる情報を整理し、史料を選択していく収集のテクノロジーとは何か、そうした個々の実践の具体的なありよう及びそのことに関わる認識を明らかにするものであった。特にその持つ権力性という点で「植民地」という場は格好の素材であるとともに、植民地事業としての史料蒐集と調査に関わる主体の歴史構想をめぐる、「あいだ」や方向性としての抗争もまた明らかになったのではないだろうか。かつ本稿で検討できなかったが、一九三八年以降の「満州」域も含めた調査との比較からは、朝鮮半島内での調査の特徴として、植民地権力側の手厚さは際立つ。『朝鮮史』編纂期の調査は道や郡行政を末端機構として用いつつ、朝鮮社会のより深部に立ち入っての関わりを重視できる位置にあり、少なくとも『朝鮮史』刊行時期、その史料調査はまさに自在だったのである。実際、戦後の早い時期、田川は以下のように述べ、戦後の研究者の「不自由さ」を述べている。

朝鮮史は従前より我が史学界に於いて最も立ち遅れた分野であった。時代的に見て就中李氏朝鮮は特に殆ど未開拓の原野と云つても過言ではなからう。その理由はもとより幾多のものが挙げられるが、研究の基礎となるべき史料の面から特に今日の研究者は種々の制約を受けていることは尤も大きな悩みの一つである。

（『史学雑誌』回顧と展望、一九五四年）

ここでも「李氏朝鮮」時代の「史料」への欲望が確認できるものの、他方、想定される歴史研究者にとっての史料的「自由」さは、同じくこれまで論じてきたように、認識論的にはたとえば朝鮮史編修会第五編部による『図書借入一覧簿』（B17B-30）を用いての検証が必要であろう。誰にとってのアーカイブズなのか、総体としての文化資源としての「史料」はどうあるべきか、という問いは、「史料」に関わる側が問い続ける問題領域として常に抱え、かつ残された課題だろう。

注

（1）箱石大編『戊辰戦争の史料学』勉誠出版、二〇一三年。
（2）戸邉秀明「ポストコロニアリズムと帝国史研究」（日本植民地研究会編『日本植民地研究の現状と課題』アテネ社、二〇〇八年）等参照。
（3）阿部安成「ポリティクスの渦中へ」阿部他『彦根高等商業学校資料収集のポリティクス（彦根論叢）』三四四～三四五号、二〇〇三年十一月、二九五頁）。
（4）沈熙燦『「朝鮮史編修会」の思想史的考察――植民地朝鮮、帝国日本、「近代歴史学」』（立命館大学大学院文学研究科博士学位論文、二〇一二年）。

（5）修史館廃止建議（一八八五）と久米邦武による批判、さらに独立部局ではなく、局（内閣臨時修史局）への格下げ（一八八六）といった政治的な抗争の一方、史料採訪の旅を必要とした。箱石大は、史料編纂は近代的な史料学を導入したもので、「史料採訪」が太政官正院歴史課時代から組織的に実施されてきたとし、一八八五年では重野安繹による関東調査が、翌年では久米邦武による九州調査、星野恒による近畿調査を指摘している。

（6）三上参次『明治時代の歴史学界——三上参次懐旧談』吉川弘文館、一九九一年。

（7）永原慶二『20世紀日本の歴史学』（吉川弘文館、二〇〇三年、のち『永原慶二著作選集』第九巻、吉川弘文館、二〇〇八年）等参照。かつて大久保利謙は、明治末期の南北朝正閏論争以後、大正期の「国史編纂」について、「現代の問題と関連させて歴史を見るという視点はなかった」「だいたい歴史をやる人間は好古趣味というか、古いことが好きだという人間ばかりで」（大久保利謙『近代史学史事始め』六八～六九頁）とし、平泉「皇国史観」歴史学が席巻する以前の実証主義的歴史学の姿を、没政治性という側面でとらえた。

（8）文化財については代表的には李亀烈（南永昌訳）『失われた朝鮮文化——日本侵略下の韓国文化財秘話』（新泉社、新装版、二〇〇六年）が知られてきた。アーカイブズ学の観点からは安藤正人『アジアのアーカイブズと日本——記録を守り記憶を伝える』（岩田書院、二〇〇九年）の特に3章2節「植民地支配とアジアのアーカイブズ」参照。

（9）京都木曜クラブ編『考古学史研究』（一九九二年～）の特集号及び関係論文（たとえば特集号として「初期『日本人類学』と周辺地域」六号、一九九六年、「関野貞と『韓国建築調査報告』」八号、一九九八年、「特集　関野貞と朝鮮古蹟調査」九号、二〇〇一年、「朝鮮古蹟調査の制度と技術」一〇号、二〇〇三年）等が早い時期のこの問題についての丹念な調査と議論の集積である。ほか李成市「コロニアリズムと近代歴史学——植民地統治下の朝鮮史編修と古蹟調査を中心に」（李他『植民地主義と歴史学』刀水書房、二〇〇四年）は史蹟保存をめぐって、植民地における現地保存主義の持つ陥穽を指摘している。『考古学史研究』を牽引し、多くの論考を掲載している内田好昭は、戦後の先史考古学が植民地忘却を伴って国民再生の物語を担う学知として機能した点への言及がある（「歴史過程としての先史——マルクス主義歴史学と考古学的文化史」磯前順一他編『マルクス主義という経験——一九三〇～一九四〇年代日本の歴史学』青木書店、二〇〇八年）。

(10)箱石大「近代日本史科学と朝鮮総督符の朝鮮史編纂事業」佐藤信他編『前近代の日本列島と朝鮮半島』(山川出版社、二〇〇七年、二五二頁)。

(11)「古代朝鮮」や建国神話を避けた「三国以前」という区分の持つ政治性については多くの言及がある。

(12)朝鮮総督府中枢院編『朝鮮旧慣制度調査事業概要』一九三八年、一五〇頁。

(13)『朝鮮史編修会事業概要』第三章「朝鮮史編纂委員会」一九三八年二月。

(14)同前、一五四頁。

(15)同前、第四章「朝鮮史編修会」。

(16)朝鮮総督府朝鮮史編纂委員会編『採訪史料展観目録』(一九二五年五月一九日)。

(17)『委員会議事録』(韓国国史編纂委員会所蔵、中B14-50)。

(18)「史料採訪内規」前掲『朝鮮編修会事業概要』。

(19)同前。

(20)網野善彦『古文書返却の旅』(中央公論新社、一九九九年、網野善彦著作集一八巻『歴史としての戦後史学』岩波書店、二〇〇九年所収)には、戦後になって、水産庁も含めた上からの全国漁村の悉皆的な史料調査・借用(とその死蔵)によって引き起こされる混乱が描かれている。各所に分散した古文書返却の旅は、網野の後半生のライフワークとなり、返却の旅は収集期間よりも長期に及んだという。

(21)総督府の史料蒐集の暴力性について李萬烈は「強占期以降の総督府は、韓国の史料を収集して一部は焼却し、一部や自らの朝鮮史研究に活用する一方、韓国伝来の史書については禁書政策を取った」とし、日帝の植民政策の西洋植民地政策と比較して特殊とみた。また組織的な史料収集として三回あげ、一回目は旧慣制度調査の下で一九一〇年一一月~一九一一年一二月での史料略奪と焼却が指摘されている(二回目は一九一五~一九一八年末)。三回目は「朝鮮史編纂委員会」による収集で最も長期に及ぶ(李萬烈「近現代韓日関係研究史――日本人の韓国史研究を中心に」日韓歴史共同研究委員会『日韓歴史共同研究報告書』二〇〇五年三月)。ただし本稿が分析対象とした史料群から見ると、三度の「史料調査」を同じ範疇でとらえることには無理があるように思われる。もっとも、日帝下での史料調査像としてこれらが一括して記憶されるあり方への疑義を呈するものではない。

(22) たとえば高橋琢司は、史料返却の際に感謝状を添えるべきだ、とする意見を復命書の末尾に提言している。また記録書群には史料返却を旨とした出張も存在する。

(23) 朝鮮古蹟調査はすでに、関野の古建築物調査（『韓国建築調査報告』一九〇九年）や慶州石窟庵発見（一九〇九年）と慶州古蹟保存会設立（一九一三年）、『朝鮮古蹟調査報告』（一九一七年〜）などが刊行されていた。

(24) 『平安南北道史料採訪復命書』（一九一四、B17B-105）、『慶尚北道史料採訪復命書』（一九一五年、B17B-9）。

(25) 『平安南道地方史料採訪』一九二四年八月（B17B-104）。

(26) 「全北茂朱史庫調査報告書」（『全羅北道史料採訪復命書』一九二五年一二月、B17B-78）。

(27) 『平安南道史料採訪復命書』一九三八年八月（B17B-104）。

(28) 安藤前掲書、四九頁。道庁郡庁側では調査を行い目録化して編纂委員会に送った。安藤はこれを「官公署所蔵文書の目録化事業」とし、明治政府内務省の記録保存化事業との類似性とともに、「朝鮮半島の史料保存状況」への影響を指摘している。

(29) 『慶尚南道史料採訪復命書』一九二二年八月（B17B-6）。

(30) 廃鎮時に赴任者が焼却したとの伝聞が記されている。

(31) 前掲『慶尚南道史料採訪復命書』。

(32) 『済洲島・対馬島史料採訪復命書』（KOB17B-80）。

(33) 『江原道史料調査採訪書』（一九二七年六月、B17B-2）。

(34) 同前。

(35) 同前。

(36) 『忠清南道史料採訪復命書』一九二八年二月（B17B-99）。

(37) 同前。

(38) 『京畿道調査復命書』一九二七年四月（B17B-3）。

(39) 一九二九年六月の黄海道の調査。
(40) 前掲『京畿道調査復命書』。
(41) 前掲『濟州島・對馬島史料採訪復命書』一九二三年。
(42) 金性玟「朝鮮史編修会の組織と運用」(『韓国民族運動史研究』三号、韓国民族運動史研究会、一九八九年五月、金澤日出美訳『季刊日本思想史』七六号、ぺりかん社、二〇一〇年)。
(43) 田中隆二「兼山洪憙の生涯と活動――日帝下対日協力者のある事例」(『韓日関係史研究』第五集、一九九六年)。
(44) なお主に助詞部分がハングル表記の復命書については日本語が補記されている。
(45)『忠清南道史料採訪復命書』一九三四年一一月、洪憙(修史官)、金健泰(雇員)。
(46) 前掲『委員会議事録』の「朝鮮史大綱計画」では、「八、史料の整理」の(二)「史料ノ取捨」として、「編別シタル史料ハ委員ニ於テ其ノ要否及価値ヲ判断シ仍テ其ノ取捨ヲ為スト同時ニ編綴ノ順序ヲ定ム」とある。
(47) 儒者が詩文を往復した書帖で刊本から漏れていた「梅山先生手筆帖」などの例がある。『忠清道復命書』一九三六年。
(48)『京都市史料採訪復命書』一九三一年一月(B17B-4)。
(49)『平安北道史料採訪復命書』一九三〇年四月。なお洪憙以外の朝鮮人調査官による単独調査は同月での『京畿道史料採訪復命書』一九三〇年四月、趙重親(嘱託)が一例あるのみである。
(50) 前掲『忠清南道史料採訪復命書』。
(51) 同前。
(52) 別稿検討中。一部はすでに長志珠絵「『朝鮮史』資料採訪『復命書』を〈読む〉」(前掲『季刊日本思想史』七六号)に記した。

※なお本稿は、「『朝鮮史』史料採訪『復命書』を〈読む〉」(季刊『日本思想史』七六号、ぺりかん社、二〇一〇年六月)に加筆修正したものである。韓国国史編纂委員会蔵による、『調査復命書』一覧については同論文の表参照。

第一三章　近代沖縄の内地修学旅行記録を読む

――一九一〇年『三府十六県巡覧記』について

青柳周一

一　はじめに――前原信明と『三府十六県巡覧記』

本稿で取り上げる『三府十六県巡覧記』（沖縄県立図書館蔵。以下、『巡覧記』と略）とは、一九一〇（明治四三）年に沖縄県師範学校[1]が実施した内地への修学旅行に参加した生徒・前原信明[2]による、旅行中の見聞や思索の内容に関する記録である。

修学旅行の日数は同年四月一日から五月七日の全三七日間で、往路では那覇を出航後、鹿児島から汽車で福岡、京都、鎌倉、東京などを廻って日光まで行っている。復路は名古屋、伊勢、神戸などを経て、大阪から出航し那覇へ帰還した（行程表参照）。参加者数は、前原と共に師範学校を卒業した同級生が二五人[3]なので、それと近い人数であろう（修学旅行には参加したが卒業に至らなかった生徒がいた可能性がある）。引率には教員二人があたった。

1910（明治43）年『三府十六県巡覧記』行程表

月日	来訪地と通過した場所	個々の見学先など
4／1	那覇港（出航）	
4／2	奄美大島（船中）	古仁屋、名瀬
4／3	鹿児島（上陸）	
4／4	鹿児島（汽車）～大牟田	琉球松、磯別邸、停車場
4／5	大牟田～太宰府～福岡	三池炭坑、三池築港、大牟田町、太宰府
4／6	福岡	西公園、（路面電車に乗る）、東公園、医科大学、共進会、福岡師範
4／7	福岡～門司（小蒸気船）～馬関（汽車）～宮島～（夜行の汽車で京都へ）	厳島
4／8	京都	大極殿、武徳殿、龍紋製氷会社、疎水工事、いんくらいん、水力発電所、綿商会製綿工場、知恩院、円山公園、清水寺、三十三間堂、桃山御殿、豊国神社、方広寺、三条の夜店
4／9	京都	陶器試験所、西本願寺、東本願寺、清涼寺、嵐山、妙心寺、仁和寺、等持院、金閣寺、北野神社、都踊り、（宮崎師範の訪問あり）
4／10	京都～鎌倉	（汽車中から眺めた場所として、大石良雄隠遁地、井伊直弼と彦根城などに言及）
4／11	鎌倉～横須賀～鎌倉	海兵団、造船所（香取鑑）、宝戒寺、鎌倉宮、島津忠久・大江広元・源頼朝墓、鶴岡八幡宮、建長寺、（鎌倉師範の訪問あり）
4／12	鎌倉～江之島～藤沢～新橋（東京）	長谷観音、大仏、江之島、江之島神社、上野西郷銅像、帝室博物館、（旅館に沖縄県立中学生が同宿。師範の先輩ほか来訪多数あり）
4／13	東京	士官学校、大隈伯爵邸、尚家邸、沖縄青年会（事務所の島袋君に面会）、靖国神社・遊就館、旧師知念政信宅、神保町古本屋
4／14	東京	中央気象台、二重橋、貴族院議事堂（周囲の官庁も見物）、日比谷公園、向島、浅草公園、凌雲閣、神保町古本屋
4／15	東京	印刷局、日本銀行、三越呉服店、銀座、沖縄青年会の歓迎会
4／16	東京	工科大学、小石川植物園、高等師範学校、盲唖学校

月日	来訪地と通過した場所	個々の見学先など
4／17	東京（「自由散歩」の日）	神保町本屋、銀座、夜店
4／18	東京	芝公園増上寺、天文台、慶應義塾幼稚部、高輪泉岳寺、嘉納治五郎宅、尚家邸、三省堂
4／19	東京～日光	東照宮、二荒神社
4／20	日光～東京	裏見の瀧、中禅寺、華厳の瀧、中禅寺湖
4／21	東京～（夜行の汽車で出発）	銀座（時計店、図書株式会社）、上野動物園
4／22	熱田～名古屋	熱田神宮、共進会（皇太子来訪）、名古屋市
4／23	名古屋～伊勢山田	名古屋城、笹島停車場（閑院宮来訪）、神風館（龍太夫）
4／24	伊勢～奈良～大阪	外宮、内宮、二見浦、（汽車中から行宮遺跡を見る）、春日神社
4／25	大阪（予定変更し27日まで滞在）	印刷局、造幣局、水源地、大阪城、店屋
4／26	大阪	硝子会社（島田）、中之島公園、千日前（女浄瑠璃、活動写真）
4／27	大阪～神戸～大阪	湊川神社、諏訪山公園、布引の瀑、神戸の市（独逸軍艦入港）、三の宮神社、波止場
4／28	大阪	マッチ製造会社、天王寺、35年博覧会趾、第二回生産博覧会、千日前（柴田座の芝居「不如帰」）
4／29	大阪	瓦斯会社（抽選、外れた者は綿紡績会社へ）、買い物、千日前（活動写真「ハルピンの夢」）、（宿に琉球砂糖会社の比嘉太良が来訪）
4／30	大阪（出航）～神戸～	
5／1	土佐沖～日向灘沖合～	
5／2	鹿児島（出航できず船中泊）	城山、南州翁洞中記念碑、南州翁終焉地、墓所、翁木像、桐野・村田・篠原・仁礼らの墓碑
5／3	鹿児島～山川	
5／4	山川（出航できず船中泊）	温泉場
5／5	山川（出航）	
5／6	奄美大島（出航）	大島の本通り、裁判所、監獄の出張所
5／7	那覇港（帰還）	

『巡覧記』の末尾には、当時沖縄県師範学校の教諭心得であった山口辰吉（東京出身）[4]による「文章も観察もよし」という書き込みがある。ここから『巡覧記』は、前原が沖縄帰還後に作成して学校へ提出し、後日山口の評価と共に返却されたと見られる。「前原蔵書」の印が押されていることから、返却後の『巡覧記』はしばらく前原の手元で保管されていたのであろうが、いつ県立図書館へ寄贈されたかは不明である。

前原信明について、現在判明している経歴を記す[5]。出身地は首里で、生没年は未詳である。師範学校へは一九〇八年に入学しているが、同期生には一六歳から一九歳まで幅があった。すなわち修学旅行の時点で、前原の年齢は一八歳から二一歳の間であったことになる。

一九一二年三月に師範学校本科第一部を卒業し、熊本師団で六週間勤務している。これは、沖縄では一八九六年より師範学校卒業生に現役兵制が適用されていたことによる（徴兵制の施行自体は九八年）。その後、具体的な年次は未詳だが、大正期に日本大学高等師範部（現在の日本大学文理学部の前身）を卒業し（専攻は国語漢文）、それから沖縄県師範学校で訓導となったようである。一九二五（大正一四）年には東京都麻布区笄校（現在の港区立笄小学校）へ赴任し、戦後は一九五〇（昭和二五）年の時点で沖縄県学徒援護会常務理事の立場にあり、一九五三年にも東京都港区在住であったことが確認できる。

次に、明治期の沖縄県師範学校による内地修学旅行の概略を示す[6]。その最初は、一八九三年の九州地方への旅行であった。九五年には京都での内国勧業博覧会見学を兼ねて、京阪・伊勢地方への旅行が実施された。九九年以降は、東京への旅行が毎年行われている。

内地修学旅行の実施目的は、一九〇一年の『沖縄県師範学校一覧』[7]では「修学旅行規則」第一条において「修学旅行ハ生徒ノ身体気質ヲ鍛錬シ及実地ニ就キ学術ヲ研究スルヲ以テ目的トス」と定めている。「実地ニ就キ学術ヲ研究スル」とは、小学校や師範学校での学習内容について実地に視察することを意味したと考えられる。

また師範学校の生徒の多くは卒業後、県内小学校へ教員として赴任した[8]。小学校教員には教育現場における国民統合の役割が課せられたので、師範学校側では生徒に対して帝国日本、とりわけ内地の実情を在学中に教え込んでおく必要があると認識していたのは想像に難くない。

さらに『巡覧記』には「県外旅行心得要項」として、教員が事前に生徒へ与えた一〇ヶ条の注意が記されている。そのうち、修学旅行の目的と関わっては第四条が注目される。

> 一〔第四条〕県外事物或ハ長或ハ短或良或ハ不良アリ其差別取捨ハ各自ノ標準如何ニ在リ長良ハ之ヲ採ル勿論ナレトモ猶ホ他山ノ石以テ玉ヲ磨ク工夫無ル可ラズ
>
> ※引用史料中の傍線と〔 〕内の注記は筆者による。以下全て同じ。

すなわち教員は生徒に「県外事物」の見学を通じて、沖縄と比べて「長良」な部分は学び取り、「短」や「不良」は「他山ノ石」とせよと指導していた。次章で述べるように、前原自身もこれと同様の意識を持って修学旅行へ臨んだようであるが、「玉」の語が指すのは自分自身と言うよりは沖縄の社会であり、「磨ク工夫」とはその改良の試みを意味した。

修学旅行では各地の名所旧跡以外にも、福岡と名古屋での共進会や、国内外の石炭需要の拡大を受けて発展する三池炭鉱および築港（一九〇八年に完成）、琵琶湖疏水の工事（疏水自体は一八九〇年に開通したが、一九〇八年からは第二疏水工事が開始）なども見学している。横須賀では一九〇六年竣工の戦艦香取や、建造中の戦艦薩摩（最初の国産戦艦）も目にしており、これらは当時の日本における産業や軍事の最先端動向である。見学場所の選定に、学校側が意図した内地の「長良」の在処が端的に示されていると思われる。

さらに修学旅行全三七日間のうち、東京で都合一〇日滞在しており、この修学旅行の最大の目的は生徒に東京を見せること自体に置かれていたと言い得る。以上から、内地修学旅行とは、東京を中心とする帝国日本の歴史と現在を総合的・体験的に学習する機会として設定され、生徒には内地と沖縄の事物を比較しながら知見を吸収し、沖縄の改良に役立てるといった思考が求められたとまとめることができよう。

では内地修学旅行を通じて、生徒は実際にどのような認識を抱くに至るのか。これについて松永歩は、師範学校生徒自身による内地修学旅行に関する文章を分析して、生徒は内地と比べて「遅れている」沖縄について自覚するようになると共に、その「地理的想像力」を沖縄から日本全体へと拡大させ、「沖縄人自らが日本へ協調していく姿勢を今後の未来像として選択する」という方向へ進むと論じた[9]。

ここで松永が主な分析対象とするのは、一九〇二年に沖縄県私立教育会（一八八六年の発足後、数度の名称変更がある）の機関誌『琉球教育』に掲載された文章[10]である。そしてこの文章は、生徒自身が「在学中生徒会にて談話した[11]」際の原稿を、同誌編者が依頼して掲載したものであった。その限りで、当時の教育会が内地修学旅行に期待した教育効果と合致する内容が含まれているとは思われる[12]が、それを生徒一般の認識にまで敷衍し得るかは検討の余地がある。

『巡覧記』も学校への提出物である以上、教員の眼を意識した記述がなされている可能性もある。しかし『巡覧記』には文章の修正や抹消の跡、また字句を書き間違えたままの箇所などが多く見られ、その推敲は不完全である。分量的にも全体で約四〇〇頁に達し（罫紙を使用しており、一頁につき一〇行から一二行となっている）、そこには前原が旅行中に抱いたさまざまな感想や印象が整理され切らないままに詰め込まれている。

すなわち『巡覧記』には、二〇世紀前期の沖縄の一青年による内地体験について、その率直な証言が見出せると考えられるのである。本稿では『巡覧記』の検討を通じて、内地修学旅行を通じて師範学校生徒が得た内地および沖縄に対する認識について探ることを課題とする。もっとも紙幅の制約から、今回は九州と東京滞在中の記述に絞って検討する。

二　内地における興奮と悲嘆――九州での経験から

四月一日に那覇を出航した前原は、三日には船上で「鹿児島につくかと思へば心も勇み気も浮んで坐して居られない」と、内地初体験を目前に興奮を抑えられずにいた。『巡覧記』には、彼らが鹿児島湾に入り、船を降りて市内へ向かう様子は以下のように記される。

我等が年来頭に描いて居た鹿児島の市は目前に開かれたのである……五時頃船は湾内に入りぬ……桟橋に足を踏みつけたる時は、夢かの様であった、道に出て見ればその広さ大にして道行く人は皆、色気よく、装束よく、活溌にして、沖縄より来ては只アー〳〵の一言しか出ない……道を問へば叮嚀に教へて呉れる、あらゆる点に於て先づ本県より進歩の色が見える、

※『巡覧記』中の修正・抹消箇所は、本稿での引用に際して修正・抹消後の字句や文章に改めた。書き間違いと思われる箇所は行脇に「ママ」と記した。以下、全て同じ。

ここでは鹿児島の港から道路といった施設、住民の外見や振る舞いに至るまで、全て沖縄より優れているようだと述べている。

さらに福岡で九州沖縄八県連合共進会を見学した際には、沖縄と他県が出品した産物や工芸品を比較して、以下の感想を示している。

> 本県の出品物として、絣、飛白、酒、砂糖、陶器、木材、笠、しゅろ、琉球畳表の如きものなりしが、何れも他の県のと比較せらる可き程のものでなかった、量が多いものは品質が悪い、品質のよいのは量が少ない、本県のはまだ〱改良進歩せむ可き余地がある、他県に対して数歩譲るところがある……生産品、教育品に於て何れも我が県のが他県に比して劣《ママ》れたるは、遺憾千万のことであった、

師範学校の教員たちは、「県外事物」について「長良」を学び、あるいは「他山ノ石」とせよと指導したが、前原にとって「県外事物」との接触は、沖縄と内地の間に存在するさまざまな格差を認識させられる機会となった。この後も前原は各地で数々の「県外事物」を目にして驚き、興奮するいっぽうで、多くの分野で立ち遅れている沖縄の現実について自覚を迫られることになる。そして折に触れ、激しい悲嘆の感情を噴出させるのである。そうした様子は、たとえば福岡の京都帝国大学福岡医科大学（翌年から九州帝国大学医科大学に改称）の見学の場面に現れる。以下は、前原が医科大学生（「角帽」）から構内の案内を受けた後、別れの挨拶を交わす直前に置かれた一文である。

> 角帽は沖縄に於て二度は見たことがあったが……今日始めて言葉を交すと云《ママ》ふことが出来たので一種の感想にうたれたのである、小倉服、師範生、小学教師、沖縄人、こんながこと心にうかんで、実につまらなく感じた、いっそ死ぬ位なら大学の小使でもして、とんでもないことまで思ひめぐらす、嗚呼われ〱は人間界

の屑でもないと失望、落胆、泣き度い様な、自殺したい様な感がしたのである、

こうした前原の感情は、当時の沖縄が置かれた教育環境そのものに深く根ざしている。[13] 日本にあって沖縄県は、近代を通じて帝国大学および大学・高等学校・高等師範学校などの高等教育機関が唯一存在しない県であった。県内では中学校と師範学校が最高学府となっており、「角帽」の大学生を見かけること自体が少なかった。高等教育を受けるには県外へ出ざるを得ず[14]、県内に留まれば将来は「小学教師」とその進路が制限される。[15] 前原が「実につまらなく感じ」たのは、沖縄で生きるうえでのこのような選択肢の狭さであった（なお先述の通り、前原は卒業後上京し日大高等師範部へ入る）。

また『巡覧記』には、内地の「長良」ばかりではなく、前原が内地に対して覚えた違和感――いわば「短」や「不良」についても、若干ではあるが記述がある。たとえば三池炭鉱では過酷な労働実態について、「その辺は暑くて男女とも腰巻一つで仕分をして居るとのこと……悲壮の歌を歌ひつつ仕事しつつある工夫《（鉱夫か）》は此の世のものとは思はれず」と記す。また東京では「道行く人は皆目をキョロ〳〵させて鵜の目、鷹の目、馳走して居る様は我が輩の目から見たらあまり、神経過敏としか見えない」といった感想も抱いている。

しかしこうした違和感はあくまで散発的に表出するに留まり、内地へのまとまった批判として示されることはない。むしろ『巡覧記』後半では「所感数則」として、「丈夫なる内地人」「内地人は智識が勝れて居る」「美的情操に富める内地人」などといった八つの項目を立てて、全体の内容を総括している。それぞれの項目名に見られるように、前原が修学旅行を通じて確認し得たとするものは、専ら沖縄に対する内地の優位性であった。

そして「所感数則」では三池炭鉱での労働についても、「奮闘せる内地人」の項目名のもとに、「其の奮闘せる様は三池炭坑に於ける奮闘……死中に活を求め、刀下の金諸《ママ》けを思はしむ」と、むしろ肯定的な意味が付与され

るのである。

さらに「所感数則」の末尾には、「所謂沖縄人」という題目の文章が置かれる。ここで前原が試みるのは、修学旅行中の知見に基づく沖縄の現状批判であった。

> 廃藩置県ここに川年内地との交通は頻繁になり文化の輸入は侵々として日進月歩で進んだと云ふものの、これを内地他県を見て来て話すと実に気の毒、情けない様な感じがする、県会は開設せられ自治制はしかれ……何々沖縄も余程文化が進んだ、程度が高まったと安心した様我が輩からは見えるのである、かく沖縄人は自惚心が甚しいのである、小成によく安ずるのである、かくて内地他県の進歩は知らないのである、いわゆる沖縄龍宮城だのと桃源の夢に憧憬して居るのである、かくていつまでも覚醒しないのである……他山の石もって玉をみがくと自ら以って居た沖縄の程度は他県によって破壊し、破裂せられて、己れが疵を見出す様になった、自分の抱負して居た理想は遂に遂に挫折されて仕舞った。今後の沖縄を率先して開導し開拓して行くのそれたれの任、云はずも知って居ることとなればここに略す。めでたし〳〵

後半の傍線部から、当初前原は教員の指導通りに、内地を「他山の石」として沖縄の改良を図る（「玉をみがく」）という「理想」を持っていたことが窺われる。しかし彼が修学旅行で実感したのは、内地と沖縄との圧倒的な格差であった。そして他府県は、「他山の石」とすればかえって沖縄を破壊・破裂させるほどの巨大な存在として映った。こうして前原が沖縄改良のために抱いた「理想」は、一旦「挫折されて仕舞」うのである。

前原が『巡覧記』の中で提言し得たのは、内地と比較した沖縄の遅れについての自覚を周囲に促すことと、近代化を進める沖縄の現状を内地へ正確に伝えること（後述）であった。しかし、そこから沖縄の改良をどう展望するかは明確ではない。「今後の沖縄を率先して開導し開拓して行くのそれたれの任……」という一文には、「開導」や「開拓」の決意よりも、むしろ「理想」を見失ったことによる混迷の方がより表れていると思われる。

三　誤解と近代化をめぐって――東京の博物館と同郷人たち

一九一七(大正六)年、東京在住の東恩納寛惇は『琉球新報』紙上で「修学旅行生また其の周囲の人々へ」(上)～(下)を連載した[16]。当時は沖縄から数多くの修学旅行生が東京を訪れており(師範学校以外にも、沖縄県立中学校や那覇市立商業学校も内地修学旅行を行った)、その状況を知る上でも重要な文章である。以下、(上)から一部分を引用する。

> 今年も亦多数の旅行生諸君が上京すべき時となつた。諸君を迎へて一夕の歓談を交へるのは、吾々在京者の愉快なる期待の一である。同時に亦諸君の若き口より様々の慷慨談を聞かねばならぬ事を億劫に思ひ又悲惨に思ふ。単に諸君計りではない、十人寄れば、十人共、沖縄は誤解されて居る、沖縄人は正解されて居らぬと云ふ。……但だ沖縄が毒蛇、芋、刺青の外に何者も無いかの如くに考へられるのは、成程誤解と云へば誤解には相違ないが、之れは寧ろ誤解と云ふよりは、認められて居らぬ、詰り正解される丈けの材料が提供されて居らぬと云ふが穏当である。

ここで東恩納は、修学旅行生ほか沖縄の人びとが「沖縄は誤解されて居る」としばしば口にすることへ苦言を呈する。東恩納によれば、それは沖縄の現実が内地へ十分伝わっていないことから生じるものであった。そして、その改善を目指すならば「よろしく吾々は、今の事実を今の人に経験すべきである」(中)、さらに「弁解と云う事は、何れの場合に於ても、卑怯である。……自ら弁解する時代ではないのである」(下)と主張する。

しかし生徒を沖縄から内地へ送る立場の師範学校教員は、内地で生徒がこうした「誤解」にさらされることをむしろ前提としていた。だからこそ訓導の前田百太郎(和歌山出身)[17]は、修学旅行を目前にした生徒に対して次の内容を含む注意を与えたのである。

一、本県に関することを話すには、よく他府県人の誤解を解く様にせよ、

当時の沖縄の人びとにとって、内地で「誤解」を受けないかどうか、他府県人からどのように見られるかは、きわめて重大で切実な問題であった。鹿野政直によれば[18]、琉球処分にともなう沖縄のヤマト化の第一期(「中国への親密性の除去」と「日本の制度の導入」の時期)は一九〇〇年代初頭には終了し、続いて「日本のなかでの沖縄がいかにあるべきかを模索するつぎの時期」に入る。この時期以降、沖縄の人びとは日本内部にあって「「他府県」並みかどうか、また「他府県」人がどうみているか」を強く意識せざるを得なくなる。

とくに一九〇三年の第五回勧業博覧会(大阪)での「人類館事件」[19]は、他府県並みの立場を希求する沖縄の人びとを強く刺激した。これは『巡覧記』の七年前の事件であるが、その後も内地の博物館での展示内容は沖縄の人びとの心に影を落とし続ける。

東京上野の帝室博物館では一九〇〇年の発足以降、歴史部第一一区が「蝦夷、琉球、台湾風俗」として設けられていた。これは日清戦争後、内地ではない外地としての日本を扱う項目設定を行ったことによると思われ、ア

イヌには「蝦夷」の語が殊更に用いられた[20]。

そして師範学校学友会の会誌『龍潭』三号（一九〇四年）に掲載された玻座間里模[21]による、修学旅行経験についての文章「内地旅行談」には、帝室博物館のこうした展示に激しい憤りが示されている。

> 東京博物館にての感を述べむ……呆れた事には、蝦夷琉球台湾土人の風俗とかを一所にして陳列してあつた誠に恥しくありました……沖縄の御殿殿内から出た衣などは実質は非常に宜しい、華にして目を驚かす内地の布よりは宜い《ママ》……然るに、台湾や蝦夷の蛮人の物と同室に陳列してあるは中々腹立しい次第であると呆れ反つて丁寧に観察もせんで行き過ぎる

「人類館事件」の際に沖縄側で持ち上がった抗議の内容と同様に、この文章にはアイヌや台湾原住民への抑圧移譲に基づく差別意識が明白に表れていると言えるであろう。

前原らも四月一二日の東京到着直後に帝室博物館を見学しているが、『巡覧記』には琉球やアイヌ、台湾の展示に関する記述が全くなく、あえて言及を避けたとも考えられる。むしろ前原は見学の締めくくりとして、以下のような「所感」を記している。

> 百聞は一見に若かず……吾れはここに生きたる学問と、実際の智識を得たり。……断言す、地方に於て千篇万巻の書を読むより来りて一見せよと。

しかし一九一〇年段階にも、玻座間のような憤りは前原の周囲に依然根強く存在していた。それは前出「所謂

沖縄人」の中略部分に、以下の文章が見えることから明らかである。

先年幾多の旅行生其の他東都に遊びし人々は上野博物館館内の陳列品を見て来て、これを憤慨し慷慨するが
これは人情として然らしむることである、しかし憤慨したならなぜその憤慨を静める策は講じないか……沖
縄と云へは未だ未開地の様に思ふて居る内地人の頭にいくら弁解し慷慨をしたって、それで沖縄の実を紹介
することは出来ないのである、実際の例を示し、実際の力を以って紹介すべきである、

ここで前原は帝室博物館に「憤慨し慷慨する」人びとを念頭に、内地に向けて沖縄の「実際の例を示し、実際の力を以って紹介」することだけが現実的な対応だと述べている（アイヌ・台湾原住民への差別視自体は、前原にあっても問題としては認識されていない）。これは東恩納による「誤解」についての見解とも共通するように思われ、あるいは前原は東恩納自身か、それと近い人物からこうした見解を直に聞かされた可能性もある。なぜなら前原たちは東京で多くの同郷人と接触しており、そこには東恩納も登場するからである。

博物館見学を終えて、前原らは神田淡路町の旅館・筑波館に向かうが、そこには沖縄県立中学校の修学旅行生も投宿しており、さらにさまざまな同郷人たちが次々と来訪した。

かくする内に先輩が尋ねて来る、思ひもよらぬ人が来る、二三年前から国に見えなかった人が来る、東京は
沖縄人ばかりだ、こうしか云はれぬ……我が先輩の柴田、村田、豊川の高師生来らる、数刻雑談、兄等の訓
戒に君等の一生はここにきまるよ、君等の浮沈もここにあるよ、この旅行に於て魂を入れてかへれ、魂を入
れてかへれと嗚呼この一言わが心肝に今に銘ぜられて居るなり、嗚呼わが運命、わが将来、果して如何にな

り行く可き？心に問へど心はまだ答へない、果たしてこのまゝに終る可き？

ここでは「高師生」＝東京高等師範学校へ進んだ先輩による「魂を入れてかへれ」との「訓戒」が、前原にきわめて強い印象を与えている。

翌日、修学旅行生は当時麹町区富士見町にあった旧琉球王家の尚家邸（現在の都立九段高校）へ挨拶に赴き、自由時間に前原は沖縄青年会事務所で「郷友の島袋君」と再会する。

沖縄青年会[22]は沖縄から東京に留学中の青年による組織で、先行する沖縄学生会を引き継いで一八九〇年に結成された。活動内容は会誌『沖縄青年雑誌』の刊行や、旧留学生・現留学生の父兄をまじえた茶話会・懇親会などで、演説や文筆による修養・自己研鑽が目指された。『巡覧記』には、会員は「現時では百三十人許り居る」とある。

そして四月一五日、沖縄青年会は上野の韻松亭で修学旅行生のために大がかりな歓迎会を開催しており、そこには東恩納ほか在京沖縄県人の名士たちも列席した。『巡覧記』によれば、歓迎会の様子は以下のようであった。

待つ程に漸く準備も整ふたと見えて、案内せられた。来席の人々には、漢那〔憲和〕大尉、神山〔政良〕法学士、東恩納〔寛惇〕文学士、を始め大学、高等学校、各種学校の方々が見えて居る、暫くして那覇の商業〔那覇市立商業学校の修学旅行生〕来る〔中略。幹事の翁長良保[23]による開会の辞、師範学校・商業学校の教員と生徒の謝辞・挨拶などあり〕一同茶話会に移り菓子の待遇を受け、余興として漢那大尉、神山法学士の御話しなどあり、かく終りに沖縄青年会廿年の記念号など貰ひ、伊礼門、島袋〔共に前原の同級生〕の唐手を以って終り、閉会した。

この前年、沖縄青年会は二〇周年記念会を挙行し、会誌の記念号も刊行している（傍線部の「記念号」はこの号のこと）。二〇周年を機に沖縄現地で「会友」も組織化される（翌年「会友会」が発足）など、この当時は青年会の活動自体が活性化していた。

先の東恩納の文章には、修学旅行生と「一夕の歓談を交へる」とあったが、沖縄青年会主催の歓迎会がそうした機会になったのである。東恩納自身も出席したその席上で、前原は沖縄への「誤解」に関する前出のような見解に接したとも考えられる。

そして翁長良保による開会の辞は、以下のような内容であった。

諸君、諸君ははるばる国を出て、この帝都なる東都に於て何をか見、何にをか感じたる、この上野の入口に出て見よ、この東都はいかに活動が劇しいか、いかに甚しいか、嗚呼人間は只この活動即ちアクションに生き、アクションに死ぬ可きである……諸君は沖縄の現状を知れるならん、果して如何程の活動をかなしつつある？

ここで翁長は、東京の激しい社会状況に適応することの意義と共に、沖縄の現状を停滞したものとして認識し、直視せよと訴えている。

東京で前原たちは、先輩からも「魂を入れてかへれ」と、意識の変革を迫られていた。こうした在京沖縄県人たちの言葉は、修学旅行生さらには現地沖縄の人びとをひたすら近代化へ追い立てようとするものであった。その背景には、在京沖縄県人自身がそれぞれ東京で直面したであろう事態の厳しさを読み取るべきかもしれない。

前原はこれらの言葉に感銘を受けつつも、「嗚呼わが運命、わが将来、果して如何になり行く可き？」と、先を見通せない気分にも捕らわれ自問自答している。こうした姿は、島袋全発が一九一一年に『沖縄毎日新聞』に寄稿した「郷土人の明日」(24)で描いたような、東京ほか内地の都会へ進学した沖縄の青年の姿にも重なって映る。彼らは内地で「種々の疑問に逢着して矛盾を見出」し、他府県人から「ある意味のストレンヂャー視」を受けて、「内観的傾向なき青年までが我に帰った如く自覚して更に懐疑に陥るやうになる」のである。

その意味では内地修学旅行は、沖縄からの内地留学生たちが数多く陥った内観的傾向や自己省察について、いくらか先取りして生徒たちに経験させる機会になったとも思われる。

四　おわりに——夢の中で泣く

修学旅行中、前原は時折悲嘆の感情を吐露しているが、東京での滞在を終える四月二一日朝の場面はとりわけ印象的である。

> 銀座の繁、上野の桜、浅草の殷盛も、又来いとの挨拶はまだ云はぬ、赤門、御茶の水其の他の学び屋は未《ママ》だ興起せよとの一言もない……嗚呼自分はこれで永遠の別れか、あゝ懐しい東都、自分は再び彼の南洋の絶海に呻吟するのである、実もなく、花もなく、我が一生を終へるのである、我が一生には遂に活動と云ふ現象は躰せぬのである、一生休すのである、実に寂しき一生なり、悲しむ可き一生なりと自分の不遇に泣きくづれぬ、時に「サア御目覚め〳〵」揺りおこすのに起き見れば、自分は夢に泣いたのである、

前原は、自分が泣いたのは夢の中の出来事で、旅館の従業員に起こされたという設定を取りつつ、沖縄で自分を待つ境遇について暗澹とした感情を書き連ねている。その中で、東京に「懐しい東都」と呼びかけながら、沖縄は「彼の南洋の絶海」と突き放して表現する。そして、沖縄で一生を送る限りは「活動という現象」は決して生じないとするが、これは前出の翁長良保による「活動即ちアクション」についての演説に基づく表現であろう。ところで『巡覧記』では「夢」という語に、特殊な意味を込めて使用する箇所がある。たとえば前出の「所謂沖縄人」には「沖縄龍宮城だのと桃源の夢に憧憬して居る」との一文があるが、ここでの「桃源の夢」とは、沖縄における近代化（「県会は開設せられ自治制はしかれ……」）に満足しながら、そこで生活することを含意しているであろう。前原によればこの「夢」は、「内地他県の進歩」を知り、それとの対比で沖縄の遅れを自覚させられることによって、自ずと破られざるを得なかった。

こうした「夢」の語の用法は、『巡覧記』の最末尾にある「偶感二則」にも現れる。ここで前原は、修学旅行によって得られた最終的な結論を以下の二ヶ条にまとめて示している。

一、小学の門を入り始めてここに十余年而して此の間に於けるあらゆる智識は今度で実際の功果《ママ》を挙げ得たこと。

一、夢より醒されたる身は、覚めたまゝ暗黒の裡に葬られたこと。

一条目は、「修学旅行規則」での「実地ニ就キ学術ヲ研究スルヲ以テ目的トス」とも対応しており、学校側があらかじめ設定した目的に添ったものと言い得る。

二条目は、本稿での検討に基づいて以下のように解釈しておきたい。すなわち、かつては前原自身も沖縄で自足したまま暮らせるという「夢」の中にあったが、修学旅行を通じて否応なく覚醒させられることになった。しかしその覚醒は前原に今後進むべき方向の発見をもたらすものではなく、かえって「覚めたま丶暗黒の裡に葬られた」——将来に対する混迷の中へと彼を引き込んだのである。

本稿では修学旅行による内地経験がもたらした悲嘆や混迷の感情に注目したが、それ以外の修学旅行の影響を伝える事例も存在する。たとえば伊波普猷は中学校在学時に行われた京阪地方旅行によって、「目の廻るほど多くの物質的文明」を目の当たりにし、京都の第三高等学校生などと接触することで「高等教育熱」にかかり、友人たちと『学友会雑誌』を創刊するに至っている。[25] 伊波とその同級生にとって修学旅行は、沖縄にあって高等教育を求める心情に火を付け、具体的な行動へと駆り立てる契機となった。

『巡覧記』からも、修学旅行を通じて前原が伊波とも共通する文化的衝撃を受けたことが読み取れる。ただし、ここではそのあまりの激しさにもよって、親しい郷里沖縄が突然価値を失い、そこで暮らす「夢」が破られるような戸惑いがむしろ生じている。修学旅行による影響については、当事者個々人の体験に則して検証を重ねる必要があるだろう。

先述のように、近代沖縄では師範学校、中学校、商業学校などが内地修学旅行を行っていた。これら学校で学んだ数多くの青年たちが一様にこうしたかたちで内地を経験したことは、どのような社会的意味を有したのだろうか。今後は『巡覧記』自体の豊かな内容を丹念に読み解きながら、前原以外の青年たちの旅行経験についても掘り起し、近代沖縄史の中に内地修学旅行を位置づけることが課題となるだろう。[26] 後日を期して擱筆とする。

注

（1）沖縄県師範学校は一八九八（明治三一）年に沖縄県尋常師範学校から改称した。沖縄における師範学校の開校自体は一八八〇年である。
（2）沖縄では、沖縄以外の日本を「内地」「本土」「ヤマト」などと呼ぶが、本稿では『三府十六県巡覧記』で用いられる「内地」に統一した。
（3）『龍潭同窓会会員名簿』、沖縄師範学校龍潭同窓会、一九七八年。沖縄県立図書館蔵。
（4）『龍潭百年《沖縄師範学校百年記念誌》』、龍潭同窓会、一九八〇年。沖縄県立図書館蔵。
（5）前掲注（3）『龍潭同窓会会員名簿』、「筆者紹介」（『おきなわ』一-七、おきなわ社、一九五〇年）、前原信明「わが師・わが友——沖縄師範時代」（『おきなわ』四-五、一九五三年）、笄小学校五十年記念事業実行委員会『笄小学校五十年史』、一九五九年による。
（6）前掲注（4）『龍潭百年』収載の「沖縄師範学校沿革」による。
（7）沖縄県立図書館蔵。
（8）師範学校卒業者には当該府県で小学校教員として一定年数服務する義務が課せられ、沖縄でも同様であった。一九一三（大正二）年に実施された調査では、前原と同じ本科一部卒業生の場合、服務年限内の教職在職率は八〇％である。ただし教職に従事しない者も存在し、さらに服務年限外の場合は在職率が四五％に低減する。藤澤健一編『沖縄の教師像——数量・組織・個体の近代史』榕樹書林、二〇一四年、一三一～一三三頁。
（9）松永歩「地理的想像力の醸成と沖縄師範学校の修学旅行——日琉同祖論の一前提」（立命館大学政策科学会『政策科学』一九-四、二〇一二年）。
（10）岸本久栄「内地修学旅行談」（『琉球教育』七三、一九〇二年）。岸本は国頭出身で、一九〇二年卒業生。前掲注（3）『龍潭同窓会会員名簿』参照。
（11）前掲岸本「内地修学旅行談」。師範学校では学友会が運営する「講話部」で修学旅行帰りの生徒の報告会を行い、学友会誌『龍潭』にも簡単な報告内容の要旨が掲載された。
（12）照屋信治によれば、沖縄県私立教育会は「知事を総裁に戴く半官半民的な団体であり、それが『琉球教育』の内容を規定」していた。岸本の文章が同誌に掲載されたのは、「『日琉同祖論』を前提として、排除すべき他者を強調した、沖縄人の大和への文化的同一化を目指す教育論」を掲げる新田義尊が編集委員として支配的論調を形成した期間の最末期にあたる。松永は岸本の文章に「日琉同祖論」的傾向を指摘するが、掲載媒体自体の分析が併せて行われるべきであろう。照屋信治「『琉球教育』（一八九五〜一九〇六）にみる沖縄教育の原型――新田義尊の沖縄教育論とそれへの対応」（『歴史評論』六八三、二〇〇七年。後に照屋信治『近代沖縄教育と「沖縄人」意識の行方――沖縄県教育委員会機関誌『琉球教育』『沖縄教育』の研究』渓水社、二〇一四年に収載）参照。

（13）以下の説明は、近藤健一郎「北海道帝国大学に入学した沖縄出身者」（『北海道大学大学文書館年報』八、二〇一三年）によった。

（14）なお前掲注（5）の前原「わが師・わが友」によれば、同級生二五人のうち、前原ほか八人が第一高等学校・広島高等師範学校など内地の高等教育機関に進学した。そこには沖縄の歴史・地理やおもろ研究者である仲原善忠や、琉球音楽研究家・作曲家の山内盛彬らが含まれる。

（15）注（8）参照。

（16）『沖縄県史一八 新聞集成（教育）』琉球政府、一九九六年および琉球新報社編『東恩納寛惇全集』一〇、第一書房、一九八二年では、（下）の文章を省いて収録している。

（17）楢原翠邦（友満）編『沖縄県人事録』沖縄県人事録編纂所、一九一六年。国会図書館デジタルコレクションを使用。

（18）鹿野政直『沖縄の淵――伊波普猷とその時代』岩波書店、一九九三年、四〇〜四一頁。

（19）博覧会の民間パビリオン「学術人類館」で、沖縄の女性が台湾原住民やアイヌなどと共に「展示」され、沖縄現地の憤激を招いた。松田京子「パビリオン学術人類館――世紀転換期における『他者』表象をめぐる知」（『日本学報』一五、一九九六年。後に松田京子『帝国の視線――博覧会と異文化表象』吉川弘文館、二〇〇三年に収載）など参照。

（20）帝室博物館の展示内容については、佐々木利和「東京国立博物館のアイヌ民族資料（上）」（北海道立アイヌ民族文化研究センター『研究紀要』三、一九九七年）参照。

（21）玻座間里模は一九〇六年の師範学校修了生で八重山出身、一九二〇年の選挙で石垣村長となる。前掲注（3）『龍潭同窓会会員名簿』、石垣市企画室編『市政のあゆみ』石垣市、一九八三年参照。後者は国会図書館デジタルコレクションを使用。

(22) 以下、『沖縄県史 第六巻各論編五 文化下』沖縄県、一九七五年参照。

(23) 翁長良保は沖縄県立中学校を一九〇八年に卒業し、第一高等学校を経て東京帝国大学に進んだ後、旭硝子に入社し一九三七（昭和一二）年に同社取締役。高嶺朝光編『沖縄県人事録』沖縄朝日新聞社、一九三七年。国会図書館デジタルコレクションを使用。

(24) 屋嘉比収『〈近代沖縄〉の知識人――島袋全発の軌跡』吉川弘文館、二〇一〇年、三〇～三一頁。

(25) 伊波普猷『琉球古今記』刀江書院、一九二六年の附録「中学時代の思出」。注(18)鹿野政直『沖縄の淵』一〇頁も参照。

(26) 本稿では、沖縄の人びとが内地で経験した言葉の問題にも言及できなかった。この点について『巡覧記』に直接の記述はないが、一九〇七年に師範学校を卒業した沖縄県立第三中学校長・山下篤男は次のように内地修学旅行を回想する。

〔修学旅行で〕一番僕に興味を持たせたのは、果して言語が通ずるか否かの点であつた。それで汽車の中では無用な事までしやべつて見て、自分の言ふことが相手に解せられて喜んだ。旅行中に朝鮮人と言はれて、プン〳〵怒つた気概家も居た。

（山下篤男「回顧して」『沖縄県師範学校創立五十周年記念誌』沖縄県師範学校学友会、一九三一年。沖縄県立図書館蔵）

『巡覧記』にも汽車で乗り合わせた内地人と会話を交わす場面がいくつかあり、それらは単なる旅行中の点景ではなく、内地で言葉が通じたことの表現を兼ねていた可能性がある。またこうした点に強いこだわりを持たされることは、同じく言葉が通じ難いという状況に置かれた他者（「朝鮮人」）への差別意識を呼び込む場合があり得た。

※本稿執筆にあたり、史料を所蔵する沖縄県立図書館にはたいへんお世話になりました。記して感謝申し上げます。

第一四章　須永元をめぐる朝鮮人亡命者支援
——甲申政変関係者について

朝井佐智子

一　はじめに

昨今、須永元（一八六八〜一九四二）は、一九世紀後半の朝鮮独立運動家や革命家を支援した人物と評され着目されつつある。それは彼が常に在野にあり無償の支援をしていたということによるものが大きい。しかし着目されつつあるとはいえ、未だに彼の生涯には不明な点も多く、行動や志など明らかにすべき点は数多くある。彼の行動を明らかにすることは、須永元自身はもとより、ひいては、朝鮮独立運動家たちの目指していたものをも明らかにできるものと考える。

筆者はすでに「須永元——金玉均を支援した日本人」[1]、「東邦協会の親隣義塾支援に関する一考察」[2]、「須永元をめぐる朝鮮人亡命者——金玉均・朴泳孝を中心として」[3]など一連の研究で須永元の朝鮮や朝鮮人亡命者との関わりについて明らかにしてきた。しかし須永元は、金玉均、朴泳孝のみならず他の多くの亡命者を支援しており、その活動の全体像を示すには、それでは十分ではなく、またその後新たに見いだしえた事実もある。本稿では、須永元が支援した人物として新たに鄭蘭教をひとり付け加え、須永と斎藤実朝鮮総督との交流について紹介するとともに、彼の支援活動について考察を深めたいと考える。

本論に入る前に、須永元の亡命者支援研究の現状について概括してみたい。須永元の研究者は数少ないが、藤沼博が「須永元邸を訪れた亡命者たち[4]」、「妙顕寺と二人の亡命韓国人[5]」を、西山武彦が「須永元をめぐる韓国亡命政客群像[6]」で、須永元の生涯における金玉均または朴泳孝の影響を明らかにしている。直近の研究では、芹川哲世が「須永元と朝鮮人亡命人士との交流――金玉均を中心として[7]」を発表しているが、交流に関する事実確認であり、支援という面での新たな知見を示すものとはなっていない。

二　須永元の生涯と朝鮮亡命者

須永元の生涯に関しては、既に拙稿「須永元――金玉均を支援した日本人」で述べたので、ここでは概略を述べるにとどめておく。

須永元は、一八六八（明治元）年、栃木縣安蘇郡佐野町に豪農の父市十郎の長男として誕生した。一八八六（明治一九）年頃に上京し、三島中洲、岡本黄石に師事し漢籍を修め、一八八九（明治二二）年、慶應義塾別科独仏科に入り、大学部を卒業している。このころより、金玉均ら朝鮮革命家を支援するとともに、東邦協会などでの活動に没頭している。一九四二（昭和一七）年七月一日、七五歳の生涯を閉じ、葬儀には頭山満を始め多くの政財界関係者が参列し、佐野妙顕寺にて行われた。

須永元は日記をつけるのを常としており、「須永元文庫」[8]には明治一七年、明治二一年、明治二二年、明治三八年、明治三九年、明治四二年、昭和一三年、昭和一四年の合計八年分の「須永元日記」が所蔵されている。須永が日々の出来事を書き留めたこの日記には、多くの朝鮮人[9]が登場する。彼らの人名を概観すると大きく分けて二つのカテゴリーに分けることができる。第一が、甲申政変後に日本に亡命してきた朝鮮人たちであり、第二が、閔妃暗殺事件に関与したとして亡命してきた朝鮮人たちである。いずれも朝鮮の内政改革、独立を目指したにも関わらず挫折した者たちである。もちろん第一、第二両カテゴリーに関わる者、両カテゴリーに属さない者、人物の来歴が不明なためカテゴリー分類不能の者も存在する。

紙幅も限られているので、本稿では甲申政変後に日本に亡命してきた朝鮮人たちに絞って述べることとする。第二のカテゴリーについては後日を期したい。

第一のカテゴリーに属する甲申政変後に日本に亡命してきた朝鮮人たちは、開化派の同志であった。彼らは、実学思想を継承しながら、日本の明治維新を模範として、西洋の科学技術や近代的な政治制度を積極的に導入していくことを目指しており、清国に対する事大関係を保ち続けようとする閔氏政権が勢道政治を継続する限り、政治の改革はありえず、朝鮮の前途は暗黒であると考えていた。一八八四(明治一七)年一二月、穏健な制度改革だけでは無理との判断から、甲申政変を実行へと移す運びとなったのである。しかし、閔氏政権から要請を受けた清国軍の出兵により、駐留日本軍はたちまち敗退し、国王は清国軍・守旧派側に奪われた。竹添進一郎日本公使も公使館に自ら火を放ち、仁川領事館へと退却した。国王に従った洪英植・朴泳教らは殺害され、新政権はまさしく三日天下で崩壊した。その結果金玉均、朴泳孝、徐光範、徐載弼、李圭完、申応熙、柳赫魯、辺燧、鄭蘭教の九名は、竹添公使らと共に、千歳丸で日本への亡命を余儀なくされたのである[10]。

三　金玉均への支援

朝鮮の近代化を目指すという夢に破れ、日本での生活を始めた九名のうち、まず金玉均にスポットをあててみたい。金玉均は須永元にとって朝鮮問題に関心を抱き始める発端ともなった人物だからである。

金玉均と須永元が巡り会うのは、金玉均が他の八名とともに日本へ亡命した直後でもなく、亡命したという事実が新聞などで報道され始める一八八五（明治一八）年三月頃からでもなく、小笠原に配流されてから記録上にあらわれる。小笠原は、清国や閔氏政権から金玉均の庇護と責任追及されることもなく、また金玉均を暗殺しようとする刺客も訪れることができないほど辺境の地であった。簡単に訪ねていくことができない場所に遠く離れてから、須永元と金玉均の交流が始まったのである。明治二〇年の日記は欠落しているので具体的な始まりの時期は確証を得ることはできないが、明治二一年一月三一日の日記には、「受取岩田氏手翰」とある。岩田とは金玉均の日本滞在時の別名で、岩田周作（秋作）のことであり、金玉均から手紙を受け取ったことが日記に記されている。手紙のやり取りをするうちに、金玉均がアメリカに渡り再起を図りたいという意思を伝えたのか、それとも新聞に度々掲載される揮毫販売の広告[11]から判断したのか、金玉均の切実な望みを知った須永元は、渡米を叶えるべく、無届出版の檄文配布を行動にうつすことになる。

無届け出版事件。公論新報の記者鈴木力及び三木平三郎、須永平重郎、村田誠治の諸氏は、朝鮮人金玉均氏の小笠原島に在るを憫み、氏を米国へ渡航せしめんと欲し其の費用を募る為め鈴木氏の起草せし、天下の志士仁人に訴ふ、と題する文書を無届にて頒布する目的を以て、活版職久保田音次郎に托して印刷せしめたる廉を以て、三木、村田、鈴木は各々罰金三円七十五銭づつ、須永は二円八十一銭、久保田は二円に処せれたり

（一八八八〈明治二一〉年五月二二日付『萬朝報』）

これは、『萬朝報』新聞紙上に登場する須永元の姿である。金玉均支援の檄文を無届で出版したという罪で、罰金に処せられたという内容である。結果として配布できなかった檄文は「天下の仁人志士諸君、諸君の義捐によって一日も早く絶海の孤島から金玉均を自由の天地米国に送ろうではないか」[12]という内容であった。須永元は、金玉均の渡米の願いが叶わないのは、単に資金不足のためであると短絡的に考えていたようである。同志である朴泳孝、徐光範、徐載弼、柳圭完、辺燧[13]が渡米を果たすことができたのであれば、金玉均も資金が集まれば渡米できるはずであると、須永は義捐金集めに奔走する。日記にも「明治二十一年二月十二日　日曜　曰余為金氏募金以使氏果渡米之奉」、「明治二十一年三月一日　木曜　三木孝作来以岩田義捐之挙也」など渡米の為の募金という言葉が何度も登場する。「それは明治二十年代、須永元が在京修学中、中洲に金を借りたいと申し込んだ時、中洲は〝この金は朝鮮問題に使うのであろうが、このまま進むと後日、家業を継いだとき、家産を尽くしてしまう結果になる〟ときつく戒め」られたという。[14]須永元は、金玉均の願いを叶えるために自らの師である三島中洲に止められてまでも、必死に行動したのである。須永元自身覚悟したであろうが、一八八八〈明治二一〉年四月一〇日、四月一四日に予審裁判所で尋問を受け、五月一八日午前八時に「出版条例違犯」公判で罰金を払っている。しかし、これに懲りて諦めるということはなかったようである。拘留後も須永元は今まで同様、金玉均への義捐金集めや揮毫代金の徴収に奔走し続ける。[15]逮捕・拘留は、須永元の熱意に影響を与えるものではなかったのである。それほどまでに、須永元は金玉均支援に傾倒していたのである。

四　朴泳孝への支援

もう一人、須永元が精神的にも経済的にも支援したのが、朴泳孝である。須永元と朴泳孝は、金玉均より早くに出会っていると思われる。朴泳孝は日本亡命直後の一八八六（明治一八）年五月、アメリカへ渡るが言語や習慣の違いから馴染めず、翌一九年日本へ戻ってきている。この時期の須永元と朴泳孝の出会いは、前述したように明治一九年「須永元日記」には一切記述のないことから考えづらい。朴泳孝は、日本へ戻ったあと、明治学院で学んだのではないかといわれている。須永元も一八八八（明治二一）年九月二一日の日記によると、「明治二十一年九月廿一日　金曜　夜前雨　至明治学院受入学試験被許可入学」とあり、二年ほど遅れてではあるが入学しており、明治学院が縁で須永元と朴泳孝が出会った可能性は全くないとは言い切れない[16]。朴泳孝と須永元が確実に交流していることを裏付ける最初のものは、一八八八（明治二一）年三月七日に朴泳孝からの書簡を受け取り、翌八日に洋食を食べに行くという「須永元日記」の記事である。淡々と記述されていることからすると、何度も手紙をやりとりし、何度も会い、日常繰り返されているごく当たり前の交流であったようである。

では、須永元の朴泳孝への具体的な支援は、どのようなものであったのであろうか。朴は開化派の人材を育てるために私学校「親隣義塾」を設立しているが、「親隣義塾」運営の意志を支えるという形で応援する。この親隣義塾は、一八九三（明治二六）年一一月に発足した日本で教育を受けようとする朝鮮人への教育機関、今でいう日本語学校の役割をもった学校であったようである。また外務省外交資料館所蔵文書[17]には、「親隣義塾寄宿舎」があることから、朝鮮人学生が共同生活も可能なような寮としての役割を兼ね備えて設置されたようである。近衛篤麿、副島種臣、陸羯南など東邦協会を中心とした有力者の支援によって親隣義塾は成立したとされている。確かに政治的影響力のある有力者による協力は経済的な支援には有効であったと思われる。しかし、実際に小回りを利かせて実務的な支援をしたのは須永元であったであろう。朴泳孝が刺客に狙われるという事件によって、親隣義塾の中断を余儀なくされたときの新聞記事から、須永元の活躍の一端を知ることができる。

一八九四（明治二七）年三月二四日、李逸稙は、金玉均暗殺のため洪鐘宇を上海へ向けて送り出した後、朴泳孝を始め、李圭完、鄭蘭教、柳赫魯、李誼昊など他の亡命者を暗殺しようと試みる。しかし、李逸稙を不審な人物と感じていた李圭完の機転により、逆に李逸稙を親隣義塾生徒寄宿舎に監禁した(18)。命を奪われる危険があったにも関わらず、李逸稙を監禁した容疑で朴泳孝のみならず、多くの生徒が拘束されることになる(19)。この拘留に対して保釈を求め東奔西走するのが、須永元である。以下、新聞報道によって須永の動きをたどってみよう。

●朴泳孝　拘引後の親隣義塾　同義塾始末のため昨日も柴四朗・大井憲太郎・山田猪太郎・須永元等の諸氏集会し……（『読売新聞』一八九四〈明治二七〉年四月五日）

朴泳孝の経営していた私学校である親隣義塾の今後を話し合う席上に須永元がその一人として参画していることがわかる。拘留された人物以外で親隣義塾の運営に関して任せられていた可能性も伺い知ることができる。また、留置所に入れられた朴泳孝個人に対しても、何かと面倒を見ている様子が新聞の紙面からも読み取れる。

●朴泳孝の保釈願　朴泳孝は入監以来病に罹り病勢稍や重んとなる趣き諸新聞に掲載せる為め須永元氏は昨日予審判事の許可を得て同氏と監獄にて面晤の上同氏保証人となり保釈願を飯田予審判事の手許まで差

し出したりと（『読売新聞』一八九四〈明治二七〉年四月一〇日）

●朴氏以下の出獄　朴泳孝を始め朴平吉、金興國、柳承萬の四氏は愈々一昨二十三日午後五時五分保釈出獄を許されしに付き柴四朗、山田猪太郎、山田唯一（柳赫魯）須永元等の諸氏は百万奔走して其々手続きを済まし検事の出獄命令書を得て監獄署に趣きたる……（『朝日新聞』一八九四〈明治二七〉年六月二六日）

朴泳孝に何度も面会に行き、さらには保証人となり保釈を願い出る。親兄弟同様の奮闘ぶりである。六月二三日[20]須永元の努力の甲斐もあり、朴泳孝は、保釈されることになる。

親隣義塾の再開を望み行動した須永元であったが、七月二三日、閔氏政権が倒れ、状況は一変する。朝鮮近代化を望む開化派を阻んできた守旧派が一掃されたことにより、朴泳孝は、朝鮮への帰国が可能となったのである。朴泳孝が長年抱いてきた開化思想を実現する絶好の機会を得たことは、すなわち「親隣義塾」の閉鎖でもあった。こうして須永元の朴泳孝支援の役割を一旦は終えることにもなったのである[21]。

五　鄭蘭教への支援

金玉均と朴泳孝に積極的に支援をしてきた須永元であるが、彼らに対する支援ということのみを取り上げれば、頭山満や宮崎滔天等が金玉均を、高島嘉右衛門等が朴泳孝と、須永元の他にも甲申政変の指導的役割を果たした開化派の人物を支援する人たちは数多く存在しており、須永元の金玉均や朴泳孝への支援という点にのみ着目すれば、これら他の支援者と並び評されることのみで終始する。

須永元が、他の金玉均、朴泳孝支援者たちと大きく異にするのは、金玉均（日本名：岩田周作）、朴泳孝（日本名：山崎永春）にとどまらず、甲申政変後に日本に亡命してきたすべての人物、すなわち徐光範、鄭蘭教（日本名：中原平吉）、申應熙（日本名：平山広文）、柳赫魯（日本名：山田惟一）、徐載弼、李圭完（日本名：浅田良一）、辺燧（日本名：渡邊辺燧）の七名にも変わらぬ支援をしていた形跡がみてとれることである。

徐光範（一八五九～一八九七）[22]と徐載弼（一八六四～一九五一）[23]は、一八八五（明治一八）年五月から渡米の為、辺燧は、一八九一（明治二四）年病死のため、「須永元日記」にはあまり登場しないということはあるものの、李圭完（一八六二～一九四六）[24]は、明治二一年三月二二日と五月九日に、また申応熙（一八五九～一九二八）[25]は、明治二一年だけでも一月一七日、二月一一日、三月一六日、三月二一日、三月三〇日、四月四日に須永元を訪れ歓「談」している。柳赫魯（一八五一～一九四〇）[26]とは、特に頻繁に往来をしており、明治二一年の日記を概観しただけでも、明治二一年一月一八日、一九日、三〇日、三一日、二月三日、四日、六日、七日、八日、九日、一二日、一三日、二〇日、三月四日、五日、八日、一三日、一七日、二二日、二三日、四月四日、八日、二六日にその名前を確認することができる。柳赫魯や山田惟一や山田など記述は様々であるが、金玉均からの書簡受け取りに来たり、一緒に「寓居」を探したりと単なる往来のみではなく親交している。

また鄭蘭教（一八六四～一九四三）[27]も、柳赫魯と並んで「須永元日記」に数多く登場する人物である。鄭蘭教の初来日は、一八八三（明治一六）年李圭完らと共に慶應義塾入学のために留学生とやってきたことに始まる。[28]鄭は日本語教育を一通り受けた後、専門教育を受けるため、徐載弼、李圭完、申応熙とともに陸軍戸山学校に入学する。[29]彼は金玉均・朴泳孝の目指す朝鮮近代化の一翼を担う軍隊強化の期待に応えるべく、熱心に訓練に励んだのである。その帰国後、武官としての活躍もつかの間、甲申政変に関与して再び日本に戻ってくることになる。一〇年後の一八九四年、彼は朴泳孝にしたがって帰国し軍部大臣となるも、またもや翌年朴泳孝とともに亡命する。一九〇七年朴泳孝とともに帰国し中枢院副参議になり、一九二七年には中枢院参議を歴任し、一九四三年亡くなった。

何度か朝鮮に帰るものの、一八八三～一八八四年、一八八四～一八九四年、一八九五～一九〇六年と、二〇年近くの時を日本で過ごしている。「機密報告　鄭蘭教の挙動」[30]では、「言語容貌モ全ク一變し毫モ朝鮮人タルノ言語相貌ナク故ニ何人か接見ラルモ國人トシテ信用スルノ有」との記述もある。若年時から語学習得の機会があったからか、日本人と変わらず会話が可能であったとある。須永元と鄭蘭教は、明治二一年二月八日、「中原一泊帰」、明治二一年三月三〇日「訪平山中原」、明治二一年四月一一日「中原来訪」、明治三八年一月二四日「訪鄭蘭教金英鎮及韓人某先在置酒宴余」と数多く面会しているが、その際には意思伝達も円滑に行うことができたであろう。ここで示される中原とは鄭蘭教の日本名で「同人ハ明治廿二年頃ニ至り中原雄三ト改名し」とあり、「中原雄三」や「中原平吉」のことである。他の日本名としては中原姓ではなく「南蘭（カホル）」と名乗ることもあったようである。

二人の対面はもちろん酒を囲んだこともあったであろうが、須永元は、飲食を共にした場合には、「酒宴」、「食事」等の記述もしており、特に記述がないということは、「談」すなわち懇談または意見交換に限られた可能性が高い。前述の無届出版による檄文配布を画策していた明治二一年二月頃という時期を考慮すると、金玉均と共に渡米すること、それに関する義捐活動に関するものということが一番考えやすい。特に鄭蘭教は、金玉均の推薦によって日本留学を果たしており[31]、甲申政変も甲申政変後も金玉均の手となり足となり活動している。金玉均の渡米の意思を実行に移すための相談事というのは否定できないであろう。

須永元が鄭蘭教に具体的にどのような支援をしたかという点は「須永元日記」上には現れてはこない。ただ前述の「機密報告　鄭蘭教の挙動」には「昨年暮れヨリ本年一月始頃迠埼玉、栃木、群馬等ノ各縣下ニ趣キ知人ヲ訪問シタル」ともあり、栃木にも頻繁に出かけて知人を訪問していたとの報告もなされている。遠方の栃木訪問には、佐野の須永元を訪れ何らかの頼み事をしたこともあったであろう。

鄭蘭教は須永元と関係しながら、交際は長く続いたようである。国立国会図書館憲政資料室所蔵「斎藤実関係文書」中に、須永元の斎藤実宛て書簡が二通存在し、その一通が鄭蘭教に関して述べている。ここに須永元が鄭蘭教を支援していたことを垣間見ることができるので、以下その全文を掲載する。

東京市四谷■仲町三丁目
［　　　　］
（消印）　四四一

五月十二日
緘　［印］　下野國佐野町　［印］
須永元
再行

拝啓新緑窺窓ノ好
時節愈御清適奉大
賀候陳者先日ハ参上種々
御厚配を蒙り奉謝候

別紙履歴書差上候間
宜敷御願申上候
此柳美沢ハ鄭蘭教ノ
第四男ニテ母方ノ姓を
侵シ候者ニ御座候父鄭蘭
教ハ明治十七年朴氏と倶ニ
亾命シ京橋南紺屋町ニ
住シ後木挽町ニ移候此者
木挽町ニ生レ候蘭教ハ今
長湍駅附近ニ住シ中
枢院ニ奉職致居候日
韓融和ノ為めノ一助とも
可相成候と奉存候まゝ宜
敷御願申上候先ハ御願
迠匆々頓首
五月十二日　須永元
再行
　皐水将軍閣下
侍史

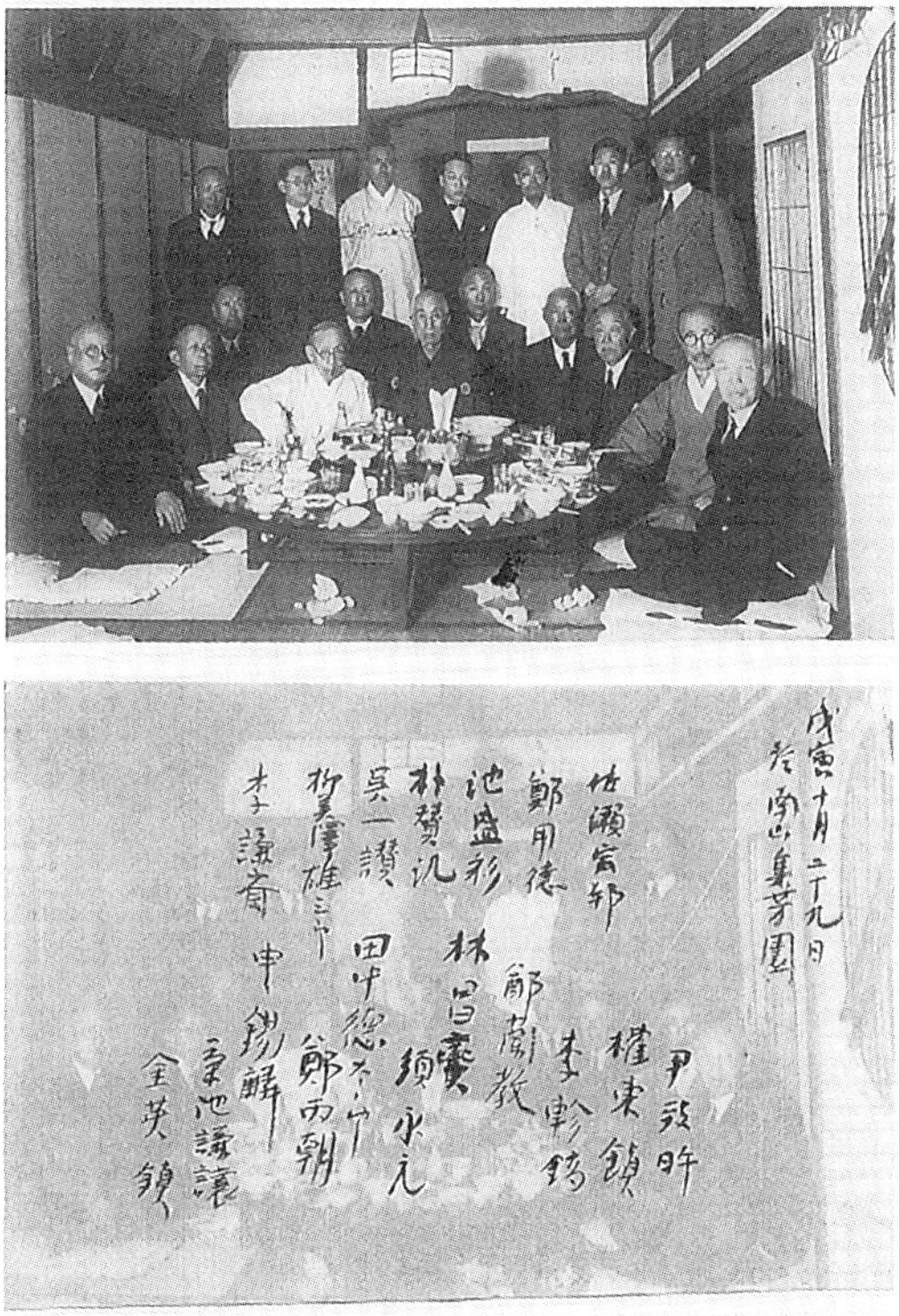

写真１　鄭蘭教らと須永（佐野市郷土博物館所蔵）

先日農場より麁末なる筍
差上候小生不在ノ為め一言も
物申不仕候御執事より御書
頂き恐縮仕候

時候の挨拶に続き、鄭蘭教の四男・柳美沢の履歴書を渡したとある。鄭蘭教の息子でありながら姓が異なる所以と鄭の現在までの痕跡に関して説明している。ちなみに写真1「鄭蘭教らと須永」後方左より二番目に柳美沢雄三郎とあり鄭蘭教の四男の可能性は高い。

書簡の宛先である斎藤実は、現在の岩手県水沢市で生れ、一九〇六(明治三九)年から海軍大臣として軍備拡張に努めた。一九一九(大正八)年朝鮮総督となり、三・一独立運動後の朝鮮植民地支配を行った。一九二七(昭和二)年ジュネーブ軍縮会議の全権を務め、一九三二(昭和七)年には五・一五事件を受けて内閣総理大臣となる。一九三五(昭和一〇)年内大臣となったが、二・二六事件で射殺された。

特に、斎藤実は朝鮮総督を一九一九(大正八)年から一九二七(昭和二)年まで第三代目として、一九二九(昭和四)年から一九三一(昭和六)年まで第六代目として二度も勤めており、朝鮮の内政改革に積極的に関与した人物である。須永元と斎藤実がどのような繋がりで知りあったかは不明である。しかし斎藤実の朝鮮総督府時代には、朴泳孝が中枢院や朝鮮殖産銀行、朝鮮興産株式会社で要職に就いており、[32] 朴泳孝を介しての可能性は大いに考えられるであろう。

書簡は日付と消印から一九三三(昭和八)年五月一二日のものであり、斎藤実が朝鮮総督を辞し、内閣総理大臣を務めている時代に書かれたものである。追伸には「農場より麁末なる筍」を「差上」とある。須永元は一九〇四（明治三七）年より現在の小山市喜沢に農園を開いている。[33] 須永のこの農場でとれた筍なのか、いずれにしても「筍」を贈答品として進呈することができる間柄なのである。また斎藤実の方も「不在ノ為め一言も物申不仕候御執事より御書頂き恐縮仕候」とあり、「筍」に対する礼状をわざわざ送るほど懇意な関係にあったということであろう。しかし、親しい間柄であったとしても、斎藤実は一国の現職総理大臣であり、朝鮮総督を二度も務めた政・官界の有力者である。鄭蘭教の子息のためであれば、その斎藤実を動かしたい、ぜひ斎藤実に頼みたいと思うほど熱心に面倒をみていたのである。

六　おわりに

一九〇〇（明治三三）年一二月一六日付『東京朝日新聞』に「現在の韓國亡命者」と題して一つの記事が掲載されている。「目下我國に滞在中の韓國亡命者は左の如し　朴泳孝、趙義温、愈吉濬、張博、劉世南、柳赫魯、鄭蘭教、申應熙、具然壽、趙義聞、権東煥、李牛□、黄鐵、禹範善、趙重康、李玲鎬、鄭鎮弘、韓錫路、李範来、李経完、陸鐘允」とある。一九〇〇（明治三三）年現在に日本在住の韓国亡命者の氏名を記載したものであるが、須永元が支援した人物が多く含まれている。特に陸鐘允に関しては、次稿でも述べるつもりであるが、前述「斎藤実文書」中にあるもう一通ある書簡には、一九一六（大正五）年六月一八日「数日前陸鍾允を訪問」し、「屋賃先月分ハ延期交渉」した、「米塩（筆者注—食糧）ハ一時小生」がなんとか都合したが、「現在の儘にては一家の維持到底出来難く何とか早く御運下されたし」とある。一家離散を避けるために、須永元が陸鐘允に家賃交渉から食料援助まで尽力している様子がうかがえる。甲申政変以降の亡命者に関しても、須永元は相も変わらぬ支援をし続けたのである。

「古るくから日本に亡命し、または留学した朝鮮志士で殆んど須永翁の世話を受けなかった者はない程多数朝鮮の人の為めに尽した[34]」と須永元は、評されることが多い。

なぜそこまで、須永元は支援し続けたのであろうか。その回答が陸鍾允に関する前述の斎藤実への書簡に示されている。須永元はその理由を一言「日韓融和の一助」にしたいと言明する。「日韓融和」のために尽力したい、これこそ須永元の志の根源であったのである。

本稿では、前述「現在の韓國亡命者」記事にあがっている人物のうち、朴泳孝、鄭蘭教と暗殺された金玉均と三人までしか取り上げることはできなかったが、稿を改めて人物と須永元の支援ぶりを確定し、彼の支援活動についいて考察を深めたいと考えている。

注

(1)『愛知淑徳大学現代社会研究科研究報告(三)』愛知淑徳大学大学院現代社会研究科、二〇〇八年、一〇七～一三一頁。
(2)『法政論叢 四八(一)』日本法政学会、二〇一一年、一七～三〇頁。
(3)佐野市郷土博物館『須永文庫資料展　金玉均と朴泳孝をめぐる人々』図録、二〇一六年三月一二日発行、六一～六五頁。なお、この論考を一部加筆して掲載した。
(4)『年報史友』佐野歴史愛好会、一九八五・八六年。
(5)『あゆみ』阿曽探幽会、発行年不明、九～二四頁。
(6)『月刊韓国文化』韓国文化院、一九八六年一二月～一九八七年三月。
(7)『二松学舎大学人文論叢九九』二松学舎大学人文学会、二〇一七年十月、七一～九九頁。

（8）須永元は、漢籍、朝鮮典籍など一万三千冊、書画およそ八〇〇点、日韓近代史にかかわる資料約一千点の他に、何十通かの書簡（来翰）やメモを今日に遺しており、それらは「須永文庫」と名づけられて、佐野市郷土博物館に保管されている。これらの資料には、須永と朝鮮亡命者との関係だけでなく、近代日朝関係史を研究する上で貴重な資料が多く含まれている。

（9）一八九五（明治二八）年以降は、大韓帝国の時代となるため、韓国人と表現するのが正しいかもしれないが、ここでは文言を統一して朝鮮人と表現する。

（10）柳赫魯「甲申年亡命の思出」『韓末を語る』一四～一七頁（琴秉洞『金玉均と日本――その滞日の軌跡』緑蔭書房、二〇〇一年三月、一六三～一六四頁）では、「金玉均、朴泳孝、徐載弼、徐光範、李圭完、申応熙、林殷明、辺燧、および私（筆者注―柳赫魯）等九人が……逃亡したのである。……その際、士官学生であった鄭蘭教氏はわれわれより一足先に遁走していたが、……一行に加はつたのである」と計十名との記述があるが、日本での林殷明の活動が確認できないため九名とした。

（11）「金玉均氏揮毫の広告……朝鮮亡命者・柳赫魯　申応熙　鄭蘭教」（『大阪朝日新聞』一八八七〈明治二十〉年二月九日付）。

（12）古筠金玉均正傳編纂委員会編『古筠金玉均正傳』高麗書房、一九八四年四月。

（13）朴泳孝、徐光範、徐載弼は、一八八五（明治一八）年五月二六日に、柳圭完は、一八八五（明治一八）年二月頃に、辺燧は一八八六（明治一九）年六月頃に米国に向けて出発している。

（14）「佐野市図書館内部資料」（前掲『金玉均と日本――その滞日の軌跡』六六八頁）。

（15）釈放翌日の一八八八（明治二一）年四月四日に既に義捐金に関しての記述がある。

（16）姜健栄『開化派リーダーたちの日本亡命』（朱鳥社、二〇〇六年、一八五頁）には、朴泳孝の明治学院大学の入学に関しての記述があるが、明治学院編『明治学院百年史』（明治学院、一九七七年）には入学または在学の記録はなく、不明な点が多い。

（17）JACAR（アジア歴史資料センター）Ref. B03030204000（第一画像目から）、韓国亡命者朴泳孝動静一件（韓国

人李逸植等朴泳孝ヲ謀殺企図ノ件並ニ在本邦韓国臨時代理公使兪箕煥帰国之件)(外務省外交史料館)。
(18) 李逸植は、権東寿、権在寿、金泰元、日本人川久保常吉に協力を求め、朴泳孝、李圭完、鄭蘭教、柳赫魯、李誼昊の暗殺に取り掛かる。李逸植を不審な人物と感じていた李圭完は、逆に親隣義塾生徒寄宿舎に監禁した。古筠金玉均正傳編纂委員会編『古筠金玉均正傳』四〇〇~四〇二頁、JACAR(アジア歴史資料センター)Ref. B03030189600(第四一画像目から)、対韓政策関係雑纂／日韓交渉略史、外務省外交史料館。
(19) 拘束されたのは、朴泳孝・李圭完・鄭蘭教・朴内吉(『読売新聞』一八九四〈明治二七〉年四月五日)。
(20)『読売新聞』によれば、一八九四(明治二七)年六月二三日、裁判長より保釈を許可されたとある。
(21) 一八九五(明治二八)年七月、再び日本へ亡命した朴泳孝を須永元は支援し続けたとされているが、具体的支援に関しては不明な点が多い。
(22) 一八九五年から米国に渡り、九四年に金弘集内閣の法務大臣として活躍した。
(23) 前掲『開化派リーダーたちの日本亡命』に詳しい。
(24) 一八八三年、慶應義塾で学び、その後日本の戸山学校に留学。翌年帰国し武官となった。甲申政変に関与して日本に亡命したが、金弘集内閣の恩赦により帰国した。その後、一八九五年朴泳孝の反逆事件に連座して再び日本に亡命した。一九〇七年に帰国して中枢院副参議になり、各地の観察使を歴任したが、一九二四年に退職し、以後は農業経営に専念した(前掲『須永文庫資料展　金玉均と朴泳孝をめぐる人々』四五頁)。
(25) 申の日本名は平山広文、一八八三年金玉均らの推薦で日本に留学。初め慶應義塾で学び、その後日本の士官学校である戸山学校に留学した。一八八四年に帰国し武官となるが、甲申政変に関与して日本に亡命し、一八九五年金弘集内閣の恩赦により帰国し、陸軍参与へと昇進。金内閣が倒れると再び日本に亡命。一九〇七年に帰国し中枢院副参議、一九二四年には中枢院参議になる(同前、四四頁)。
(26) 柳の日本名は、山田唯一。下級武人の子息で、一八八二年修信使朴泳孝の随行員として日本に来た。甲申政変後の日本に亡命し、朴泳孝の指導のもと親隣義塾を経営し、その後帰国。一九一〇年の韓国併合後は京畿道参与官、一九一六年には忠北知事、翌年には中枢院参議になる(同前、四四頁)。

(27)同前、四五頁。
(28)「朝鮮学生」『時事新報』一八八三年七月六日。
(29)「朝鮮近況」『時事新報』一八八四年一月九日。
(30)「機密報告　鄭蘭教の挙動」外交関係機密報告(国立国会図書館憲政資料室所蔵『伊藤博文関係文書(その一)』所収、一八九八年二月一七日)。
(31)政春敦史「明治一六年・朝鮮人留学生の慶応義塾派遣について」慶應義塾大学法学部、二〇一三年度礒崎敦仁研究会四期卒業制作論文(http://www.gakuji.keio.ac.jp/hiyoshi/hou/fukusenkou/3946mc000002ddoh-att/a139945920245.pdf 二〇一八年九月三〇日参照)。
(32)『国史大辞典』JapanKnowledge, https://japanknowledge.com(二〇一八年九月三〇日参照)。
(33)前掲『須永文庫資料展　金玉均と朴泳孝をめぐる人々』二頁。
(34)大喜多義城「隠れたる義人　須永元翁回顧録(二)」(『古筠』、古筠會、一九三七年)。

第四部　宗教／知識／権力

第一五章　一九二〇年代後半における「如来教」の〝創出〟

——石橋智信の研究から

石原　和

一　はじめに

一九二八年に発行された如来教機関誌『このたび』には信者から次のような投書が寄せられている。

このたびの尊い教へを、いくたび聴聞いたしても、なか〳〵了解ができないのでした。……どんなになげいても愚かな私には、どうすることもできませんでした。そうしたとき、今度御発行の「このたび」を一号二号と拝見して、次第に如来様の御慈悲がわかってくるやうになりました。秋叟老師様や、石橋先生そのほかのお方々のお言葉を通して、お経様の真意を得道さしていたゞくことは、ほんとうに難有いことに思います。そして庵室で毎朝お経様を拝聴いたしますとよく了解ができるやうになりました。(1)

この信者は『このたび』に掲載された「秋叟老師様」や、「石橋先生」「そのほかのお方々」の言葉を通じて、自らの信仰を理解できるようになったという。この「秋叟老師」とは、清宮秋叟のことで東京巣鴨にあった如来教末庵東光庵の和尚の立場にあった。一方の「石橋先生」とは石橋智信のことで、のちに姉崎正治の後を継いで東京帝国大学宗教学講座二代教授となる人物である。後述する通り、彼は教団関係者とともに研鑽を積み、学会と信者に「如来教」像を提示していく役割を果たした。すなわち、一九二〇年代後半の如来教教団とその信者の信仰の理解と自覚に宗教学者が関わっていたことになる。では、石橋は如来教をどのようなものとして語り出したのか。本稿では、石橋による「如来教」像を、当時の如来教教団の動向と宗教をとりまく社会背景、石橋の研究姿勢との関連に注目して論じていく。これにより、一九二〇年代後半における如来教教団の〝創出〟(再構築)という問題にアプローチすることとしたい。

近代民衆宗教と学問(東京帝国大学宗教学講座)が密接な関係を築いていたことについてはすでにいくつかの言及がなされている。例えば、宗教学講座教授姉崎正治が、一九二九年に卒業した天理教二代真柱中山正善との出会いをきっかけに天理教と親密な関係を築くようになり、彼の退官後も、天理教関係者の同講座への入学が続くなど、「東大宗教学科と新宗教の世界の間に、人的交流の基礎の上に友好的な関係が築かれ」るようになっていた。こうした状況の中で、「新宗教(教派神道)も文化的価値を有するアカデミズムの研究対象として認められるようになって」いったと指摘されている。[2]この学問との接近は民衆宗教側にとって、幹部養成の目的があったとされているが、これより早い時期から一派独立、公認化に向けた動向の中で、姉崎に助言を求めるなど接触していたことも指摘されている。[3]

如来教の事例は、こうした動向と同時代の動向として位置づけられるが、とりわけ姉崎ではなく、その後を継いだ石橋と接触をもったこと、さらに助言の次元にとどまらず、彼自身が直接、教団研究を進めたという点において他の宗派の動向との違いがみられる。しかし、こうした石橋の如来教研究の意義は、如来教研究の先行研究の中でその始点としての位置づけのみにとどまっている状況にある。そこで本稿では、石橋の如来教研究について論じることで、姉崎以後（戦後も含む）の民衆宗教と学問の関係の一端を明らかにすることができるのではないか、さらには民衆宗教研究という領域を再検討する新たな視点を提供しうるのではないかという見通しを持って、議論を進めていくこととしたい。

二　近代如来教の展開と石橋智信

(1)　明治期以降の如来教

一八二六年（文政九）の教祖喜之の没後、如来教は信者の一人であった小寺一夢の尽力の末、熱田法持寺の説教所「鉄地蔵堂」という名目で活動を続けていた。しかし、明治期になるとこれまで信者の半分を占めていた武士層が新政の過程で、四散したこともあり、衰微してしまう。こうした状況の中で、一夢の次男大拙は、曹洞宗の法流に同教を位置づけ、活動を再興していった。その過程で、①信仰生活の中心に曹洞宗の禅修行を据える（↔教祖在世期は固有のコスモロジーを背景とした教説）、②徒弟として入門、出家した僧尼が全国の末庵に常駐して布教（↔在家のまま病気直しなどの諸願を教祖に取次）、③末庵を中心とした信仰組織（↔信者たちが会場提供や財政面を担うなど役割分担）、④大拙編『四部経略語』『座禅圓』の読唱に加え、特定の日に教師が教祖の説教録『お経様』を読誦（↔「日待」での説教を通じた教祖との応答）というように、禅宗的要素を内面化しながら、曹洞宗傘下の信仰集団として近代如来教教団の形が整えられていった。こうした教団再興への貢献をもって、大拙は「中興の祖」とされている。

大拙死後の一九一四年、教内に母親霊（監正院）の降霊を通じて故大拙の意思を語る原田清泉尼が現れる。教団の公認を得て、以後、本部御本元（熱田・青大悲寺）でも彼女の憑霊による説教が行われるようになった。一九二四年末に庵主空如が遷化すると、その遺言に従い、清泉尼の庵主就任が発表された。だが、教団内には清泉尼就任に異論を唱えるものも少なくなかったこともあって、結局、清泉尼は就任直前に辞任の意思を示し、教団から離れていった。その後、新たな後継者が選出されるが、空如の縁者からの異議申し立てにより、再び白紙に戻された。こうして大正末年から昭和初期の如来教教団は、後継庵主をめぐる紛議へと進んでいった[4]。

こうした対立の背景には、一九二〇年代以降、「第二次宗教法案」と呼ばれた法案が策定されるようになっていたことへの対応の違いが深く関わっていた。つまり、禅宗化によって活動を保証されているために、第二次宗教法案の動向を静観する御本元、これに積極的に対応し、開顕運動によって教団の近代化・公認化を目指す秋叟らの集団と、これに抵抗し、「霊の意向」に即した改革を進める清泉尼らの集団の対立という構図となっていたのだった。

この渦中にあって、秋叟の弟子であった清水諫見は「『法城を守護するためには、教団全体が教養を高め、展かれた意識で、御経様の根本精神を把握し、堅持すべきはあく迄堅持し、革新すべきは革新することが可能になることだ最大切』と痛感し」、自ら学ぶため、一九二五年四月から日本大学専門部宗教学科に進んだ。宗教に関して広く学ぶ中で、「如来教が、世間一般にも、学会《ママ》にも全く知られてないことを残念に思い」「如来教の純粋な宗教性、聖典成立の典型的な迄整然として、宗教学的にも、宗教史的にも、まことに好材料であることに気付き」、当時、日大に出講していた石橋智信に如来教の研究を依頼した。石橋はこれを引きうけ、東光庵から提供された教典をもとに、研究を進めていた。こうして、石橋をブレーンとした（秋叟・清水ら東光庵グループを中心とした）

如来教の公認化運動が始まることとなった(5)。

(2) 石橋智信とその学問

石橋は一八八六年に北海道に生れ、幼少時は炭鉱開発に従事する工学士の父に従い、夕張などで過ごした。一九〇三年に高校入学のため、山口に移る。この頃、キリスト教に興味を持ち、無教会派の内村鑑三や植村正久らの指導を受けるようになり、以後、没するまで熱心に信仰した。〇六年に東京帝国大学文科大哲学科に入学し、姉崎正治の下で、宗教学、旧約学を学んだ。〇九年に卒業の後、渡独し、オスカー・ナホッド(Oskar Nachod)の助手を務める一方、ベルリン大学、ライプツィヒ大学でゼーデルブローム(Nathan Söderblom)らに師事しながら宗教学・旧約学の研究を進めた。

一九一〇年代初頭期の東京帝国大学宗教学講座には、仏教・キリスト教を姉崎正治が、宗教哲学を波多野精一が、神道を加藤玄智が担当するという体制が形成されていた。一四年、波多野の哲学科への異動に伴って、ドイツから帰国した石橋が講師に就任する。石橋の就任以降、同講座では毎年必ず旧約聖書・ユダヤ教に関する講義、ヘブライ語の講義が開講されるようになった。二三年、姉崎が関東大震災ののち、全焼した図書館の復興に尽力することとなり、これまで彼が担当してきた宗教学概論の講義を石橋と宇野円空が交互に担当するようになる。三四年からは姉崎の後を継ぎ、宗教学講座二代教授となった。四七年三月に退官し、その年の一二月に死去した。

著書には、『イスラエル宗教文化史上におけるメシア思想の変遷』(一九二三年)『メシア思想を中心としたるイスラエル宗教文化史』(一九二五年)の他、石橋の死後に遺族と弟子の大畠清らが編集した『宗教学論攷』(一九四八年)『宗教学概論』(一九四九年)の四冊がある。

石橋の議論の特徴として、まず、宗教学講座の学問、つまり姉崎によって基礎づけられた宗教学の系譜を引いていたということが指摘できよう。それは、宗教を神秘的なものと捉えず、人間の営みとみなし、宗教の外面的特徴の比較を通じて内面を探求するという方法であり、また、宗教＝人間の営みという視点から天理教など従来は迷信とされた宗教へも注目を向ける研究視線であった[6]。石橋は、姉崎宗教学のこうした視点を継承・発展させながら、大きく分けて、①旧約研究、②宗教論一般に関わる研究、③宗教史及び宗教調査に関わる研究に従事した[7]。

彼にとって①旧約への関心の中心は、メシア解釈にあった。彼はメシアをただ旧約のみにとどまらない問題として捉え、より広く宗教文化現象の中心概念としていた。つまり、メシアをそれ自体ではなく、メシアを期待する主体のあり方の問題、つまり、主体の宗教的心情のあり方の問題として捉えた。こうしたメシア研究を出発点として、②独自の宗教学説を展開させた。彼は宗教をいのちが、神仏等として表象されるちから（Macht）からめぐみ（Heil）をもらって命を拡充する過程であると定義していた。これは従来の超越的存在（客体）と人間（主体）との相関関係によって論じるというあり方から抜け出し、主体の側に対象を絞る主体主義的な視点を持っていたことを意味する。こうした視点から宗教研究の対象を主体、すなわち人間の心情に限定し、それに宗教の本質をみようとしたのだった[8]。また、特に彼が如来教と出会った時期は、③宗教の比較研究を進めていた時期でもあった。例えば、ギルガメッシュ神話[9]、アッシリアの陰陽道、朝鮮の陰陽道[10]などを宗教調査していた。こうした宗教を調査対象としてきたことも、宗教の比較によって人間の内面を探求していくという方法に関わるものだったといえよう。

三　石橋智信の「如来教」像

石橋は東光庵から提供された教団史料をもとに研究を進めていくが、その際、いかなる宗教として如来教は語り出されたのか。ここでは、石橋の著作によりながら、その特徴を整理してみたい。まず、石橋の如来教関連論稿を整理しておきたい。大別すると、如来教教団内部に向けて発せられたものと、学界に向けて発せられたものがある（表、以下出典は本表による）。

学界向けのAとBは一つの長編論文を二つに分けて収録したものである。この論文は石橋、秋叟、清水ら約一〇人が出席して、東光庵で毎週一回開催してきた如来教研究会での研鑽を通じて執筆された。この執筆と並行して研究会の成果にもとづきながら著された如来教教義に関する記事が機関誌『このたび』上にも掲載された点や、もとは学界に向けられたこの論文が一九二八年の夏にこのたび社から如来教パンフレット『如来教の教理と其信仰生活』

表　石橋智信如来教関連論稿一覧

学界向け

	タイトル	所収	年
A	隠れたる日本のメシア教	『宗教研究』新第4巻第4号	1927
B	隠れたる日本のメシア教	『宗教研究』新第4巻第5号	1927
C	ISSON-KYO, EINE UNBEKANTE VOLKSRELIGION IN JAPAN	『Commemoration Volume of the Twenty-fifth Anniversary of Foundation of Professorship of Science of Religion in Tokyo Imperial University』	1934
D	Aus dem Kanon der Nyoraikyo（H. Dumoulin S. J. と共著）	『Monumenta Nipponica I』No. I	1938
E	世に知られない一種独特な宗教（如来教のことども）	『談論』第1巻第5号	1946.11
F	世に知られぬ一種独特な宗教　一尊教、別名、如来教のことども	『宗教学論攷』	1948

教団内部向け

	タイトル	所収	年
①	如来教の信条※	『このたび』第1巻第1号	1928.2
②	このたびの発刊を祝して	『このたび』第1巻第1号	1928.2
③	如来教（一尊教）と仏教とについて	『このたび』第1巻第1号	1928.2
④	神々の発達と如来教	『このたび』第1巻第2号	1928.3
⑤	一尊教教理（1）	『このたび』第1巻第4号	1928.5
⑥	一尊教教理（2）	『このたび』第1巻第6号	1928.7
⑦	一尊教教理（3）	『このたび』第1巻第7号	1928.9
⑧	宗教心（上）	『このたび』第2巻第2号	1930.1

※石橋が草案作成

として、信者向けにも発行された点[11]から、この論文はこの時期の如来教の自己理解に大きな影響を持ったものであったことが窺える。FはEの冒頭の一文を削り、死後に編集された書に再収録した論文となっている。ABと比較すると、宗教の内面に関する記述の割合が増し、論も深化している。CDはドイツ語論文である。

では、石橋は如来教をどう論じたのか。ここでは、第二次宗教法案への対応と後継者問題をめぐる紛議が相次ぎ、教内から様々な動向が生じたという意味で如来教教団の曲がり角となった一九二〇年代末における「如来教」像の〝創出〟という観点から、ABを中心に論じていくこととしたい。

(1) 宗教学・近代教団の枠組から

この論文では、石橋自身の専門である宗教学・原始キリスト教学を基盤として、如来教の神格・教義研究が進められている。Aでは、「宗教の外面生活」、Bでは如来教の「内面思想―信仰の内容」を論じている。この構成に、姉崎宗教学の視点、つまり、教団生活という外面／信仰内容という内面の探求という視点が反映されていることは一目瞭然であろう。その内容を整理すると以下の項目にまとめられる。この諸項目は、筆者が整理したものだが、原文中で、特にキーとなる要素についてはゴシック体で表記されており、これらについては原文のまま抽出している（左記はそれに準じている）。Bでは人間観、神観、教祖観の三つを項目題として記述している。

A：臨終、教会（末庵）、信徒の数、僧侶の数、名、**教祖**、本山、教団の後継者、**教職**、**服装**、自給自足の簡易生活、**居住**、**食事**、**仏教的生活**、祭式、**経典**、御綴り連

B：**人間観**、**罪悪**起原論、罪悪起原論の根拠神話、**神観**、創造の神、摂理の神、全知の神、全能の神、愛の神、**教祖観**、如来の口、受難の救主、祀られる教祖、信仰生活、他力の信仰、内面の宗教、善の貯え、後世

これらの内容だけみても、教団組織や構成など公認教団化へ向けた宗教法制の枠組（例えば、当時の最新の宗教統制法であった「官国幣社以下神社ノ祭神、神社名、社格、明細帳、境内、創立、移転、廃合、参拝・拝観・寄附金、講社・神札ニ関スル件」〔一九一三年〕[12]の項目に重なるものがある）や、ビリーフ中心主義的な近代宗教像（教祖・教義の規定）に準拠しつつ、「如来教」像が〝創出〟されていたことが窺えよう。

こうした枠組が如来教の〝創出〟と〝改変〟に関わっていた事例として、「如来教」という教団の名前の決定過程を挙げておきたい。石橋は後年、如来教と出会いを次のように振り返っている。

しばらく前（二十年ほど前）私が始めて、この宗教を調べて見た時、「あなたがたの宗教の名は」とたづねたところ、「サア、名は……」と微笑んだだけでさらに答はなかった」。名の無い宗教である。（名は無いが、しかし、しつかと宗教に実際があちこちに十分に在るものである。……）その後、お上への届けの関係上、名づけの必要から「おみくじ」をひいて自身、きめたのが「如来教」である。（F 一九七頁）

ここには、この信仰集団が、それまでは集団の名を持たなかった（「此度の利益」「このたび」と自称）が、研究対象化、公認宗教化の過程で、集団の名が必要とされ、「如来教」を名乗り始めたことが書かれている。石橋は公認教団化に向け、こうした指導を繰り返したのだろう。こうした必要から新たに自己規定された項目がこの論文に記述されているのである。極言すれば、石橋が「このたび」と自称していた集団の信仰活動を、これらの項目に当て嵌め、「宗教」として論じ直した結果として、「如来教」という宗教教団は〝創出〟されていったといえよう。

(2) 石橋の研究から

石橋はこうした教団の課題のためだけに如来教を論じたわけではない。彼自身の宗教学的興味も隠すことなく記述している。

> 贖罪の救世主、メシアを以て自覚したイエスが、没後、子なる神、クリストと崇められて、そこにそのメシア（＝クリスト）を拝み祈るクリスト教（＝メシア教）が出来上つて居るやうに、他にも亦、贖罪主、受難のメシアとして世を果てた「きの」女、別名、媹姾が、今は「媹姾如来」に崇められ、拝まれ、祈られて、現在、我国に隠れたるメシア教が行はるゝに至つて居るのである。実に、不思議な酷似である。而も、それが、勿論のこと、何等、基教の影響を受けず、純粋に和製、国産であるのが一層、宗教の比較研究上の興味を唆る。
>
> （A　一六頁）

「如来教」像は、こうした石橋個人の研究方法や興味にも引きつけられながら、創り上げられていく。例えば、この引用にも表れているように、自らのメシア解釈を中心とした旧約（＝原始キリスト教）研究に引きつけながら、喜之を贖罪の救世主とみなし、メシア教として如来教を論じている。

> この宗教には名がない。最近に至るまで名をつけようと云ふ考へもなかつた—事程その凡てが原始、素朴である。生えたまゝな urwüchsig な姿である。最近（本年正月）思ひついて「如来教」と云ふ名をつけた。
>
> （A　一六頁）
>
> 長老、庵主の選定など凡て教団の大事は所調《ママ》「御鬮」をひいて定めることにされて居る。教祖、イエスの没

後、生れたばかりのクリスト教が、例の使徒ユダの後任を選ぶ場合、鬮をひいてこれを定めたと云ふ使徒行伝一ノ一五―二六を連想する。蓋し、宗教発生期に於けるNaivitätの一致でもあらうか。（A 一七頁）

「御経様の聴聞」が始まる。その経典なるものこそ、愈、この宗教に独特なものである。それは「御経様」とも云はれ、「御説教」とも呼ばれて居る。要するに、教祖の説教の速記なのである。ところで、その経典の朗読が、この教団に於ける唯一の読経でもあり、唯一の説教、法話でもある。教祖の説教速記の朗読、それは、よし、口語のまゝの速記録のよみあげではあるにしても、なるほど「如是我聞」の仏説修多羅などと異るないわけである。また、他面に於て、教祖の口語のまゝの速記録のくりかへし、それはそのまゝ最もauthentisch な説教、法話にちがひあるまい。この教団に自然に実現されて居る読経と説教、法話との融合不二、未分一致！この辺にも宗教発生期の原始味が加実につきつけられて面白い。……幸ひ、第一次から第五次までの説法速記の原本が熱田の所謂「御本元」に完全に揃つて保存されて居る……。若し、同様に、釈尊の、また、クリストの説法がそれぞれの教団に遺されてでも居つたなら！例えば、ロギア（『基督語録』）てふ根本史料 Urquelle など原文批評上の永遠の憶測としてゝまらないでも、すんだであらうに！……この教団史料を介して、憶測としての根本史料を実物としての根本史料（上記、第一次から第五次までの根本史料の実物）と比較検覈し得る研究上無二の便宜を得るのである。（A 二五～二七頁）

また、これらの引用にみえるように、如来教を宗教創世期の趣を残すものとして論じ、原始キリスト教研究の立場から垂涎の念すら漏らしている。こうした論から、石橋は如来教を原始キリスト教の展開を論じる際の比較対象としようしていたことが窺えよう。

また、ここまでの引用でも明らかなように、終始キリスト教と比較検討しつつ、それに酷似した宗教として如来教を論じていることも特徴として挙げられよう。こうした方法は、当時の宗教学の手法に則ったものだが、この時点の石橋の如来教研究においては、宗教の本質を論じるというよりも、両教の酷似の方が強調されていることが特徴だろう。例えば、喜之の説教に登場する神々をキリスト教の神観に比定しながら、如来教の神観とは「創造の神」「摂理の神」「全知の神」「全能の神」「愛の神」(B　一一二〜一一四頁)であると論じている。

このようにキリスト教との類似性を強調する一方で、前掲したようにキリスト教との直接の関わりがない国産の宗教であるともしている(A　一五〜一六頁)。この矛盾は、キリスト教を近代宗教のモデルとして、「宗教」イメージを創り上げてきた近代日本において、独立教団として公認されるため、キリスト教との類似を強調するという戦略と、既存の宗教でない独自のものであることを主張しようとする学問的欲望が折衷した結果と評価できようか。

(3) 教団内の立場との関係——近代化路線の立場から

さらに教団内の立場に関わって論じられたと思われる内容も含まれる。前述の通り、当時の如来教教団内には、喜之の活動を引き継ぎつつも、その信仰集団を維持するために禅宗化した名古屋の御本元と、そうした現状に対し、清泉尼の神憑りを通じた「霊の意向」による改革を志す集団、東光庵の秋叟を中心とする近代教団化、公認化(=開顕運動)を主導する集団が併存していた。そうした状況において、仏教との関係について次のように論じている。

ちよつと見たところ、徒弟の姿は頭をまるめ、衣を着、肉食せず、妻帯せず、純粋に仏教的である。仏式としても、殊に、禅派に近いのであらう。然し、教理信仰の内容から見て、この教団は確かに仏教とはちがふ。

外形としても仏式に則つたのは後ちのことである。殊に、禅的になつたのは前きの長老、大拙が禅宗の出であるところから、禅派の形式を移入したのに過ぎぬ。これは全然、この宗教にとって新しい現象である。この宗教本来のすがたではない。　（A　二二頁）

仏教ともつかず、神道ともつかぬこの宗教に於て、徒弟が、かくも仏教的生活を営むに至つたのは、この宗教の歴史上、度び重なる法難から来て居る。……明治十七年（一八八四）太政官よりの神仏分離厳達に会ひ、この教団も愴惶として男僧を臨済宗の僧籍に付け、尼宗を曹洞禅の僧籍に入れ、……戸籍面だけは曹洞宗に登録されて居るわけなのである。　（A　二三頁）

姿形は仏教だが、それはあくまでも宗教取締と戸籍の登録の結果であって、内実は神道とも仏教とも違う独自ものであると主張しつつ、仏教化、曹洞宗化した御本元の如来教像との差異化が図られているのである。

一方、石橋のすすめをうけて、秋叟の弟子の清水が主催していた『このたび』の中で、清水は「如来の唯一の化身としての教祖」という立場から、清泉尼の「類似的天啓事件」を強く批判している。(13) こうした教団の近代化を図る集団の教祖像につながる教祖の位置づけがすでに石橋の論文の中にみえる。

唯一人の如来の御使、唯一人の如来の口、唯一無二の天啓人として、教祖が、こゝに、このたび、如来の心—如来の愛と如来の救被と—を人に教へ、示し、啓示するということは、……始めなり、終りなり、アルファなり、オメガなり（ヨハネ黙示録一ノ八参照）と言はれて居る。　（B　一一六頁）

あくまで人界を超越せる如来は、その意を直接、教祖、きの女に負託せず、金毘羅を通して教祖に負託したことになつて居る。即ち、金毘羅は教祖に下り、教祖は金毘羅の口として、金毘羅が如来より負託されし如来の意中を説法したわけになつて居る。……如来―金毘羅―教祖の関係が自ら明らかである。
（B　一一八～一一九頁）

このように、教祖喜之を唯一人の「如来の御使」「如来の口」「天啓人」として「金毘羅の口」として教えを説いた存在として、「如来教」の救済の中心に位置づけている。同時代的に「宗祖に還れ」「教祖に帰れ」という動向がみられたこととも関連があるだろうが、先の清水の批判を鑑みれば、ここでは、母の霊を降ろし、小寺大拙の意思を伝えるという教団の宗教的権威を分立させていく、清泉尼の集団への牽制の意味もあったといえよう。つまり、当時の東光庵グループの教団内の立場を反映しつつ、他の立場を牽制しつつ、仏教でない、唯一人の如来の使いである教祖喜之の教えに従う集団として「如来教」は語られたのだった。(14)

このようにして、石橋は宗教学や自らの旧約学、原始キリスト教研究の視点や方法をもとに、キリスト教に比定しながら、また、教団を取り巻く、公認教団化、教団内紛争を背景としながら、如来教を論じることで、キリスト教に酷似した「近代宗教」に適う特徴を具えた宗教として、また本来、教祖時代には仏教的ではなかった独自の宗教として「如来教」を描いていったのだった。こうした「如来教」像は、東京帝国大学教授による研究によって、また『宗教研究』に掲載されたという、公の学問的な権威を纏いながら、『このたび』や『如来教パンフレット』を通じて、信者に共有され、「お経様の真意」として受け入れられていったのだった。

四　おわりに――石橋の「如来教」像〝創出〟の学問的意義

本稿では、如来教教団が置かれた社会背景および東京帝国大学教授石橋智信の学問と関連づけながら、どのように「如来教」像が〝創出〟されてきたかを論じてきた。それにより、語り出された「如来教」像が、教団内外の状況に対する政治性を帯びたものであり、かつ姉崎宗教学を基盤とした石橋の学問的背景や志向性が多分に影響したものであったことを明らかにした。

この一九二〇年代における、唯一の東大宗教学講座教授自らの手による近代民衆宗教研究は、近代的宗教としての「如来教」像の〝創出〟と信者によるその自覚化・内面化に大きく関わった。では、それはもう一つの軸である学問の世界においてはどのような歴史的意義を持ったのだろうか。

一九二九年に東光庵を中心とする信仰集団は一尊教団として独立することとなったが、石橋はその後も御本元とも関わりながら、如来教研究を継続していたらしい。彼の最晩年の論考であるE（F）において、これまでの研究を発展させて、次のような論が展開されている。

> 要は、聞くもの、読むもの、心である。心と経文が合体することが大事な事であると教へて、こゝにも如来教が信仰の心を重んずる内面的宗教であることが極めて鮮かに示されて居る。（F　二二六〜二二七頁）
>
> 数々の点に於て、如来教はキリスト教と酷似して居る。（F　二三一頁）
>
> 安きを与ふる宗教とて仏教は徒に宗論に耽り、一般庶民と交渉薄く、僅かに庶民の宗教心に応へたかの修験

道も禁じられて、行者もそのあとをたち、救ひなき世は徐々に教派神道を生み出すに至つた。その先駆をなした神道色も稀薄、仏教色稍濃厚、実質的にはキリスト教に酷似したあくまで一種独特な救ひの宗教がこの如来教であつたのである。

（F　二三七〜二三八頁）

このように、〝信仰の心を重視する内面的宗教〟〝キリスト教と酷似した宗教〟〝堕落した宗教の中から登場した独自の宗教〟として如来教が描かれている。こうした「如来教」像は文脈こそ違えど、後に村上重良が提起する民衆宗教像――堕落した仏教の代わりに登場する、信仰が内面化＝心の問題化されるという指摘、一神教的神観念（＝キリスト教的）をもつなど――を思い起こさせるほどに似ている。

ところで、Fが掲載された『宗教学論攷』を石橋の死後に編集したのは大畠清であった。彼は石橋の弟子の一人で、石橋からヘブライ語文法と旧約聖書購読の講座を引き継ぎ、宗教学・宗教史第二講座を担当することとなった人物であった。後に移動することになるが、村上はこの大畠のゼミに所属していたのだった。

こうした事実を考え合わせると、民衆宗教論の登場には、姉崎が築き、石橋が実践してきた民衆宗教論以前の教団研究を基盤とした東大宗教学講座の力学が働いていたといえよう。このように考えると、石橋の如来教研究は単に教団史上の意義のみならず、その後の民衆宗教研究を規定していくような位置にあったこととみることもできよう。民衆宗教論の先行研究は、村上による開拓から論じられるが、こうした前史を考慮に入れることで、われわれが囚われてきた「民衆宗教」像を近代宗教をめぐる政治性の文脈から問い直すことができるのではなかろうか。

注

（1）金城の西在美和「同行通信　このたびを拝見して」（『このたび』第一巻第四号、如来教研究会このたび社、一九二八年）、二四頁。なお、本誌は神田秀雄氏から提供をうけたものである。

（2）高橋原「東京大学宗教学科の歴史――戦前を中心に」（『季刊日本思想史　特集：近代日本と宗教学――学知をめぐるナラトロジー』第七二号、ぺりかん社、二〇〇八年）、一六二頁。

（3）竹部弘「教祖像の力学――金光教の教祖探求から」（幡鎌一弘編『語られた教祖――近世・近現代の信仰史』法藏館、二〇一二年）一七四頁。

（4）神田秀雄「原田清泉尼伝の探究から試みる如来教像の再構成」（『天理大学人間学部　総合教育研究センター紀要』第一四号、二〇一五年）、一六～一九頁。

（5）神田秀雄「如来教百九十年史序説（二）」（『天理大学学報』第一六三輯、一九九〇年）、八九、九六～九七頁。なお、引用中の「」は神田による清水諫見の聞き書きと、神田と浅野美和子による質問に対しての返答書簡の内容である。

（6）以上、磯前順一『近代日本の宗教言説とその系譜　宗教・国学・神道』岩波書店、二〇〇三年、一一三～一一五頁。なお、人間中心の営みとして宗教をみるという点を石橋が共有しているという点については、説明が不足しているので、石橋の言を補足しておきたい。

我々は我々人間が信じ行つてをる宗教とは何であらうと云ふことを知らふうとして、在来の宗教学、在来の心理学の間を彷徨した。……然し、それらは宗教といふものを、「神」といふ概念と「人」と云ふ概念との間の関係を見ようとしたりしてゐる。血が通つて居ない。まるで味気がない。人間味がなさすぎる。宗教が全然、ぬきにされている。信心の有難味が研究上、完全に研究の対象から洩れてをる。宗教といふものは、血が通つてをる我々、人間が、大地を踏まへながら信心して生きて行つてをるその信心に外ならないのではないか。その信心その宗教といふのはどふいうものであらう。「神と人との関係」では尽くされぬ。……我々以外の、我々の前におかれた木石ではない。宗教は木石ならぬ人間のことである。……精神に、心に、我々人間の信心の心に確かめねばならぬ。人間以外の客体の様に宗教を究めるのではなく、人間の心の内の宗教の主体、信心の心を究めねばならぬ。……客体的研究ではなく主体的研究が起こされねばならぬ。
（石橋智信『宗教学概論』要書房、一九四九年、一二五～一二七頁）

（7）分類は丸川仁夫「石橋智信著『宗教学論攷』『宗教学概論』『基督教学概説』」（『宗教研究』一二三号、一九五〇年）によった。

（8）以上、岡本修「石橋智信」（『宗教学年報』二一、一九七六年、七六～八〇頁）、前掲高橋「東京大学宗教学科の歴史」を参照にした。また、石橋自身のテキストとしては、註（6）を参照のこと。

（9）「ギルガメーシュ物語」（石橋智信『宗教学論攷』青山書院、一九四八年、初出は『宗教研究』新第三巻第三号、一九二六年）。

（10）「アッシリアの陰陽道と朝鮮の陰陽道」（前掲石橋智信『宗教学論攷』、初出は東京帝国大学宗教学講座創設廿五年記念会編『宗教学論集』一九三〇年）。

（11）現物未確認。『このたび』第一巻第六号（一九二八年七月二一日発行）の広告では未刊、第一巻第七号（同年九月一日発行）の広告では既刊となっている。ここに『宗教研究』に掲載された「隠れたる日本のメシア教」を収録している旨が書かれている。

（12）内務省神社局編『神社法令輯覧』帝国地方行政学会、一九二五年、二三五～二四七頁。

（13）清水諫見「一尊教の信仰の純正」（『このたび』第二巻第二号、一九三〇年）。

（14）暁松野人「御口開に際して」『このたび』（第二巻第三号、此度荘、一九三一年）、前掲竹部「教祖像の力学――金光教の教祖探求から」、一七七～一七八頁。

第一六章　植民地期朝鮮キリスト教会の「自立」をめぐる諸相

――一九三〇年代の神社参拝拒否問題と「自立」

裵貴得

一　はじめに

一八八〇年代から朝鮮で宣教活動を行っていた在朝鮮長老教会の宣教師たちは、少数の宣教師たちで効率的に伝道活動を行い、朝鮮にキリスト教を広める方法として、ネヴィウス宣教政策を実施した。ネヴィウス宣教政策とは、当時中国山東省で宣教活動を行っていたアメリカ宣教師のネヴィウス（John Livingston Nevius）が考案した宣教方法である。一八九〇年六月に朝鮮を訪問したネヴィウスが、在朝鮮長老教会の宣教師たちに宣教原理として示したことがきっかけになって、その後植民地期朝鮮における長老教会の宣教政策として実施された[1]。ネヴィウス宣教政策は、自治（Self-Government）、自給（Self-Support）、自伝（Self-Propagation）をその原則とするものとして、長老教会の宣教師たちはこの原則に基づいてネヴィウス宣教政策を朝鮮のキリスト教宣教に徹底的に実施した。そのネヴィウス宣教政策の詳細について、当時の北長老教会のクラーク宣教師（Charles Allen Clark）は、以下のように紹介している。ここでは自治、自給、自伝に関するところを中心にまとめてみよう。

1．自伝：諸信者は人を教える者になると同時に自分より優れた人から教わる者となる。

2．自治：諸グループは、選任された無報酬の領袖の管轄を受ける。巡回教区は、将来に牧師になる有給助師（伝道師）の管轄を受ける。巡回の集会の際には教徒たちを訓練させて、将来には区域、地方、全国の指導者になるようにする。

3．自立：信者たち自ら礼拝堂を設立する。各グループは創立されると同時に巡回助師の給料を支払う。学校であっても部分的に補助金を受ける。これは設立当初に限る。個別教会の牧師には外国の資金で謝礼を支払わない。(2)

当時実施されたネヴィウス宣教政策によって、初期朝鮮キリスト教は急速に成長した。(3)従来、韓国のキリスト教研究者の間では、当時長老教会の初期宣教師が宣教政策として行っていたネヴィウス宣教政策と、朝鮮人教徒の自立・自治・自伝の精神を初期朝鮮教会における急成長の要因として捉えるのが一般的であったが、近年の研究においては、初期朝鮮において実施されたネヴィウス宣教政策が当時の朝鮮教会に真の自立と自治を与えたのかに関する議論が紛糾している。だが、本稿は、ネヴィウス宣教政策と朝鮮キリスト教の成長における関係性に注目するものではない。むしろ、本稿の問題意識は、宣教師たちが実施していたネヴィウス宣教政策から触発された、植民地期朝鮮キリスト教の「自立」が如何なる問題であったのかを明らかにすることである。朝鮮の教会は、一九〇七年の「独立老会」の成立を皮切りに、一九一二年には「総会」を創立することによって宣教師からの組織的な面における独立を果たすと同時に、教団事業として「海外伝道」に乗り出した。つまり、宣教師からの「自立」を成し遂げる際に提唱されたのが、「海外伝道」であり、やがてその「海外伝道」は「他民族への伝道」に拡張される。「自立」問題において「海外伝道」「他民族への伝道」が浮上した背景は何であろうか。そして、一九三〇年代に入って、神社参拝拒否問題を契機に再び沸き上がる「自立」問題は、朝鮮教会の財政的・精神的「自立」や「朝鮮的キリスト教」の形成という状況に展開していく。

よって、以下では植民地期朝鮮キリスト教の「自立」がどのような問題であり、如何なる様相を呈しつつ展開していたのかを、主に一九三〇年代の神社参拝拒否問題と朝鮮教会の「自立」問題を中心に探ってみたい。まずは、「海外伝道」論が浮上する一九一〇年代の状況から確認しておこう。

二　朝鮮教会の「自立」と「海外伝道」

(1)　朝鮮教会の初期満州及び山東伝道

初期満州及び山東伝道の始まりは一九〇〇年前後に遡る。一九〇一年に「長老会公議会」[4]では、六名の宣教師と九名の韓国人で構成された朝鮮耶蘇教長老会公議会を組織し、北方地域の未宣教地に伝道者を派遣することを決意した[5]。一九〇〇年から南満州地域は北長老教会の宣教部が管轄することとなっていたが、それは当時この地域を管轄していたスコットランド宣教部が、北長老教会の宣教部に在満朝鮮人に対する伝道を北長老会の朝鮮人宣教師に要請したからである[6]。北長老教会の宣教部は一九〇一年と一九〇三年に朝鮮人の宣教師を派遣した[7]。

長老教会の満州伝道が教団の宣教事業として本格的に行われるのは、組織面の整備が行われた一九〇七年からである。一九〇七年は「独立老会」が成立された年で、それ以前まで教団の治理は公議会によって行われた[8]。また、平壌長老会神学校から最初の韓国人卒業生が輩出されることによって、韓国人牧師を按手できる老会設立の必要性が提起された[9]。一九〇七年にアメリカ南・北長老教会とカナダ・オーストラリア長老教会の四教派の宣教師による公議が開かれ、「朝鮮イエス教長老会」の「独立老会」（以下独老会）が組織された[10]。そして独老会の傘下には、七つの代理会（平南・平北・咸鏡・黄海・京畿・忠清・慶尚）が置かれ、老会の委任事務が行われた[11]。独老会の成立によって、総会の創立における制度的枠組みが作られると同時に、長老教会は宣教会から独立して自治権及び戒規の権限をもつようになった。

さらに、独老会は新たに海外宣教部を設立し、済州島に李基豊牧師を宣教師として派遣し[12]、一九〇八年に日本、一九〇九年にウラジオストクに宣教師を派遣した[13]。但し、一九〇〇年からこの時期に至る長老教会の海外伝道は、その地域に居住する韓国人を対象としていた。それに、満州伝道は、独老会が宣教師を派遣する形を取っていたものの、宣教師支援や管理は各代理会が行っていた[14]。ところが、長老教会の海外伝道における性格が根本的に変わるのは一九一二年となる。

一九一二年九月一日に「朝鮮イエス教長老会」は平壌で総会を組織し、その創立を記念して「中華民国莱陽県に宣教師を派遣して外国伝道を開始し、毎年の感謝日は外国伝道のための礼拝の日に定められ[15]」た。そして、中国山東省の莱陽県に朴泰魯、史秉淳、金永勲ら三人を宣教師として派遣した[16]。その後、この三人の宣教師は、中国山東省莱陽西門安において、中国語で宣教活動を行ったが、その様子は当時発刊された『基督新報』の「中華通信」欄を通して確認できる[17]。ここで注目すべきところは、総会の創立と同時に外国伝道における宣教の対象が在中韓国人からその現地人に代わっていることである。

一九〇七年に独老会が設立されたことによって、「単一教会[18]」として成立した長老教会は、やがて一九一二年に総会を創立することで教会の組織化を成し遂げた。つまり、「単一教会」として成立した長老教会が、直ちに教団の最大事業として乗り出したのが「海外宣教」であったのだ。

無論、初期朝鮮教会の「海外伝道」において、西洋宣教師の影響力は大きかった。とりわけ、山東省への宣教師の派遣に影響を与えたのは、在朝アメリカ宣教師たちであった。もとより山東省はアメリカ宣教部が直接担当していた地域で、その宣教活動において唯一苦戦していたところでもあった[19]。アメリカ宣教部は自国の宣教師たちが苦戦している地域を戦略的に宣教する方法として、中国と類似文化圏であり中国語の習得においてもアメリカ宣教師より朝鮮の宣教師が有利であることから、中国の宣教に朝鮮の人が最も適合していると判断した[20]。そして、当時の満州、ウラジオストク、モンゴルといった地域に朝鮮の移民者たちが多かったことと、満州において宣教活動を行っていたスコットランド宣教部が在満朝鮮人に対する宣教を朝鮮の宣教部に要請したことも、長老教会が山東省に宣教師を派遣する直接的な要因として働いた[21]。

(2) 朝鮮教会の宣教師からの「自立」と「他民族への伝道」

ところが、朝鮮教会の「海外伝道」を、当時の在朝鮮アメリカ長老教会の宣教師との関係性から考察した金ソンファンは、初期満州と山東伝道において、宣教師の役割と影響力は大きかったものの、総会が山東省に乗り出したのは、相当の決心が必要なものであったし、山東伝道に関しては朝鮮教会が主導的に行ったと指摘している[22]。その根拠としては、前述したように長老教会は、済州島を始め満州、日本、ウラジオストクに宣教を行っていたため、総会は経済的な余裕がなかった。また、日本伝道における資金不足で長・監聯合で宣教を行っていたが、その理由も在朝鮮アメリカ長老教会宣教師たちが朝鮮教会の自立と自給政策を徹底的に行ったからである[23]。確かに、初期長老教会の宣教師たちは宣教政策として自給と自治を重んじるネヴィウス宣教政策を実施していたため、総会が行っていた「海外伝道」において宣教師からの援助を期待することはできなかっただろう。

朝鮮の宣教師たちが山東伝道のために行った現地訪問の時に、在山東北長老教会宣教師と中国の山東老会は、そもそも「宣教というのは先進国が国力と財力を基に行う事業であるため、(山東宣教は)朝鮮といった国力もない国が行いうる規模の宣教事業ではない」という理由を挙げて断念することを進めたという。[24] しかし、総会から任命された宣教師たちは、たとえ、朝鮮で牧会を行う牧師であっても総会の判断であれば、拒否せずに受け入れ、山東に向かった。[25] このように見てくると、確かに総会の山東伝道は、朝鮮教会が積極的に行った「海外伝道」であり、その伝道対象が「他民族」であることは明らかである。つまり、朝鮮教会が「単一教会」として確立されていく過程において「外国への宣教」が浮上し、朝鮮の教会が主導的に他民族への伝道を提唱したのである。

だとすれば、どうして「海外伝道」が「単一教会」として組織される過程において直ちに提唱されなければならなかったのだろうか。言い換えれば、どうして長老教会が「単一教会」として設立されるためには、「海外伝道」という要件が必要であったのだろうか。その問いの手掛かりとして考えられるのは、すでに言及したネヴィウス宣教政策によって、朝鮮教会は、アメリカ宣教師から独立した教会の設立が最優先の目的であり、現実問題としても自力で教会を設立しなければならなかった状況が一つ考えられるのだが、紙面の制約上、その具体的な検証は別稿に譲り、ここでは、「自立」問題の過程で「海外伝道」が浮上していた事実を確認することにとどめておこう。

また他方では、朝鮮キリスト教徒側の反宣教師的な運動としての「自立」論が展開される事例もあった。その反宣教師運動は、一九一〇年代に儀礼問題と財政問題で宣教師からの独立運動を繰り広げた全羅道地域の「崔重珍の自由教会」運動で、その運動は当時朝鮮総督府の支援の下で宣教活動を行っていた日本組合教会に帰属されることとなった。[26] この事例は、宣教師からの自治と自立問題が、朝鮮教会の土着化問題や植民地当局と宗教の関係性といった多岐にわたる問題群を孕んでいることを明らかにしている。[27] そして、一九三〇年代に神社参拝拒否問題を契機に沸き上がる朝鮮教会の「自立」論が、宣教師からの財政的・精神的自立を提唱しつつ、「朝鮮的キリスト教」の形成として展開していく。宣教師からの「自立」の当為性を当時朝鮮キリスト教界の知識人として活躍していた金麟瑞の「満州所感」という論考を通して確認してみよう。

満州伝道を大急ぎの問題として告げるのは、朝鮮人の盛衰の問題のみを述べているからではない。大東伝道の使命がまさに我々にあることを知るためである。……西洋人が亜細亜伝道の適任者でない故に、大東伝道の使命が朝鮮人にあることを改めて感謝する。最初の世界伝道における大使命が大ローマ帝国にあらず、小邦のユダヤ人にあったことは周知のことであり、今日の大東伝道の使命は欧米人に依頼せず朝鮮人が背負わなければならない。朝鮮キリスト教の青年たちは大東伝道の大使命に出動すべきである。[28]（傍線は引用者、また、原文は韓国語で引用者の訳となる。以下同じ）

金麟瑞の論考から窺えるのは、かつて西欧宣教師に委ねられてきたアジア伝道が、今日に至っては朝鮮キリスト教の大使命であり、その責任が朝鮮キリスト教の青年たちにあることを促している。金麟端が唱えている「満州伝道論」の根底には、西欧宣教師から完全なる独立を成し遂げた朝鮮教会が前提となっている。ということは、宣教師からの完全なる独立こそ、朝鮮的キリスト教の形成を成し遂げることであった。このように見てくると、一九三〇年代以降提唱される朝鮮キリスト教の「自立」が、一九一〇年代のそれとは異なる様子を呈しつつ展開していたことは想像に難くない。次章以降では、一九三〇年代における神社参拝拒否問題をめぐって引き起こされる朝鮮教会の「自立」問題を考察してみたい。

三　一九三〇年代における朝鮮人キリスト教徒の西欧宣教師からの独立問題

(1) その背景と要因

一九一〇年代に「独老会」と「総会」の組織整備を成し遂げた朝鮮キリスト教は、その後急速な成長を続けた。しかし、一九三〇年代に入るとその情勢は大きく揺れ動く。一九二〇年から始まった社会主義者たちによるキリスト教批判及び農村社会の窮乏と貧困のため、一九二〇年末に至ると信者数が激減した。また、一九一九年三・一運動の失敗に起因するという指摘もある。三・一運動において中心的な役割を果たすことで、朝鮮社会における朝鮮教会に対する信頼も厚くなり、その役割に高い期待が寄せられた。しかし、三・一運動に対する当局の弾圧やその後の朝鮮教会の保守化及び内向化によって、民族主義陣営や社会主義者からの批判が激しくなる[29]。一方、一九二〇年代に沸き起こる教会批判の要因を、当該期における朝鮮社会の近代化や文明論において捉えている崔ギョンスクは、一九二〇年代における朝鮮社会は近代文明の通路が確保されることで、様々な通路から新しい理念や方法論が導入されることによって既存の近代化に対する反省が起きたと指摘している[30]。さらに、文化的にはキリスト教を通して受容された近代文明や資本主義に対する批判が加わることで、社会的変化に適応するための再検討が社会全般において行われる過程の所産であったとも捉えている[31]。

その一方で、農村社会の貧困は、朝鮮教会全体の七〇%を占めている農村教会の危機意識に繋がった。それゆえ朝鮮教会内部からは農村問題に積極的に取り組む対策を講じ、キリスト教が貧農・貧窮の原因を分析し、対策を建てなければならないという声が上がった。ある教会の指導者は『基督申報』の社説において、朝鮮教会が「今日まで都市中心であったことを批判しつつ、総人口の三分の二を占めている農村地域のために農村事業に力をいれるべきである」と訴えている[32]。そして長老教会の牧師で神学者である蔡弼近は、一九二九年度教会総評において「長老教会とメソジスト教会が農村部を新設したことを紹介しつつ、農村運動が教会をあげて行う事業」であると力説している[33]。実際、長老教会及びメソジスト教会の指導者たちは、同年に農村社会委員会を構成し、その傘下に農村事業部を設けるなど、農村問題に積極的に取り組んでいた[34]。

それに一九二九年に始まった世界恐慌の影響による宣教本国からの宣教費削減は、危機に直面していた朝鮮教会をさらに窮地に追い込めた。そして、直ちに両教会は『基督申報』を通してその原因と対策に関する意見を求め、公論化していく。当時の朝鮮教会が直面した状況を、あるキリスト教徒は、「我々の教会は過渡期に置かれている」と捉えた上で、その教会不振の原因が信者の激減と財政的混乱にあると力説した[35]。そしてその対策案として様々な意見が出されたが、その一つとして提唱されたのが西欧宣教師からの財政的「自立」であった。それを『基督申報』の記事から覗ってみよう。

朝鮮教会が今日に至って衰退した原因は、今日までの朝鮮基督教が真正なる朝鮮人の基督教ではなかったためである。朝鮮にある基督教は、西洋風が多数であった。それは勿論、朝鮮教会が西洋母教会の財政支援を受けているためである。……外面において朝鮮の教会は西洋人の教会であると疑われざるを得ない。その所以は、朝鮮の基督教機関は、大多数が外人の直接経営下にあるためである。基督教の多数の小中大学と病院等は全て西洋人の経営であって、朝鮮人の力で経営するところは殆んどない。……この民族主義時代において、誰が外人の教会に入会することを望むだろうか。……この洋風の問題は我が朝鮮基督教徒にとって、根本問題である。我々が自ら自活の精神を持って奮闘すれば速に解決する問題である[36]。

つまり、衰退の原因は、西欧宣教師からの財政援助を受けているため、西欧宣教師の影響力が多く、財政及び思想的な面においても独立した完全なる朝鮮教会の形成に至っていないということである。そのために、朝鮮教会は西欧宣教師から独立した教会であることを朝鮮社会に示すことができず、その結果、朝鮮社会からキリスト教批判を受ける羽目に陥ったということである。それで、朝鮮教会の「死活問題」の解決、すなわち信者を増やすためには、朝鮮のキリスト教が西洋風であるという疑いを払拭し、真正たる朝鮮キリスト教を実現することが急務であると力説している。さらに、その実現のためには、教派の連合を成し遂げると同時に、西欧宣教師が直接経営している学校や病院を、朝鮮人経営にする必要があると主張している。つまり、西欧宣教師からの経済的独立を成し遂げることで、真正たる朝鮮キリスト教の成立と同時に当面課題としての教会の衰退を打破したいということであっただろう。

(2) アメリカ宣教本部からの宣教費縮小問題

このような雰囲気の中、財政的独立に関する論議が、アメリカ宣教本部からの宣教費縮小問題をきっかけに朝鮮教会内部で沸き起こることになる。差し当たり、長老会とメソジストの両教会はその解決の方案として、三つの方面において取り組む姿勢を示す。その三つの具体的な内容は次の引用文から読み取れる。

例えを挙げて申すならば、教会を上げて、生産機関を設けることで教徒の生活における経済の向上を図り、郷の方面においては、耕作制度及び組合制度を考案して経済的生活の方式を信仰もしくは革新改良を図る。また、ほかの方面においては教会の制度に対して再度考慮する余地があると思われる。[37]

この引用文から見て取れる三つの方案をまとめてみると、一つ目は朝鮮教会が直接運営する生産機関を設けること、二つ目は農村振興運動を行うこと、三つ目が長老教会とメソジスト教会の連合運動を実行することであった。その後、この三つの方案は「自力更生」論として強調されていく。[38]

但し、朝鮮教会が財政的独立を成し遂げるためには、今まで宣教本部からの宣教費と信者の献金で賄ってきた教会の運営を自らの資金で行う必要があった。しかし、当時朝鮮教会の教育及び医療事業などは宣教師が運営していたため、朝鮮教会が直接運営するところは皆無であった。そこで、朝鮮教会が目に付けたのが当時宣教費縮小で経営難に陥っていた宣教師運営の学校であった。事実上、宣教本部からの宣教費削減を受けて、学校を運営していた宣教師たちは、学校の存続のために苦肉の策として給料の削減を敢行するなど、その経営難に陥っていた。[39]朝鮮教会は経営難に陥っていた宣教師経営の学校を譲り渡されることを望んでいたのである。その後、朝鮮教会は宣教師から譲り渡される学校の経営権を土台にして「自力運営の準備を着々と推し進める」こととなる。[40]しかし、その後、朝鮮教会の「自立」論は、植民地当局の宗教政策をめぐって宣教師、朝鮮キリスト教徒、朝鮮総督府の思惑が錯綜する中、新しい局面を迎えることとなる。この点に関しては次章でみていこう。

四　神社参拝拒否問題——ミッションスクールの閉校及び経営権をめぐる問題

(1) 問題の発端

一九三五年一一月一四日、平壌においてミッションスクールの校長たちが平壌神社に参拝することを拒否する事件が発生する。[41]平安南道当局は、この事件を契機にミッションスクールの校長たちに、神社参拝の可否に対する応答を要求した。[42] これに対して、長老派系のミッションスクールであった崇実学校及び崇実専門学校の校長マッキューン（George S. Mccune）と崇義女学校のスヌーク（V. L. Snook）は、キリスト教の教理上、神社参拝は偶像崇拝である故に、本人のみならず、学生にも神社参拝を強要することはできないという意思を当局に返答した。このようなマッキューンらの決断は、認可された学校が参拝を拒否する場合、校長職は罷免され、学校は閉鎖されることも認知した上でのことであった。[43] この地域において長老派系のミッションスクールは唯一最後まで神社参拝を拒否したため、一九三六年一月一八日にマッキューンは崇実学校校長職から罷免され、間もなく崇実専門学校校長職からも罷免された。そして、マッキューンと同様に神社参拝拒否の意思を表明したスヌークは、一月二〇日に崇義女学校長の代理職から罷免された。そしてこの二校の問題が発端となって、長老教会の宣教部は朝鮮の教育事業から撤退を決意し、朝鮮伝道の初期から行ってきた学校と医療伝道を放棄することとなる。

(2) ミッションスクールをめぐる西欧宣教師側と朝鮮側の対立

長老教会宣教部の朝鮮教育事業からの撤退は、当時の朝鮮人キリスト教界にも多くの反響を巻き起こした。平壌における崇実学校・崇義女学校の神社参拝拒否が発端となったミッションスクールの閉校問題に対して、朝鮮人キリスト教側からは学校を閉校しようとする宣教部の方針に反発し、学校の経営権を宣教師から引き継ぎ学校を維持しようと動き出した。この時点からミッションスクールの神社参拝拒否問題は、植民地当局と宣教師の間での問題から、ミッションスクールの経営権をめぐる西欧宣教師と朝鮮キリスト教徒の対立へと発展していく。以下では、ミッションスクールの経営権をめぐって両者の間で巻き起こった諸問題の経緯とその内容を、『基督申報』の記事や社説に基づいて整理してみよう。

平壌の崇実学校・崇義女学校が神社参拝拒否のため、閉校を決めたことを受けて、朝鮮キリスト教者たちは、ミッションスクールの神社参拝をめぐる諸問題が、アメリカ宣教師の判断のみで解決されることを強く懸念した。そこで朝鮮キリスト教者たちは、神社参拝是非論が宣教師たちの問題になっている現状を嘆きつつ、「神社参拝是非論が朝鮮キリスト教会の一大重要問題であれば、朝鮮教徒の思想または信仰によって決定するのが当然である」と訴えた。[44] そして、朝鮮教会はそのような事態が発生した原因を、宣教師からの精神的・財政的独立を果たしていないからだと捉えた上で、今回の事態を解決するためには自らの思想及び事業を持つべきであると訴えた。[45] その上で、宣教師から独立して「自立」した朝鮮教会になるべきだと訴えた。

この時期の宣教師からの独立や自立論が、一九三〇年冒頭から朝鮮教会が展開した復興策の延長線上にあることは確かである。但し、一九三〇年に提唱された自立論が、財政的独立及び自立に集中していたとすれば、この時期の自立論は、宣教師からの経済的独立に精神的独立も加わって、新しい動きとして表出されていた。まさしくその新しい動きが、ミッションスクールの経営権を朝鮮教会に譲り渡すことを要求する「経営権譲渡運動」であった。「経営権譲渡運動」は、アメリカ宣教師を中心とする朝鮮教会の制度、神学思想、宣教事業を批判する、宣教師批判として拡張し、朝鮮人キリスト教徒のミッションスクールに対する閉校反対運動に拡大した。

崇実専門、崇実中学校の神社参拝可否をめぐって、経営側と異なる意見を主張していた教師側は、「学校経営側が問題を解決できない場合は、我らは同校の経営権を朝鮮人側に譲渡することを要求する」[46]という意思を経営団に伝えた。しかし、崇実学校・崇義女学校・崇実専門学校の経営側は三校の閉校を決定し、新入生の募集を中断した。これに対して、三校の教職員側は決起して新入生募集の再開を要求する陳情と懇願書をアメリカ宣教本部と宣教師側に発送した。[47] 一方、全羅南道の南長老教会も、一九三七年六月七日から七日間に渡って開催された全南長老教会定期会において、宣教会が経営している十数校に対する廃校反対を可決し、その決議文を宣教師に通知した。[48] そしてその決議文は宣教師からアメリカ宣教本部に発送された。

この一連の動きで注目すべきことは、「経営権譲渡運動」と共に展開した宣教師に対する批判と「自立」の論理である。この時期になると以前とは異なる宣教師に対する批判が繰り広げられる。その批判の内容は、主に在朝鮮宣教師の朝鮮教会に対する既得権の乱用や宣教師の優越で傲慢な態度に集中している。(49) その内容は次の引用文から確認できる。

一部の宣教師たちの妄動と我々を蔑視する態度は片腹痛い。世界世論が宣教師の既得権と諸施設を被宣教民族に委譲すべきであると意見を共にしているにも関わらず、むしろ反動的に教権を乱用しようとしている。(50)

つまり、「世界世論が宣教師の既得権や諸施設を被宣教民族に委譲」することが求められているにも関わらず、むしろ宣教師は教権を乱用していると激しく批判している。さらに、「宣教師と被宣教者の関係が、支配者と被支配者の関係」から起因するに他ならないと断定した。(51) そして、その批判と同時に朝鮮の教会が決議しないといけないことは、「朝鮮の教会は朝鮮の人たちの手で」という標語の下、西洋式のキリスト教を躊躇なく批判し、朝鮮のキリスト教を樹立することであり、その樹立はすべての覇権から切り抜けて「自立」を実践することであった。(52)

五　おわりに

ネヴィウス宣教政策から触発された「自立」問題は、一九〇七年の「独立老会」設立及び一九一二年の総会創立によって「単一教会」としての土台を築いた朝鮮教会において、「他民族への宣教」として表出された。それはある意味、朝鮮教会の自立と自治を図る宣教師側と朝鮮キリスト教者側の共鳴によって展開された性格が強かった。ところが、一九二〇年代末からはじまった世界恐慌によるアメリカ宣教本部からの宣教費縮小問題と社会主義者側のキリスト教批判や農村社会の貧困問題のため、信者数の激減という教会の「死活問題」に直面していた朝鮮教会は、教会不振の原因を信者激減及び財政的混乱にあると捉えた。そこで、朝鮮教会は、本国からの宣教費縮小によって経営難に陥っていた宣教師経営のミッションスクール及び病院の経営権を譲り渡してもらうことを訴えた。それに、信者の経済力を高めると同時に、自力精神を高調するための農村運動及び教派の合同を図り、教派を超えた聯合運動が展開された。このような三つの運動は、宣教師からの経済的「自立」を唱える朝鮮教会の自立論として展開していったのである。

ところが、朝鮮教会の自立論は朝鮮総督府の神社参拝強要によって、新しい局面を迎える。平壌地域におけるミッションスクールの神社参拝拒否から巻き起こったミッションスクールの閉校問題は、朝鮮総督府、宣教師、朝鮮教会という三者の思惑が錯綜しつつ展開していた。朝鮮総督府は神社参拝強要を通して宣教師と朝鮮教会の瓦解を図りつつ、宣教師にミッションスクールの運営権を朝鮮人に譲り渡すことに圧力をかけたりもした。朝鮮教会側はミッションスクールの閉校問題を皮切りに崇実専門学校・中学校、崇義女学校の経営権をめぐって「経営権譲渡運動」を展開していった。その後、「経営権譲渡運動」は宣教師を中心として運営されていた朝鮮教会の制度、神学思想、宣教事業を批判する宣教師批判として拡大されていく。そして、「経営権譲渡運動」及び宣教師批判は、一九三〇年の冒頭に再び取り上げられた朝鮮教会の自立論を引き受けつつ、その内容において宣教師からの財政的独立だけでなく精神的独立へとその論理を発展させていった。それは、西洋式のキリスト教を払拭させることで、朝鮮のキリスト教を成立させるべきであるという論理に展開したのである。要するに、朝鮮キリスト教の「自立」論とは、西欧宣教師からのネヴィウス宣教政策にその端を発していたものの、教会内部の財政的混乱や植民地当局の宗教政策によって、財政的・精神的自立論が具体的な運動として展開し、「朝鮮的なキリスト教」の必要性を促すものであったのだ。そこには、「他民族への伝道」が提唱され、金麟端の「満州伝道論」のように、「西洋の超越」という文脈へ繋がる諸相をも孕んでいた。「自立」にも「海外伝道」にも、そして神社参拝拒否問題をめぐる反宣教師運動にも、帝国を生きる植民地キリスト教者の実践が横たわっていたのである。

注

(1) 박용규『한국기독교회사 一』생명의 말씀사、二〇〇四年、六〇九頁。
(2) Charles Allen Clark（곽안련）、『한국교회와 네비우스 선교정책』박용규 김춘섭 訳、기독교서회、一九九四年、四四~四五頁。
(3) この内容の詳細については、前掲박용규『한국기독교회사 一』六三一~六三八頁を参照。
(4) 박용규『한국기독교회사 二』생명의 말씀사、二〇〇四年、五一頁。
(5) 박용규「초기장로교 해외선교」(『신학지남』七一―一、二〇〇四年)、八五頁。
(6) 고병철『일제하 재만한인의 종교운동』국학자료원、二〇〇九年、六七頁。
(7) 同前、六七頁。
(8) 前掲박용규『한국기독교회사 二』五一頁。
(9) 同前、五六頁、前掲고병철『일제하 재만한인의 종교운동』六八頁。
(10)『조선예수교장로회사기〈상〉』조선예수교장로회총회、一九二八年（한국기독교연구소편『조선예수교장로회사기〈상〉』한국기독교연구소、二〇〇〇年）、一八二頁。
(11) 同前、一八二~一八三頁、前掲박용규『한국기독교회사 二』六二二頁。
(12) 前掲『조선예수교장로회사기〈상〉』一八二頁。

(13) 前掲『조선예수교장로회사기(상)』一八四頁。
(14) 南満州と東満州の宣教において大きな役割を果たしたのはその地域を管轄する老会であった。南満州地域には、後に平北老会となる北平安代理会が宣教師を支援するという条件で、第四回独老会の決議によって宣教師が派遣された。東満州地域の場合も、後に咸鏡老会となる咸鏡代理会で宣教師の支援を担当した。一九一二年に総会が創立されて以降は、各老会が宣教師を派遣し、その支援を担当した。민경운「한국교회의 초기만주선교」(『선교와 신학』四一、二〇一七年)、二八五頁~二八六頁。
(15)『조선예수교장로회사기(하)』한국기독교연구소、二〇〇二年、一四頁。
(16) 同前、一六頁。
(17)「中華通信」『基督申報』一九一六年一月二六日。
(18)「単一教会」は先行研究の用例に従って単一教派もしくは単一教団をを指す用語として用いる。
(19) 구성모「초기 한국교회의 선교사 파송에 관한 연구」(『신학과 선교』四五輯、二〇一四年)、二九〇頁。
(20) 同前、二九五頁。
(21) 同前、二九五頁。
(22) 김성환「주 조선 미국장로교 선교사들이 한국교회의 해외선교사역에 끼친 영향― 一八八四년부터 一九四五년까지 중심으로」ソウル大学校博士学位論文、二〇〇九年、八〇頁。
(23) 同前、八〇頁。
(24) 同前、八六頁。
(25) 同前、八五頁。
(26) 拙稿「一九一〇年代、崔重珍の自由教会とその周辺」(磯前順一・尹海東編著『植民地朝鮮と宗教―帝国史・国家神道・固有信仰』三元社、二〇一三年)、一〇九頁。
(27) 一九一〇年代から一九二〇年代までの初期朝鮮キリスト教と西欧宣教師、組合教会を取り巻く諸問題については、拙稿「日本組合教会の朝鮮伝道と自由教会に関する研究――共鳴と失敗のはざま」立命館大学大学院文学研究科博士学位論文、二〇一三年を参照。

(28) 金麟瑞「満州所感」『信仰生活』一九三五年一一月号。

(29) 권진관「一九二〇―三〇년대 금진주의 시대에 있어서의 민중과 교회」(김홍수 엮음『일제하 한국기독교와 사회주의』한국기독교역사연구소、一九九二年)、一三頁。

(30) 최경숙「一九二〇년대 기독교비판과 반기독교운동」(『외대논총』三〇輯、二〇〇五年)、一八二頁。

(31) 同前。

(32) 이원익「연경과 기독에 있다」『基督申報』一九三〇年一月一日。

(33) 채필근「一九二九년도 교회총평(七)」『基督申報』一九三〇年二月五日。

(34) 김권정「一九二〇년대 후반 기독교세력의 반기독교운동 대응과 민족운동의 전개」(『한국기독교와 역사』一四輯、二〇〇一年)、九八頁。

(35) 「社説 교회의 内外観(一)」『基督申報』一九二九年一〇月二三日。

(36) 韓稚振「朝鮮基督教의 死活問題(三)」『基督申報』一九三一年一月二一日。

(37) 「社説 宣教費縮小에 對して」『基督申報』一九三三年八月三〇日。

(38) 「宣教費減少는 얼마나? 그 対策은? 咸興永生高普校長金観植牧師 自力更生이지」『基督申報』一九三三年九月六日。

(39) 「宣教費減少는 얼마나? 그 対策은? (二) 崇義女学校呉文煥先生 自力経営을 準備할뿐이다」『基督申報』一九三三年九月一三日。

(40) 同前。

(41) 平壌における植民地当局の「学校責任者に対する直接の神社参拝の要請とそれに対する拒否事件」は、朝鮮教会及びアメリカの宣教本部を巻き込む一大事件へと発展する。李省展『アメリカ宣教師と朝鮮の近代ミッションスクールの生成と植民地下の葛藤』社会評論社、二〇〇六年、二四三～二四四頁。

(42) 当時、平壌地域で神社参拝を拒否していたミッションスクールは、長老派系の崇実専門学校・崇実学校・崇義女学校そして安息派（セブンスディ・アドベンティスト）の順安義明学校であった（同前、二四四頁）。
(43) 同前、二四四〜二四五頁。
(44) 「社説 조선의 그리스도교 선교사의 것이냐 조선인의 것이냐」『基督申報』一九三六年一月八日。
(45) 同前。
(46) 「崇専、崇中経営을 朝鮮人에게 譲渡要求」『基督申報』一九三六年二月二六日。
(47) 「米国宣教師本部와 宣教師側에 陳情과 懇願書発送」『基督申報』一九三七年五月一九日。
(48) 「宣教会経営十数校廃校反対를 決議　全南、南長老会서 討議結果　宣教会선 本部에 伝達」『基督申報』一九三七年六月一六日。
(49) 「一週一題　批判과 自立」『基督申報』一九三六年一月一五日。
(50) 同前。
(51) 「沈鍾榮 偽宣教師들에게 忠告하는말」『基督申報』一九三六年一月二九日。
(52) 前掲「一週一題　批判과 自立」。

第一七章　植民地朝鮮の新宗教と日本仏教
――新都内の真宗同朋教会と金鋼大道を中心に

朴海仙

一　はじめに

本稿では、一九二〇年代に植民地朝鮮の忠清南道で、真宗同朋教会と後に金剛大道に改名する信仰共同体との間で行われた「帰属」に関して考察する。従来、植民地朝鮮でしばしばみられる朝鮮宗教の日本宗教への帰属や編入は、「加害（日本宗教）／被害（朝鮮宗教）」、又は「抵抗（反日）／協力（親日）」の枠組みを前提として議論されてきた。だが、近年登場した一連の研究――宗教概念論、トランスナショナル・ヒストリー、「帝国」日本という視座――は、前述した従来の枠組みが必然的に同伴する限界を指摘し、植民地朝鮮・帝国日本を同じ「帝国」と見なした上で、その域内における種々の宗教間の軋轢・変容などを共時的かつ複合的に分析する必要性を提起する(1)。

例えば、諸点淑は、植民地朝鮮における日本仏教の社会事業を通じて、日本仏教の近代性と植民地公共性を分析した。また、青野正明は植民地から発信された「類似宗教」概念が内地に逆輸入され定着した過程を行政・制度史の検討を通じて明らかにした。以上の先行研究に対して、本稿は植民地朝鮮の忠清南道新都内という地域に主眼を置き、京城のような都市ではなく在地自生の信仰共同体と日本仏教の遭遇と帰属が如何なる様相を呈していたのかを検討する点に特徴がある。具体的には両者が帰属に至るまでの経緯や帰属の様子、そしてその経験が両者に何を齎したのかを精密に分析することによって植民地という特殊空間における宗教の近代化の問題を考えてみたい。

二　新都内と真宗大谷派

(1) 新都内の象徴性

周知のように、植民地朝鮮において日本仏教は宗派を問わず一九三〇年代に至っても朝鮮人信者を獲得できなかった。こうした中で、真宗大谷派の本拠であった京城別院では一九三二年を迎えて同院文書伝道部が発行していた雑誌『覚醒』を大々的に改編した。即ち、「その一は口より耳に入る布教の外に手より眼に入れる布教即ち文書伝道の必要、その二は布教に専心する時、自らの布教力培養の急務」(2)として、文書伝道と布教の向上の必要性が強調された。雑誌の判型も、従来のパンフレットに近い小冊子から全百頁以上の装丁された製本に代わったが、この増頁分は特集企画に当てられた。『覚醒』編集部は、同年二月から五月にかけて「南鮮号」「北西鮮号」「湖南鮮号」「中鮮号」という特集を組んで、それぞれの地方に在住していた布教者や信徒から布教所の事業、または開教当時の状況、信仰一話などに関する原稿を集めた。しかし、この特集は編集部の企画意図に符合するほどの内実を持たずに終了してしまった。
以上の状況に鑑みれば、一九三二年に忠清南道論山郡鶏龍山麓新都内に同派の新都内布教所が設立された事例はかなり特殊だといえる。これには二つの理由があるが、まず、植民地朝鮮社会で新都内という地域が持つ象徴性である。かねてより地理風水的にも非常に良い形勢とされた鶏龍山は、様々な宗教者達が集まってくる霊山として知られていた。特に同山の麓には、朝鮮開国直後の一時期、遷都地として挙げられたことから「新都内」という地名が付けられた。
かかる新都内は山間僻地の地形故に在住する人が極めて少なかったが、植民地期に入ると朝鮮後期の予言書『鄭鑑録』の復興と相俟って朝鮮の独立を念願する民衆をその信徒としていた植民地朝鮮の新宗教教団による集団移駐が行われた。一九三五年に作成された『忠南郷土誌』は、以下のように新都内の事情を記録している。

愚鈍なる百姓達を惑はす者が出たり、又今から幾許もなく世は改り革命が起るとか今の世に道を修めないと後世には罰を受け、又天下天平定後も高官大爵を得る事が出来ないで農夫で終るだらうなどといひふらすものもあつた。仏教に近い天道を信せよと宣伝するものも出て来た。愚民は真なりと思ひ、四方八方から雲集して遂に一都市街を形成した。従つて地価は暴騰し生活困難を感じ懐中の金が乏しくなる。これらの人々は北鮮人が殊に多かつた。歳月が去り文化の進歩するに従ひ、其の虚言なることを悟る者が多くなつて再び他に離散する傾向がある。(3)

新都内の教団は、「我が教と新王鄭氏との間には黙契あり、故に若し吾教に入教して誠を致すものは新王出現の暁高官と特権とを受けらるべしと。或は曰く、吾教は新王と黙契あるが故にその本所を新都内に置きて、新都たるの規模を開拓して以て新王を迎へむとす、この規模開拓に勉むる者は後福あるべしと」[4]としていた。青林教（一九二一年）、上帝教（一九二三年）、正道教（一九二四年）などの新宗教が集団移駐していたが、百百教教徒も一部落を挙げて新たに移駐し、教徒と警察との間に衝突がおきた事例もあった。[5] 植民当局も、「迷信の盛んなる関係上、何等の経済的根拠なく、徒らに無稽の伝説迷信によりて、多数の移駐者を見た」「迷信聚落」[6]の代表格として捉えていた。まさにこの朝鮮類似宗教の「展示場」に、日本仏教の教会が参入し活動を展開していたのである。

(2) 釜田義慶・金貞默と同朋教会

真宗大谷派新都内布教所の設立が有したもう一つの特殊性は同布教所の設立を可能にした同朋教会という組織の存在である。念仏主義を奉じたとされる同教会は新都内で一〇年間活動しており、一九三二年頃には約三万人の会員を有したという。[7] その同朋教会が「千余坪の土地及び其宏壮なる建物」の寄附と同時に「本山の直接的な指導を請願」して、本山側がそれを受け入れて新たに開いたのが新都内布教所であった。本山は同布教所にかねてから同朋教会を指導していた金貞默を教師として在勤させる一方で、彼の補佐に大谷大専門部卒の黄滋淵を務めさせた。即ち、新都内布教所は同朋教会が新都内で築き上げてきた物的・人的基盤を基にし、それを継承する形で成立したのである。

当時、植民地朝鮮では宗教管理者の指定や変更の申出が決められていたが、同朋教会の場合は釜田義慶という人物が布教担任者だったようである。彼は、隣接する論山布教所で務めた釜田法章の実兄であった。義慶は、一九二一年一月三〇日に「布教担任者変更」と「布教担任者変更」を同時に提出していたが、前者は法章から引き継いだ論山布教所の件、後者は忠清南道論山郡豆磨面兎跡洞六〇一を所在地とする「真宗本願寺派真宗論山同盟《ママ》教会」の件に関する届出であった。

釜田（引用者―義慶）はつとに朝鮮布教に留意し真宗同朋教会を組織、教会の本部を扶余附近に設置、教義の宣伝、隣保、施薬などの事業を起し、且つ小学校をも建設して最近の開教使中全鮮を通じて独り万才の気を吐いたと云ふべきである。然るに、扶余の地は古へ百済の起った処であり、こゝに集まる鮮人はやがて、朝鮮の独立を期するものであるなどと云ふ一種の夢をいだき、空想をよろこぶ彼等の周囲も亦これを信じ一時官憲の注意する処となって釜田師は度々無実の疑をかけられ教会に関係ある同胞はしばく警察に引致される等言語に絶した圧迫をうけたが、本来大法の宣伝と同胞親愛の外に何等の意図もなかったことが判明して最近やうやく公然と認めらる、に至った。(8)

ここからは、同朋教会の具体的な活動と共に釜田が朝鮮布教に従事しながら、様々な難関に突き当たっていた様子が窺われる。同教会は教義の宣伝の他にも隣保・施薬事業や教育事業を行っていたが、新都内の「朝鮮人達」が朝鮮独立という「不穏」を潜めていた故に、釜田や同教会に携わった「同胞」らもしばしば警察に警戒・弾圧を受けていたようである。

義慶が朝鮮布教のために論山布教所ではなく同朋教会という新生組織を立ててそこに取り組んでいたのは何故だろうか。恐らく論山布教所の行き詰まりがその原因だろう。同布教所には本願寺より毎月送られた二〜十五円という少額の補助金はあったが、布教所の維持に必要な財政を婦人講話会、洗心会、護持会という信者組織からの志納で補っていた(9)。毎月六回の法話を開いたが、信者の多くは「婦女子老人にして青年壮丁は比較的信仰に冷淡」であって、「甚だ活気なし」とされ、不振を免れなかったようである。しかして朝鮮人布教も、「目下の布教状態に於ては到底耶蘇教の伝道布教に対抗すべき余地なし」と、事実上放置されていた。義慶は、論山布教所では到底成し遂げ得なかった朝鮮布教の任務を、同朋教会を通じて試みたのである。この背景には、金貞黙に代表される同教会に属していた「同胞」の存在があった。

金貞黙の人生や経歴に関する詳細は分からない。ただ彼は、真宗大谷派では僧侶李智光と並んで「真宗大谷派における『内鮮融和の実例』」と認識されており、両人は朝鮮人としては珍しく一九二九年一一月に京都東本願寺で得度式を挙げていた[10]。李智光は一九一四年に日本留学に出た一三人の一人として曹洞宗大学を卒業したが、後には真宗大谷派が設立した京城向上会館の教務主任を務めて『真宗信仰の聖粋』を朝鮮語訳した人物である。こうした人物と同格に扱われていた点から、金貞黙の活動が高く評価されていたことがわかる。その金貞黙は新都内での布教における自身の苦労を次のように回顧している。

此の新都内といふ所は実に迷信的邪教の多い所であつて、一見宗教の展覧場のやうな感じのする処でありま す。李朝末期に陸続として起つた迷信団体が人心を一手に帰せしめんとして伝説的此の地方に集まつたのであります。だから、斯様な迷信の真只中で我が真宗の教義を宣布することは却に容易なことではないのであります。幾度か迫害を受け、苦痛を忍んで漸く最近形を整へてまいつた次第であります[11]。

同朋教会の重要人物である義慶と金貞黙の回想に共通するのは、根強い迷信に陥って朝鮮独立を念願していた「不穏」な朝鮮人との間に醸し出された危うい縄引きのような緊張関係である。「蒙昧」で「不穏」を潜めているかもしれない朝鮮人を同じ朝鮮人が布教の対象として啓蒙することは、ともすれば植民当局から彼らの「不穏な仲間」と誤解される危険性を常に同伴していた。以下の引用のように、同朋教会での苦労の経験から、今後の朝鮮布教においても細心の注意を払うことが新都内布教所で殊に強調されていた。

鮮人布教の実際については極めて困難が伴う。十余年専心布教してゐる金貞黙が其筋から全く注意を解かれたのは最近であって此間数回拘留の憂目をみたといふことや、李朝五百年の仏教迫害の習慣は今日尚男子の寺詣でか遠慮され寺僧蔑視の習風のあることや、偶々仏教団体を組織せるものあればそれを喰物にして私腹を肥やし社会運動の道具としやうとする等々鮮人布教に際しては細心の注意と不抜の忍苦がなければ到底成績を収め了ることは困難である。黄赴任の際にも此点充分注意を加へ自重を望んでたいたわけだ。(12)

一方、金貞黙が拘留・警戒されたことから、彼と「不穏」な朝鮮人との距離が相当近いと判断していた当地の警察当局の認識を読み取ることができる。そこには、上述した朝鮮人が朝鮮人を布教の対象にすることが孕む危険性に対する警戒のみならず、実際、後に金鋼大道と教団名を定めたある信仰共同体(便宜上以下では金鋼大道)と金貞黙が密接な関係を結んでいたという事情もあった。詳しくは後述するが、予め先取りしていうと、一九二二年から約四年間かけて金鋼大道は同朋教会に帰属するが、その際に金鋼大道の財政により建てられた法堂こそ、まさに後に同朋教会が本山に寄附した建物だったのである。

三　金剛大道の同朋教会帰属

(1) 帰属以前の金剛大道の沿革及びその特徴

まずは、一九二二年同朋教会の帰属に至るまでの金剛大道の沿革を簡略に纏めておく。(13) 金剛大道は江原道通川郡踏銭面出身の李承如（一八七四～一九三四、号は土庵）を中心として形成された信仰共同体である。李承如の家庭は極貧であったが家族間の仲は非常に円満であって、この幼年期の経験から李承如は特に家庭内の和親を強調した。家計の困窮故に学問に精進することができず樵業に従事して生計を立てていたが、高麗の儒学者牧隠の一七世孫としての強い士意識を常に持っており、本郷である韓山に向かって「南遷」することを志していた。「南遷」とは李承如の内歴上重要なキーワードとなるが、最初の「南遷」は「湖中は乃ち士夫の驤北にして君子所当居之而韓山は亦先世ノ梓郷にして吾必往矣」（『編年』上九丁表）を指していた。

だが、李承如が三三歳を迎えた一九〇六年二月一五日の宗教的体験以降、「南遷」の意味合いは変化した。彼が山から樵業を終えて帰宅する途中、天地間が澄み晴れて、六合が開かれる中で万理に気づき倏忽口から「顯宇（李承如の児名）が閏年には皇人となり地の風水を開く（顯宇閏歳皇人開地風水）」「閏四月の陰暦十五日に平生の徳を明確に尋ねる。意外の千里客の高名が明らかに世に伝わるようになる。壯元級第は第一であって富貴功名が特等である。是時に又春に逢って万人が皆仰視する（閏四月之望間에　平生徳ノ尋鑿이라　意外千里客이　明出高名伝이라　壯元級第第一이오　富貴功名特等이라　是時又逢春하니　萬人皆仰視」）といった文句が発されたという（『編年』上一一丁裏）。

その後、李承如は九月に母の墓を改葬する一方、「若し久しく此の地に居れば即ち只農夫になるのみである（若久居此地即只為農夫而已）」として「忠清道に遷って、後に万人を救世して士大夫になる（遷于忠清道然後에　可済万人而為士大夫）」ことを決めた（『通巧』①二丁表）。埋葬の場所を選定する宅地の問題は、一六世紀以後『朱子家礼』の普及と相まって士大夫の間で重要視され風水的に良い吉地の確報が望まれたが、一八世紀後期に至るとその欲求が下層民にまで広がっていた[14]。忠清道で万人を救世するという事は、上述した鶏龍山を中心とする真人意識の発露であるが、この点は彼が「南遷」して鶏龍山下の白岩洞にたどり着いた事実からも明らかである。つまり、

この経験によって李承如は絶対的な権能者としての自意識を持つこととなり、その為の方策に取り組みだしたのである。

何回かの失敗を重ねた後にやがて一九一〇年四月に鶏龍山下の白岩洞にたどり着いたが、その際に同伴した人数は李承如と妻の慈庵、そして隣人として李承如と義兄弟を結んだ鄭泰鎔一家の一〇人ほどであった。その日に、当地住民の金道明の助けで家宅を探して鄭泰鎔一家と暮らすこととなるが、しばらくは非常に貧困な生活が続いた。

こうした中で、常に「高人」に逢うことを一生の念願としていた金道明を筆頭に、数十人の弟子達が訪れて彼の徳を慕って門下となり小さな共同体が形成された。李承如は主に儒仏仙合一の、中でも倫理道徳を強調する儒教的要素の強い教えを説いていたが、ほとんどの弟子は読み書きが出来なかった為に「口伝心受」の方法を取っていた。この共同体の特徴を示唆してくれる逸話がある。それは弟子達がどうしても「陰府等説」に疑いを持って、一人の弟子に命じて全州と京城の関聖廟で「聖神降乱書籍」を購入させたという事件である（以下、『編年』上二〇丁裏〜二一丁表』）。この諸書籍をみた弟子達が遂に「始めて聖人が出世することを知った（始知聖人之出世）」という記述から、「陰府等説」とは真人思想と関連した教えであったことが窺われる。即ち、弟子達は超越者への信仰よりは一八世紀後半に下層階級にまで広まった士意識を共有した人々として、李承如が説く儒教的な倫理道徳の教えには順応しつつも宗教性を帯びた信仰的教説には反感を抱いていたのである。こうしてみれば、未だ信仰共同体としての内実は極めて乏しく、「聖神降乱書籍」を契機として真人思想を少しは受け入れたとはいえ、この段階では李承如を中心とする信仰の共同体はまだ出来上がっていなかったといえる。一方、万人救世の「皇人」としての自意識を持って真人思想の本拠地である忠清道まで「南遷」した李承如がなんとしても弟子達に自らの教えを理解させようとしていたことにも注目しておきたい。

以後、弟子は増加し続けるが、一九一六年五月には詐欺騙財の疑いで冤罪を被り、一九二〇年八月には盗難事件に巻き込まれる等の災難を経た。特に、一九二〇年代の盗難事件は李承如が巡査の服装をした泥棒に金品を盗まれたが、かえって上海臨時政府への軍資金送付嫌疑を受けたという事件である。そこには前年度の三・一運動以来の社会の雰囲気が反映されているが、無実のため事無き終えた。しかし、翌年の一九二一年九月にも同じ嫌疑で李承如と弟子達が逮捕される事件が再度起きた。同年は、甲子年に新王が即位し日本を倒して朝鮮を取り戻し新しい国を建設するという旨の甲子登極説が最も流行った時期であり、新王への民衆の期待と比例して様々な宗教の教勢が急速に伸張していた時期でもあった。逮捕された弟子金道明にも甲子登極説を流布した嫌疑がかけられたが、金道明は「天降した聖人が万民を教化することがどうして無理な風説であろうか。甲子の風説は世の皆が伝播しているのになぜ私一人を疑うのか（天降聖人에 教化萬民하시니 豈有無理之風説乎아 甲子風説은 世皆伝播하니 奚独於我에 到疑也오）」と抗弁したという（『編年』上三三丁表）。興味深いのは金道明が甲子登極説の流布を否定せずに、それを社会一般の風潮として捉えながらも、その中身において万民の教化を強調する戦略を駆使していた点である。この発言が警察に向けられた点は注意を要するが、恐らく当該期の共同体の一面を示してくれていると思われる。

この事件によって約一カ月間にわたって李承如とその弟子達は過酷な訊問等を受けるが、その後には弟子の数が一層増していた。このように、一九二〇年代初期には独立運動への仮託や志向の嫌疑で植民当局から弾圧されるが、むしろその経験が民衆の間で支持と説得力を得て影響力を広めていくパターンがしばしばみられる。金鋼大道の事例もこのパターンと相似していた。しかし、このパターンで最も教勢が伸びた普天教のように、カリスマ的な教主を信仰の中心において強い結集力を持つような様子は未だ金剛大道には見られない。

(2) 同朋教会帰属から決別まで

一九二二年七月に、金鋼大道は新都内の豆磨面石橋里に韓国式木造で十四間からなる法堂を竣工する。八月には新都内のある人物から「今の世態が果然昔とは異なるために、以前のように静かに隠居するには実に難がある。新都の金貞黙と協議して真宗に帰属するのが良くないか（方今世態一 果異前日則以前處寂이 実是有難하니 与新都金貞黙으로 協議하야 帰十真宗이 似好）」という勧誘を受ける（『通巧』一巻三丁裏）。その後、金貞黙と相談を重ねて、一一月に真宗に帰属することが決定された。推測に過ぎないが、文献上の記録を見る限りにおいて新都内法堂の建築は同朋教会とは無関係であり、その主な目的は前年度の事件後に伸張した教勢を下敷きにして、象徴性の濃厚な新都内に金剛大道の本拠地を築くためであったと思われる。法堂のような宗教施設の建設は当局に申し出ることが規定されており、また「承認されてない看板（宗教）は集会や受訓を許されなかった故（非看板承認則不許集会受訓故）」に、同朋教会に帰属せざるを得なかった可能性も十分想定し得る。

真宗への帰属が決まって以後、同年一一月二五日には新都内法堂で大総会が開かれ、同朋教会の看板を掲げて新築した法堂の一四間の中で五間二列を法堂にして、教育部と治療部の二部が置かれた。金貞黙が主幹として整理教務の任を努める一方、李承如が説法を担当したが、説法の際には「日本僧釜田者」、つまり義慶も参加していた。こうしてみると、義慶と金貞黙の同朋教会は金鋼大道の貢献する所が多く、後に新都内布教所の設立にも直結するが、こうした事実は真宗大谷派の中では完全に忘却されていく。

この帰属は同朋教会と金鋼大道の両者にとって不可避な選択でもあったが、両者の利害関係が必ずしも合致してはいなかった故に常に分裂に帰結してしまう危険性を内包していた。にもかかわらず、同朋教会は法堂と財政の側面で、金鋼大道は認可された宗教に所属するという点において約四年間にわたる帰属が成立し得たのではなかろうか。ただ、指摘しておきたいのは、金鋼大道がまだ信仰共同体としての内実を保っていなかった点である。

従って、同朋教会と金鋼大道との間で醸し出された葛藤もより複雑な様相を呈する。

一九二二年から一九二七年にかけて、金鋼大道では経典が成立して、建物の竣工が行われ、淵源制の組織を整える等、教団の近代化が益々進められた。まず経典の場合、一九二三年に『真宗宝鑑』上下巻、一九二五年に『玄化真経』、一九二七年に『清難経』が次々と執筆された。ただ、この期間中の経典を金鋼大道の経典としてのみ捉えることはひとまず保留しなければならない。その理由を、編集されてない当該期の原本が確認できる『真宗宝鑑』の事例を通じて考えてみたい。『真宗宝鑑』は、弟子金洛玄が序文を、金道明が跋文を付けて、上下の両巻、全一五五章で構成されているが、一九二四年九月に上巻は真宗同朋教会分教所で、下巻は高章遠個人によって印刷された。

序文ではまず、俗風が乱れて僧侶の経誦も改善されない状況が久しく続くなかで、天運の循環によって「幸いに国家が開明する世に遭って、再び真宗が闡揚する日に遭うことが出来て人民の幸福はこの上なく大きい（幸遭国家開明之世하야 再逢真宗闡揚之日하니 人民幸福이 莫此為大라）」として、「親鸞聖人の弘大な誓願と、七高僧が指導する聖意は、衆生に徳を及ぼし万世に功を加えるにおいて、高くて大きい功徳ははかりしれない（親鸞聖人의 弘大誓願과 七高僧之指導聖意는 徳被衆生하시고 功加萬世하시니 巍巍功徳은 不可思量）」と親鸞とその功徳を讃えている。引き続き「尊師」の李承如の仁慈と聖明さを讃えて、彼の説法を「（引用者）口から筆へ、筆から世に伝えられるので、文套や筆法によってはその宜に乖ることも多い。道の真理や善か否かの工夫は悉く編中にある故に、ただ同朋が編中を詳細にみることを願う（自口至筆하고 自筆伝世하니 文套筆法이라 或多乖宜하고 道之真理와 工夫善否는 悉在篇《ママ》中하니 惟願同朋은 覧之詳之）」ことに本書の執筆目的があるとした。そして「誠敬一心」をもって「南無阿弥陀仏六字」の念仏を唱えることを奨励している。全一五五章の中身に目を通すと、修身・孝行・和親などの三綱五常的な教えに加え、仏教の教理や慈悲を論ずる中で親鸞聖人の徳を慕う箇所もしばしば見出される。

最後に注目したいのは、序文中の「出家仏法과 在家僧侶은 言雖殊而功成則一也라」と、跋文中の「越自仏儒」という箇所である。「序文」と「跋文」からは弟子達が「尊師」を崇めて「尊師」が説く「親鸞聖人」の「真宗」を称える方法によって「尊師」と「親鸞聖人」の両者を同じレベルに置いたのと同様、「出家仏法」や「儒」と、「在家僧侶」と「仏」との間隔も縮めようとする試みが窺われる。こうした弟子達の工夫こそ、当該期の同朋教会の状況を端的に示してくれるものであって、より精密な検討を要するものの、『真宗宝鑑』は金剛大道帰属以後の同朋教会における経典として位置づけるべきではなかろうか。

次に建物の竣工に関しては、一九二三年七月に金川里に二階建ての李承如の自宅と新しい法堂が次々と建てられ、李承如はここを拠点として活動した。一九二四年には自宅の外舎廊が完成し、しばしば講道することもあった。続いて金川法堂に典祀室を増築し併せて宗務所を置いた。最後に組織整備については、一九二四年一一月金川法堂典祀室の増築の際に館長、経理、監督を任命し彼らを宗務所に務めさせた。翌年の一九二五年三月には、宣化部三部を設置して各々一人の宣化司をおき、地方の弟子も淵源ごとに宣化部に統属させた。

金川法堂が建てられ、李承如が金川を活動の根拠地としていた一九二四年に、新都内事業が上手くいかなかったため、金貞黙の要請により最側近であった鄭泰鎔を金貞黙の代わりに主幹にした。同年四月二三日には同朋教会附属の鶴龍学院で同学院の運動会開催を兼ねて同朋教会の「始教五周年」記念式を挙行し約二千名の教徒が集合したとの記事がみられるが、上述した点を勘案すればその大半は教徒より鶴龍学院関係者や運動会参加者であっただろうと思われる[15]。金鋼大道の中では新都内法堂派が金川法堂派より多数であったが、教外においてはそこまでの成果を挙げえなかったと考えられる。

一九二六年春には、数年間続けられた弟子達の葛藤が絶頂を極め、その結果同朋教会との関係が断ち切られた。つまり、金剛大道の同朋教会帰属以降、同朋教会は本部の新都内法堂派と、出張所の金川法堂派に二分されてい

たが、とりわけ金川法堂派は「新都内法堂は日本部であると雖も、振興の兆しが皆無であり、財政が立ち行かなくなる弊害があって長く続く保障は出来ない（以為新都法堂은 雖日本部나 全無振興之端하고 只有経済罄竭之弊하니 不可長久保障也）」との理由に基づき新都内法堂の維持に懐疑的な姿勢を取っていた。

しかし、新都内法堂派と金川法堂派との葛藤の原因は財政問題に限られていたわけではなかった。内紛の渦中で、金川法堂派であった篤弟子が「神明之感応」して、新都内法堂派の弟子を地に伏せる事件が起きたのである。神に感応した弟子が自ら関聖帝君の長子と名乗っており、新都内法堂派は「爾聖の教化の厚恩を知らない（不知爾聖師教化之厚恩）」と厳重に警告し、続けて次のように語った。「世間は皆我が祖先である関聖帝君を以て唯忠義の名将として認めるだけで、聖神であることを知らないが、汝の聖師も天人の理に通じている聖神であると証明できる。若し聖人でなければどうして此の如きであるだろうか（世皆以我聖考關帝로 只認以忠義名将하고 不知為聖神이어늘 爾聖師 通貫天人之理하야 證明以聖神하니 若非聖人이면 焉能如此리오）」（『編年』下四四丁裏）。

この騒動が収まった直後に、金剛大道は同朋教会と決別して金川法堂派の主導下に関星教支部の看板を掲げることとなるが、しかし金川法堂派が関星教信仰により、同朋教会を信仰した新都内法堂派と対立したと断定するのは早計であろう。なぜならば、上述したように、この共同体が関星廟からの書籍から得たのは関星信仰よりは聖人としての李承如への確信であって、神がかりした弟子が発した警告も関聖帝君の権威を借りて李承如が「聖神」であることの宣布として読み取れる為である。実際、関星教支部に属した期間は一年もなかった。遂に一九二七年二月に、「金鋼大道」と改名するが、ここで漸く李承如を信仰の中心に置いた、より堅固な信仰共同体が誕生することとなる。

ただ、李承如と金貞默の二人の関係はどうだったのか。例えば、一九二三年、金貞默は李承如を訪問して、真宗東本願寺派に入って寄附を受け、教会の不振を克服しようとするが、寮費がない故に実現出来ない事情を打ち明けた。それを聞いた李承如が他の弟子の協力を得てその資金を準備したこと（『通巧』第一二九丁裏）があった。だが、その場に同席した一人の弟子が、以前、金貞黙が同じ名目で資金を集め、他の用に使ったことに対して憤慨して青洲署に金貞黙を訴えたが、最後まで李承如は金貞黙を庇護した。また、金貞黙に反感を抱いて彼を殺害しようとする金川法堂の弟子達にも、金貞黙を殺すことは即ち李承如自身を殺すことと同様だとして阻止した。以上を見る限りでは、李承如はあくまでも新都内法堂と金川法堂の相方を維持し続けたかったようだが、一九二七年以後には新都内法堂とは離れていく。

四　むすびにかえて

以上の一連の流れは、金剛大道が信仰共同体としてのアイデンティティを確立してゆく過程でもあった[16]。緩い結束力を持った小規模の共同体が、信仰を共有する信仰共同体へと変容していく中で、同朋教会への帰属において醸し出された諸々の緊張関係や葛藤、そして組織の体系的な整備、経典発行の経験等が重要なきっかけとなったともいえるだろう。

一方、同朋教会側は、帰属を前後にして金鋼大道から受けた財政支援と新都内法堂の存在を基盤とし、一九三二年には「吾派にとつて鮮人のみの信徒僧侶によつて出来た唯一の又最初の布教所であるのみならず仏教徒として内容組織共に備つたものとしては恐らく之が最初のものであると云つて差支へない」[17]真宗大谷派新都内布教所の設立に成功した。当時、大谷派の監督部は新都内布教所に「第一鮮人布教は鮮人の手によること、第二将来は一部落一布教所の方針を実現せしむる為に新都内布教所はその試作田なること」という方針を立てたが、その「試作田」は結局実をあげてはいなかったようである。帰属以後の、信仰共同体としての内実を整えた金剛大道の活動や、重要な財源をなくした同朋教会の対応に関しては今後の課題として残しておきたい。

注

(1) 代表的なものには磯前順一ほか『植民地朝鮮と宗教』(三元社、二〇一三年)、青野正明『帝国神道の形成』(岩波書店、二〇一五年)、諸点淑『植民地近代という経験』(法蔵館、二〇一八年)、金泰勲「『朝鮮仏教』の成立——『帝国仏教』論の射程」(末木文美士ほか『ブッダの変貌』法蔵館、二〇一四年)などがある。

(2) 栗田恵成「更刊之弁」(『覚醒』第一三巻第一号、一九三二年一月)。

(3) 軽部慈恩『忠南郷土誌』公州公立高等普通学校々友会、一九三五年、七三頁。

(4) 村山智順『朝鮮の類似宗教』一九三五年、九四三頁。

(5) 善生永助編『朝鮮の聚落』前編、朝鮮総督府、一九三三年、二五四〜二五五頁。

(6) 同前、二五三頁。本文でふれた忠清南道論山郡の鶏龍山新都内のほかに、全羅北道井邑郡井州邑の普天教本部付近に同信者による信仰村、大田郡銀屏山麓における水雲教信者の集団部落も「迷信聚落」の事例として挙げられている。

(7) 「朝鮮通信」(『真宗』第三五二号、一九三一年二月、二〇頁)。以下の引用も同一。

(8) 大谷派本願寺朝鮮開教監督部編『朝鮮開教五十年誌』一九二七年(中西直樹編『仏教植民地布教史資料集成〈朝鮮編〉』第五巻、三人社)、一〇九〜一一〇頁。

(9) 木原孤城『忠南論山発展史』一九一四年、二六頁。以下の引用も本書同頁による。

(10) 「三鮮人の得度受式」(『真宗』第三三八号、一九二九年一二月)。ここで金貞黙は真宗同朋協会主事として教育に携わっていると紹介されている。

(11) 金貞黙「朝鮮仏教の現状と我が真宗伝道の苦心」(『覚醒』第一八巻第三号、一九三七年三月)。

(12)「朝鮮通信」(『真宗』第三五二号、一九三一年二月)、二〇頁。
(13)以下では、主に金鋼大道の史料である崔東根編輯『聖訓通攷』(一九五六年、以下『通巧』)と崔東根編輯『土庵聖師図解聖蹟編年』(一九五六年、以下『編年』)を用いる。
(14)김경숙『조선의 묘지소송』문학동네、二〇一二年、五二、七七頁。
(15)「同朋教会記念式」『毎日申報』一九二四年五月一八日。
(16)이재헌「금강대도의 제도화 과정」『신종교연구』三一、二〇一四年、九〇~九四頁。
(17)「通信」(『覚醒』第一三巻第七号、一九三二年七月)、三〇~三一頁。

第一八章　「民族心理（学）」と植民統治権力の弁証——東郷実小論

佐藤太久磨

一　序論

東郷実（一八八一～一九五九）は、札幌農学校で農政学を学び、卒業後は植民地台湾の総督府官僚を経験（一九〇六～一九二四）、その間ドイツ留学を経て、離職後は政党政治の代議士として活動した、日本植民史上「ほとんど他に類例をみない人物[1]」である。植民地問題の専門家として[2]、あるいはまた、人的には後藤新平（一八五七～一九二九）や新渡戸稲造（一八六二～一九三三）と鞏固な交流を持っていたように、日本植民史のキイ・パーソンとして位置づけられそうな人材である。

そのためであろうか、東郷研究はこれまで順調に蓄積されつつあると言っても過言ではない[3]。この小論では、先学に学びつつ、東郷の植民地統治理論とその射程を読み込むことで、帝国日本における政治思想史の一齣を描き出してみたい。ここでは、そのための予備的作業として、一先ず「民族心理（学）」と「分化政策」という二つの概念によって仮想される統治と権力のあり方、そして帝国日本の拡張を合理化するロジックを重ね合わせて把握しながら、その帰趨を概観しておきたい。

さて、東郷の植民地諸言説はリベラルなようで、リベラルではなく、「大正デモクラシー」情況に接続しながらも、そこから逸脱するようなそれであったように、その位置づけは必ずしも容易ではない。しかしそうであるにもかかわらず、統治領域を緩慢に伸張してゆく帝国史そのものを一面で象徴しているかのような立場にあったことは、実に興味深い。東郷の植民統治理論に、植民地を超え出て、ついには戦時期の「大東亜共栄圏」論を呼び込む経路が胚胎していたことは、その一例と言えよう。やや先走るようだが、東郷は処女作『日本植民論』(一九〇六年)で主張した「天下三分」説を戦時期に合わせて再解釈することで、[4]広域秩序論に合流し、さらには、一九一〇年代―二〇年代植民統治理論を広域圏内に点在する異民族統治の道具立てとして再利用するに至っている。新しい情況を古い概念で語るなど、理論的な操作と加工が目立つが、そうした東郷の言説には「大東亜共栄圏」に通脈する回路が隠されていたと言うべきか。

小稿は、こうした東郷の言説軌跡を踏まえつつ、「大東亜共栄圏」論に繋がる一論脈を明らかにし、既存の研究で余り振り返られることのなかった戦時期に焦点を当てることで、不充分ながらも幾ばくかの知見を提供しようとするものである。

二　植民統治理論における二つの概念――「民族心理」と「分化政策」

「民族心理」と「分化政策」――この二つの概念は、東郷の植民統治理論を構成する基本因子として位置づけられるべきものである。東郷にあって、「民族心理」は「民族精神」とも置き換えられるが、「民族心理」をタイトルに冠した著作・論説が、管見の限り、総計五点（【二〇年代】著作一点・論説一点、【三〇年代】論説一点、【四〇年代】論説二点）に及んでいることから、同概念に尋常ならざる執着心を抱いていたと言ってもよい。他方、「分化政策」を冠した作品は見当たらないが、著作・論説のなかで繰り返し言及されている点からして、「民族心理」と同程度重視されるべき概念であったことは、間違いないように思われる。

では、そもそも「民族心理」および「分化政策」とは、一体いかなる概念なのか。まずは、「民族心理」から。

我々人間は、銘々異つた精神を有する。それが個人心理である。処が或民族には又その民族共通の精神がある。之を民族精神と称する。或人間の集団が一定の土地に定著すると幾百千年に亙る長い年月の間に於て同一なる環境の影響を受け且つ遺伝的に段々積み上げた共通の精神が形成せらるゝのであるが、此の民族共通の精神が即ち民族心理である。而も此の民族精神の固定には勿論長い歳月を要するものである事は各民族を通じて皆然りであるが、一旦出来上つた民族精神は容易に変化しない、極めて固定的のものである。而して亦此の民族精神が外に現はれたのが民族の文化である。即ち或民族の有する文化的要素たる言語、宗教、美術、文学及制度等は、その民族の精神が外に発露したものである。(5)

「民族精神」とは、歴史遺伝的に構築されたがゆえに、容易には変形消失しない民族共通の心理体系として定義される概念であり、統治民族と被統治民族の別なく各民族に実在する精神として定式化されている。そうした民族の精神体系を解明する学問が、「民族心理（学）」それである。「民族心理（学）」自体は、自他ともに認めているように、同時代において一個の独立科学としては完成していなかったが(6)、東郷がそのような「民族心理（学）」

概念に接近したきっかけは、主にフランスのギュスターブ・ル・ボン（一八四一〜一九三一）の思想に触れたためであり[7]、東郷自身、ル・ボンに依拠しつつ執筆公刊した主著『植民政策と民族心理』（一九二五年）以来、「民族心理（学）」概念に基づいた植民地統治のビジョンを頻りに説いている。

学究肌人材らしく、「理論」や「学問」を軸としたガバナンスが指向されていたと言えようか。しかし一方で、実務官僚経験者らしく、東郷において「実際」や「現実」が軽視されたわけでは決してなく、理論と実際、学問と現実を綜合した統治術が考究されていたことに留意しておこう[8]。

実際や現実を重んじる以上、個々別々の特殊な歴史遺伝的環境のもと育まれてきた「民族心理」や「民族精神」は、その限りで、当然ながら配慮されなければならない。「分化政策」は、かかる「民族心理」を念頭に置いた、異民族統治の一類型として意味づけられるものである。東郷によれば、異民族統治のあり方は、「従属主義を主眼とする直轄政策」「劃一主義を主眼とする同化政策」「順応主義を主眼とする分化政策」の三種に分類されるが、「分化政策」はその一形式、しかし最も有効かつ妥当な統治策として位置づけられている[9]。「分化政策」とは、被統治領域を帝国の単なる一地方として規定するのではなく、帝国秩序の民族構成員を、まずはそれぞれ特別な「民族精神」の保持者として最大限肯定しておく政策指向だと言ってよい。

『分化政策』は、植民地土人の民族精神を基礎とし、之に適合すべき法律制度を制定し、母国と区別した一の統治単位を構成し、特種の政治を行はんとするものである。故に其主眼とする所は『順応主義』である。従つて此政策採用の結果は『自治的制度』を産むことになるが、従来一般に自治政策と称せらるゝ所のものが此分化政策に相当するのである。……吾人の所謂自治的制度なるものは、……実に植民地自体を一個の『統治単位』とし、茲に必要な行政、立法、司法の各機関を設置し、其民族に最も適切な法律制度の下に一種の自治的政治を行はんとするものであつて、其帰着する所は『分化政策』に在る。……即ち異民族統治策の帰趨する所は『各民族をして政治に参輿せしめよ』と云ふに外ならぬ。[10]

「分化政策」の果てに「自治的政治」が展望されているように、その語り方は「民主的」なようにも見えるが、[11]ここでは、一先ず被統治民族によって構成される植民地が「統治単位」としてではあれ、全面的に擁護されていることに注意しておきたい。「民族」概念そのもの、換言すれば生の「民族」概念を弁護するような口吻についてである。東郷はみずからの発話で、「民族」に「寛容」であることを語っていたのである。

「民族心理（学）」と「分化政策」に基礎づけられた異民族統治の探求――一九二〇年代後半以降、幾度となく反復された東郷理論の基本的内容である。では、東郷にかかるこの二つの概念は、同時代にあっていかなる機能と意味を有し、終極的にいかなる歴史的顚末を迎えることになるのか。その行程と後背は、いかなるものであったか。

三 「民族心理」と「分化政策」の行路

(1) 「民族」破壊に対する抗弁――「非同化主義」

植民地に於ける異民族統治の根本方針は常に民族心理学を基礎とし彼等原住民族の民族精神を探究し彼等の言語、宗教其の他風俗習慣等の由つて生れ出たる根本とその特色を明瞭にし、之等の実際に最も適合せる制度を採用して自然的に彼等の生活を向上発展せしめ、その幸福を増進せしめる政策をとらなければならないのである。／こゝに於て吾人は同化政策を排し分化政策を主張するものである。……而して之等原住民族がそれ〴〵特異の民族精神を有し、それを基礎として作り上げたる経済的、社会的組織を有し、相当の文化を有する以上そこに特異な制度を敷き自然の発達を遂げしめるは当然の事である。……要は民族精神を尊重し特異なる民族精神を有するものをして内地と異つた一つの特色ある文化を作り上げしめるのが分化政策の根本義である。[12]

まず確認しておくべきは、引用文にも見られるように、東郷の思惟にあっては「同化政策」と「内地延長主義」が批評の対象に設定されていたことである。東郷によれば、総督府当局および本国政治権力の根本方針は、「同化政策」ないし「内地延長主義」に設定されていると解されるが[13]、それらに批判的であった東郷の言説は、実際統治権力に対する「審判」の意味合いが強いそれであると見て差し支えない。総督府官僚であった一九一〇年代の早い時期から「非同化主義[14]」は説かれていたが、離職後ではあれ、このように、植民地官僚経験者が本国を含めた統治策に懐疑的な態度を示したことは、押さえておいてよいであろう。このような東郷の立場は、「内地延長主義」派の原敬（一八五六〜一九二一）や田健治郎（一八五五〜一九三〇）ではなく、後藤新平の「特別統治主義」の系列に連なるものである。[15]

では、そもそもなぜ「同化」に準拠できないのか。「民族心理学上同化し得ざる異民族を同化せんとする政策が、却つて彼等の独立運動を促進」してしまうからであった。[16] このような説き方は、独立運動が植民地帝国の解体に通じてしまう、というシナリオを回避するための論法であり、それ自体同時代においては珍しくないであろうが、ここで留目しておくべきは、やはり「同化」批判言説の後背に「民族心理（学）」が配置されていた点であろう。

そもそも植民地の独立について「断じて首肯し得ざる所である[17]」と断じた東郷にとって、独立を予感させる被統治民族の「民族的自覚」の昂揚は警戒されるべきであったが[18]、この「民族心理（学）」は被統治民族を帝国に繋ぎ止めるための技術概念として使用されていたのである。

帝国秩序を保全しようとする東郷の性向は、「分化政策」の先に「植民地自治」を展望したビジョンにも内在したそれであった。「自治」許容の素振りを見せたかと思えば、その反面で「植民地がわが帝国の一部を成す以上」、「国民団結の目的を遂行」しなければならならない[19]――東郷の理解にあって、植民地住民はそれぞれ特異な「民族精神」を有する「異民族」ながらも、「日本国民」として分類されている[20]――というエクスキューズを付し、被統治民族の自由意思結集の動きに予め限界値を設けたのである。東郷の言説は帝国の延命を予期したロジックとして編成されていたのであって、その限りで、所謂「自治」は「民主的」な意匠を凝らしながらも、「帝国内自治」として結晶していたと言えそうである。「同化政策の主眼とする所は、植民地原住民族の民族精神を破壊して、母国人の民族精神と同一ならしめんとする点に在る[21]」と、一見するとリベラルな言葉の背面に、そうした指向が胚胎していたことには注意しておいてよいであろう。

(2)「大正デモクラシー」情況と「大日本主義」言説

この何とも予定調和的で合目的的な東郷の結論は、しかし一面的には「大正デモクラシー」情況下における植民地諸言説の一般的傾向と符合しないわけではない。植民政策学者の山本美越乃（一八七四～一九四一）や泉哲（一八七三～一九四三）、矢内原忠雄（一八九三～一九六一）等によって、「植民地自治主義（自主主義）」や「植民地議会」の設置が謳われるなど、当時の植民地言説が帝国的結合の再編を企図した論理――もっとも論者によって温度差は認められるものの――であったことを想起すれば、東郷の「自治」言説はそうした「帝国改造」の政治思想と重なり合って構成されていたと理解しておくべきであろう。[22] 矢内原が東郷の「分化政策」に関して、「同化政策を排斥」したことに止日しやや肯定的な評価を与えたことは、その傍証として位置づけられるものである。[23]

より広く見積もっておけば、東郷の発話は「大正デモクラシー」情況に応答しうる余地があったようにも見受けられる。「大正デモクラシー」期の政党内閣が「国際協調主義」を外的条件として存立可能であったように、[24] 東郷の「土地配分」論が「国際協調」に適合したロジックとして編成されていたことは、その一例と見做せよう。第一次世界大戦後、東郷は土地の公平な配分こそが「人類全体の幸福」と「永久の世界平和」の保障に通じると予測し、その方法として軍事力を排した「平和的協約」あるいは「世界的協約」に基づく土地の分配方式を提唱している。[25]

しかしながら、東郷の弁説にあって興味深いのは、「大正デモクラシー」や「国際協調」に親和的であると同時に、そうした磁場から逸脱するような契機が恒常的に再生産され続けた点である。植民地の新規領有を公然と主張できなくなった戦争後の「植民地なき帝国主義[26]」情況のもとで、東郷が「大日本主義」言説を事ある毎に吐き出していたことは、その典型例であろう。

我日本の国是は建国以来一定不変にして、所謂『大日本主義』である。我々は此の一大国是を基礎として、日本の文化を四方に宣伝し、亜細亜八億の民衆を救済統合して、民族心理学の教ゆる所に従ひ、最も進歩したる合理的統治組織を案出し、各種の異民族に対し、或程度まで民族的満足を与へ、偉大なる抱擁力と旺盛なる活力と高遠なる理想とを有する『世界的大帝国』を建設すると云ふことに就て、一大努力を傾注しなければならぬ。[27]

まるで戦時期にインフレした「八紘一宇」言説を思わせるかのような口振りだが、かようなアジア主義的心性と日本盟主論を含み込んだ「大日本主義」言説は、一九一〇年代からすでに繰り返し何度も提唱されていたものであり、[28]「同化政策」批判と並ぶ東郷の二大主張と言っても過言ではない。ここでは、そもそも東郷が参照し続けたル・ボンの「民族心理（学）」概念が植民地主義的で人種主義的であったこと、[29]そして「分化政策」概念が帝国の拡張に寄与するモメントを内蔵していたことを押さえておこう。

東郷にとって、「内地延長主義」は特異な精神の保持者である「民族」を破壊に導きかねない政策指向として否定的に論じられるが、それに代わる「分化政策」に基づけば、「民族」を防禦できるだけではなく、被統治民族の個性に応じた特異な使命を語る地平が切り拓かれる。とりわけ台湾には、「南支南洋に対する大使命」[30]が課せられていたのである。東郷の「分化政策」概念は植民地内部の統治だけを対象としていたのではなく、台湾を足掛かりにして「南支南洋」への進出を説く対外膨張言説でもあったと理解できよう。こうした南進論を含めて、帝国日本の全方位へ向けた無限膨張をオーソライズしようとする指向が胚胎醸成し続けた結果、東郷の発話が「大正デモクラシー」情況の否定に繋がることは避けられなかったのである。

(3) 植民統治権力の肖像と「民族」の防禦法

注視しておくべきは、こうした東郷の「大日本主義」言説が、植民地内部の統治権力を無制約なそれとして仮構しようとする指向とパラレルであったことである。東郷の統治理論にとって、「民族心理（学）」と「分化政策」だけではなく、後藤新平の「生物学」や「無方針主義」もまたポジティブに継受されるべきであったが、[31]とりわけその「無方針主義」については「由来植民地統治の根本方針を確立するは、極めて至難の業にして、台湾総督府が今日尚ほ其の統治上の根本主義を表明せざるは、寧ろ賢明の策たりと称すべし」[32]と肯定的な評価が与えられている。

こうした思惟に基づけば、「植民政策なるものは先づ統治民族其のもの、相違により必然的に異なり、更に植民地そのもの、自然的及人為的要素の如何により変つて来るものであるとすれば、植民政策の『実際』は変通自在でなければならぬ。従つて我日本には日本民族独特の植民政策があり、又同じ日本の植民地でも朝鮮の統治策と台湾の経営策とは自から異る所のものがなくてはならぬ[33]」との記述に見られるように、統治民族と被統治民族の組み合わせによる実際的な統治策を呼び込むことが可能となる。

しかしそれは、いきおい統治権力の自由意思によって自由な統治方式を採用することに繋がる。というのも、結局のところ、東郷は「民族心理（学）」を掲げながらも、被統治民族の「民族精神」を規定することがなかったからである。この意味で、統治権力は被統治民族の精神に左右されないそれとして仮想されていたと言えそうである。

ここには、みずから確乎たる統治指針を事前に確定しないことによって、その自己羈束から統治権力の自由を保全する弁証のあり方が、まざまざと示されている。いわば、権力が情況に応じて何色にでも染まることのできる余地を残しつつ、統治権力の無制約性を担保する指向が表明されているわけである。「内地延長主義」路線を展開していた本国の政党政治勢力から、台湾統治権力の自律性を保守しようとした態度も[34]、ここに付け加えておこう。

おそらくは、植民地政治のあり方も、この陥穽からは逃れられない。東郷にとって、植民地政治の理想は「民衆最大多数の幸福を眼目とした善政[35]」であり、植民地民衆の「生活の向上発展」や「幸福の増進」を度外視した専制政治はあり得なかったものの、「自治」はあたかも統治権力から被統治民族に附与される「恩恵」（＝「民族的満足」の附与）としての性格が明白だったからである。帝国の解消を導きかねない独立運動の発生を未然に防ぐ防禦策としての性格が、である。

それにしても気になるのは、東郷の「分化政策」概念において、「植民地自治」や「議会政治」が語られたにもかかわらず、その形式や過程が一切不問に付された点である。林献堂（一八八一―一九五六）や蔡培火（一八八九―一九八三）等によってリードされた「台湾議会設置請願運動[36]」を、東郷が知らなかったとは到底思われないが、卑見の限り、同運動に対するコメントは見当たらない。このような東郷の運動に対する無言や沈黙は、東郷の統治権力観と切り離しては理解できないであろう。おそらくは、被統治民族の「民意」を帝国に繋留することによって帝国秩序の万全を期しつつ、統治権力の自由を保障することが東郷の理想であったように見受けられるが、「植民地自治」や「議会政治」は、そうした理想の枠内で処理されるものに過ぎなかったと言うべきか。

ここでは、かような権力の弁士としての発話が、はたしてそうであるがゆえに、統治民族の心理や精神（＝「民族性」）を執拗に弁護してしまう性向と無縁たり得なかった点に触れておきたい。東郷にあっては、そもそも被統治民族の「民族性」は保守されなければならなかったが、その方策として挙げられたのが、植民地社会における異民族間混淆、すなわち「雑婚」（「内台共婚」）回避策である。東郷にしてみれば、「同化政策」と同じく「雑婚政策」は、「原住民族の撲滅と共に母国人の民族的性格をも犠牲に供する[37]」結果に繋がるのであって、「民族精神」はもとより生の「民族」概念を防衛する手立てとはならず、「民族」の破壊に貢献する政策に過ぎなかったのである。

雑婚に同意できない以上、「アパルトヘイト体制[38]」のごとく、植民地原住民と内地人は没交渉の隔離状態に置かれるよりほかない。そうした状態を是とする向きは、生物学的思惟に基づいた「共生主義[39]」なる概念提起の延長線上に位置づけられるものだが、こうした意想の背面におぞましいほどの「日本主義」的心性が書き込まれていた点を看過してはならない。「優秀な日本民族」しかも「二千年来純潔を保つて初めて完成し得た、貴重なる日本民族の性格[40]」は、確実に固守されなければならなかったのである。

「民族」概念を「民族心理（学）」と「分化政策」によって最大限肯定してみせた東郷にとって、「日本民族」は決して侵蝕されてはいけない聖域として措定されていたと解せよう。なるほど、東郷は被統治民族を含めた「民族」そのものに「寛容」であり得たが、それと同程度、否それ以上に統治民族の「民族性」を護衛してしまう傾向にあったのである。「民族心理（学）」と「分化政策」の後景に、こうした自民族を特権的に定立してしまう欲望が伏在していたこと、あるいはまた伏在し続けたことには、[41]注意してもし過ぎることはない。

かくして、東郷の理論には窮極的に統治者日本の「思ふがまゝに[42]」異民族を統治し、帝国の際限なき膨脹をオーソライズしようとする明確な恣意――「我々は祖国を中心に東西南北、各々其の欲するがまゝに盛に発展すべきである[43]」――だけが渦巻いていたのである。では、以上のごとき東郷の言説は爾後いかなる地点に辿り着くのか。最後に、帝国日本と東郷理論の最果てを展望しつつ本論を終えよう。

四　終論――「民族心理」と「分化政策」の終演

統治民族と被統治民族の区別なく、生の「民族」概念に「寛容」であったればこそ、一九四〇年代以降、東郷の視座は、「八紘一宇」の精神や「大和の心」など、「日本民族」の精神に当てられるような結果に落着してしまう。さらには、「世界的協約」に基づく土地分配に見切りをつけるかのように、「持たざる国」（＝現状打破国）の「持てる国」（＝現状維持国）に対する闘争を正当化し、この時期には鞏固な自己愛だけが肥大化するに至ったのである[44]。

しかしながら、そうした情況にあっても、やはり留意しておくべきは、「民族心理（学）」と「分化政策」が決して遺棄されることはなかった、という点である。「大東亜戦争」の遂行、「大東亜共栄圏」の建設といった帝国日本最末期の国是が、二つの概念を有効に機能させる素地を提供してしまったからである。「民族心理（学）」および「分化政策」は、帝国日本の版図が既存の植民地だけではなく、南方にまで伸び切った時期と情況においてこそ適切だったのである。

わが国は過去に於て単一民族に依つて国を成してゐたから国内に於ては何等民族の問題を考へるの必要はなかつた。然るに近年新領土の拡がると共に、幾多の異民族を抱擁することになつたばかりでなく、大東亜共栄圏建設の大業に乗り出した今日に於ては、その圏内に抱擁する無数の異民族を目標とした民族問題は極めて重大さを加ふるに至つたのである。……異民族統治乃至指導の根本方針は『同化』にあらずして『分化』であることは、筆者が科学的研究の結果到達した最後の結論である。……異民族の統治指導の根幹を成すものは法律学にあらずして心理学である。われ等は斯くの如くにして初めて異民族の指導統治上そこに一種の新哲学を発見し得るであらう。[45]

さらには、「共栄圏文化の全面的建設には常に民族心理学の教ゆるところに従ひ処理すべきであつて、いやしくも非科学的な独断的行動があつてはならぬ[46]」とのように、である。この時分に至って、その筆付きは嘗てないほど生気に溢れている。東郷にとっては、「民族心理」と「分化政策」の両概念が全面活用されるべき事態が到来したと言えよう。かくして、「日本精神」の賛美、そして「民族心理（学）」と「分化政策」に基づいた異民族統治——を二つながらに探究した、東郷の欲望的思惟のあり方は、窮極的には「大東亜共栄圏」の「指導国」として日本を位置づけ、なおかつ広域秩序圏内の多数異民族の統治を円滑ならしめる言説として結晶したのである[47]。

しかしながら、そうしたポジティブな語りは、東郷にとって最期の閃光であったと言ってもよい。というのも、その後に待ち受けていたのは、帝国が廃滅へと向かう「敗戦」のプロセスにほかならなかったからである。「偉大なる抱擁力」と「旺盛なる活力」をついに示せないまま、東郷の統治理論は破綻し、帝国日本は終幕を迎えたのである。

注

（1）金子文夫「東郷実の年譜と著作」『台湾近現代史研究』創刊号、一九七八年四月、一二七頁。

（2）マーク・ピーティー著（浅野豊美訳）『植民地――二〇世紀日本帝国五〇年の興亡』慈学社、二〇一二年、初版一九九六年。

（3）小熊英二『単一民族神話の起源――〈日本人〉の自画像の系譜』新曜社、一九九五年。同『〈日本人〉の境界――沖縄・アイヌ・台湾・朝鮮 植民地支配から復帰運動まで』新曜社、一九九八年。水谷智「〈比較する主体〉としての植民地帝国――越境する英領インド教育政策批判と東郷實」『社会科学』第八五号、二〇〇九年一一月。井上将文「東郷実と帝国日本」北海道大学博士論文、二〇一六年。

（4）東郷実『日本植民論』文武堂、一九〇六年、三八三～三八四頁。同「世界三分説と南進論」『外交時報』第九七巻第三号、一九四一年二月。

（5）東郷実「世界改造と民族心理」『台湾農事報』第一九一号、一九二二年一〇月、六頁。

（6）東郷実『植民政策と民族心理』岩波書店、一九二五年、凡例二頁。米田庄太郎『民族心理学講話』弘道館、一九一七年、二七頁。

（7）ル・ボンについては、前掲小熊『〈日本人〉の境界』、前掲水谷「〈比較する主体〉としての植民地帝国」など。

（8）東郷実「日本の植民政策」『海外』一九二八年五月号、三八頁。

(9) 前掲東郷『植民政策と民族心理』三〇五～三〇六、三四〇頁。
(10) 同前、三〇七、三一〇、三二三頁。
(11)「自治」については、すでに一九一〇年代の著作から言及され始めている（東郷実『台湾農業殖民論』冨山房、一九一四年、六五九頁）。
(12) 東郷実「新しい時代の植民政策」『海外』一九二八年一二月号、一二～一三頁。
(13) 東郷実「植民政策と民族心理」『外交時報』第五五巻第六号、一九三〇年六月、七二～七三頁。
(14) 東郷実「非同化論」『台湾時報』第二三号、一九一一年六月、二〇頁。
(15) 原と後藤の統治思想については、春山明哲「明治憲法体制と台湾統治」『岩波講座近代日本と植民地④統合と支配の論理』岩波書店、一九九三年。
(16) 前掲東郷『植民政策と民族心理』三三六頁。
(17) 同前、三三六頁。
(18) 前掲東郷『台湾農業植民論』六五八頁。
(19) 前掲東郷「新しい時代の植民政策」一三頁。
(20) 前掲東郷『植民政策と民族心理』五八頁。
(21) 同前、九〇頁。
(22) 平野敬和「帝国改造の政治思想――世界戦争期の吉野作造」『待兼山論叢』日本学篇、第三四号、二〇〇〇年一二月。米谷匡史『アジア／日本』岩波書店、二〇〇六年。酒井哲哉『近代日本の国際秩序論』岩波書店、二〇〇七年。
(23) 矢内原忠雄『植民及植民政策』有斐閣、一九二三年、初版一九二六年、『矢内原忠雄全集』第一巻、岩波書店、一九六三年、三一四頁。
(24) 三谷太一郎「政党内閣期の条件」安田浩・源川真希編『展望日本歴史⑲明治憲法体制』東京堂出版、二〇〇二年、初出一九七七年。
(25) 東郷実「大日本主義の作興」『日本公論』第一二巻第八号、一九二四年八月、一二～一三頁。この論点については、

井上将文「東郷実の農業植民論――自給排他の植民思想」『日本歴史』第七九一号、二〇一四年四月を参照。

(26) ピーター・ドウス著(藤原帰一訳)「植民地なき帝国主義――「大東亜共栄圏」の構想」『思想』第八一四号、一九九二年四月。

(27) 東郷実『植民夜話』植民夜話刊行会、一九二三年、二八七～二八八頁。

(28) 東郷実・佐藤四郎『台湾植民発達史』晃文館、一九一六年、四八五頁。東郷実「大正六年と日本人の使命」『台湾時報』第八八号、一九一七年一月、七頁。

(29) 前掲水谷「〈比較する主体〉としての植民地帝国」六頁以下。

(30) 東郷実「台湾統治の今昔」『海外』一九二七年七月号、一六頁。

(31) 東郷実「我植民地経営と後藤伯」『吾等の知れる後藤新平伯』東洋協会、一九二九年。

(32) 前掲東郷・佐藤『台湾植民発達史』三四頁。

(33) 東郷実「植民政策の批判に就て(泉君の所論を駁す)」『太陽』第二六巻第一三号、一九二〇年一一月、一四七頁。

(34) 前掲東郷「台湾統治の今昔」一六頁。

(35) 前掲東郷「日本の植民政策」三八頁。

(36) 若林正丈『[増補版]台湾抗日運動史研究』研文出版、二〇〇一年。同「台湾議会設置請願運動」『岩波講座近代日本と植民地⑥抵抗と屈従』岩波書店、一九九三年。

(37) 前掲東郷『植民政策と民族心理』二四四頁。

(38) 小熊前掲『単一民族神話の起源』二三九頁。

(39) 東郷実「植民政策上の共生主義を論ず」『台湾時報』第二四号、一九一一年七月。

(40) 前掲東郷『植民政策と民族心理』二六九～二七一頁。

(41) 東郷実「大東亜建設と雑婚問題」『外交時報』第一〇八巻第三号、一九四三年一一月、一三頁。

(42) 東郷実『大東亜共栄圏建設の根本理念』鹿児島県図南協会、一九四三年、一三頁。

(43) 前掲東郷「大日本主義の作興」一三頁。

(44) 東郷実「東亜の維新と日本精神」『弘道』第五八〇号、一九四〇年九月。同「昭和維新と日本精神」『交通経済』第一一巻第一〇号、一九四〇年一〇月など。
(45) 東郷実「大東亜と民族問題」『外交時報』第一〇六巻第六号、一九四三年六月、三六〜三八頁。
(46) 東郷実「共栄圏文化の建設と民族心理」『外交時報』第一一〇巻第六号、一九四四年九月、一一頁。
(47) 前掲東郷『大東亜共栄圏建設の根本理念』。

第一九章　戦後京都における国民教育論の展開と「丹後の教育」の発見

富山仁貴

一　はじめに

国民教育論は、戦後日本の教育において大きな潮流をなしながら、一九九〇年代以降、忘れ去られてしまった議論である。それは、戦前の「国民教育」言説とは大幅に異なる、教育思想・教育実践・社会運動の三つの側面を持つ複合的な言説であった。国民教育論のこうした複合的な性格について、早くから指摘していたのが日高六郎であった。日高によれば、国民教育論には三つの系列があるという。一つ目は、一九五〇年代の朝鮮戦争・講和問題をめぐる危機感のなかで生じ、民族の歴史的課題を解決するための国民づくりを強調する議論。二つ目は、五〇年代半ばから後半にかけての反動的な文教政策に対抗し、父母・国民の教育要求にこたえる教育実践をめざす議論。三つ目は、五〇年代後半における勤評・安保闘争の経験に即した平和と民主主義を勝ち取ろうとする国民運動のなかに教育の問題を置こうとする運動としての国民教育を目指す議論である[1]。

通説的な理解では、国民教育論は一九五〇年頃に新教育批判のなかで出現したとされる。上原専禄、宗像誠也、矢川徳光らがこの時期の代表的な論者である[2]。彼らの議論における「国民教育」とは、「国家の教育」に対する「国民の教育」を含意しており[3]、戦前の教育との訣別が強く意識されていた。小熊英二はこうした議論を、保守勢力の戦前回帰志向に対抗する革新ナショナリズムの言説として評価している[4]。小熊によれば、一九五〇年代後半には国民教育論の影響力が失われてゆくとするが、むしろ実際には五〇年代半ばより本格的に展開してゆく。その主な担い手は、上原専禄、勝田守一、宗像誠也といった国民教育研究所（一九五七年に日教組が設立）の関係者および、長洲一二、矢川徳光といったマルクス主義者であった[5]。彼らの議論は一九七〇〜八〇年代にも繰り返し参照されながら、九〇年代以降に忘れ去られたのであった。このことは、国民教育論がすぐれて「戦後」的な言説であったということを示している。

国民教育論が急速に忘れられようとした時期に、これを対象化しようと試みたのは佐藤隆である。佐藤は、一九五〇年代における日教組の教育研究活動に即して検討を行った[6]。しかし、その後、佐藤は地域に即した教育運動の研究へと移ったため[7]、その議論は未完に終わっている。他方で、人物に即した議論もある。例えば、宗像誠也や勝田守一らの教育学説に対する分析や批判は数多い。とりわけ、教育学者でないにもかかわらず強い影響力を持った上原専禄の教育論に関する研究があり[8]、筆者もまたその検討を行っている[9]。

本稿では、戦後日本における複合的な教育言説としての国民教育論について、先行研究の手法を踏まえて、地域や人物に即してその展開を明らかにする。まず、一九六〇年代の京都教育センターに注目して分析して、国民教育論がどのように地域的な展開を見せたかを論じる。次に、京都における動きと「丹後の教育」との関係を分析して、国民教育論がどのように地域の教育運動を「発見」したかを論じる。史料は主に京都教育センターが所蔵するものを用いた。そして、以上の議論を通じて、国民教育論という経験の歴史的位置について考察を試みるものである。

二　独自の国民教育論と京都教育センター

日本教職員組合（日教組）が「国民教育」という言葉を本格的に使い始めたのは、教育委員会制度の改編や教科書検定の強化などが議論された一九五六年のことであった。「全国五十万教員の足どりをたかめて、国民の手による国民のための教育を広汎な国民教育運動においてうちたてていく」（昭和三十一年度運動方針）とし[10]、翌年七月に国民教育研究所（民研）が設立された。日教組と民研が最初に取り組んだのが、新書『国民教育』の編集・発行であった。同書第　章で上原専禄は、「国民教育というものは、なによりも国民の考え方で、国民の手で、国民のためにおこなわれなければならないものだ、といえると思います」と述べている[11]。戦後日本の教職員組合は、労働組合と職能団体の二つの側面を持って生まれたが、一九五〇年代後半に至って「国民教育」という言葉を用いて、この両者を取り結ぶことを模索するようになったのである。

これに対して、京都では国民教育論の独自の解釈がなされた。一九五九年の第九次京教組教育研究六月集会における細野武男（立命館大学法学部教授）の講演「国民教育の創造のために」は、その典型的な例である[12]。ここで細野は、これまでの抽象的な「人間のための、人間による、人間の教育」から、「国民のための、国民による、国民の教育」への転換を訴えた。ここでいう「国民のため」とは国民教育の目的・立場を、「国民による」とはその方法・手段を、「国民の」とはその担い手・主体を意味する。「国民」の見地とは、反独占と反従属の国民運動の一環として教育運動を位置づけるということであり、教師は父母の教育要求をくみ上げ、政治の民主化と教育の実践を通じて具体的な運動を行ってゆくことを提起した。この講演は細野らの共同研究によるものとされ、京教組教文部や他の共同研究者の共通した見解であると見てよいだろう。京都では、日教組や民研の国民教育論を、共産党的な反帝・反独占論と絡めた運動論として再解釈したのである。

京都教職員組合（京教組）は日教組の創立以来、日本共産党の勢力が強い組織であり、教育研究活動にもその特徴は現われていた。第九次京教組教育研究十一月集会の山元一郎（立命館大学文学部教授）講演では、教育思想におけるプラグマティズムや近代主義への批判が行われ、弁証法的な考え方に立った国民教育論の創造が主張されている。[13] これは当時の共産党のイデオロギー的立場を反映していたと見てよいだろう。[14] また、「方明《ファンミン》報告」の学習に取り組んだことも特筆できる。方明（一九一七〜二〇〇八年）は中国教育工会の副主席で、一九六一年一月に開かれた第十次教育研究全国集会に派遣されて挨拶を行った。方明は新中国における新しい教育づくりのなかで、⑴労働者として大衆的な運動に取り組むこと、⑵教育者として深く教育活動を行うこと、⑶知識人として人民に対する組織と宣伝に取り組むことがなされていると述べた。この「教師の三つの任務」論は会場から一部の戸惑いと大きな拍手をもって迎えられたという。[15] 京教組では『京都の教育』第八号にこの方明報告を掲載し、学習会に積極的に取り組んだ。[16] その結果、方明報告の「教師の三つの任務」は、その後も長く京都の活動的な教員のあいだで語られることとなった。

さて、この頃の京都における国民教育運動で重要なのが、京都教育センターの設立である。同センターは、京教組が中心となって一九六〇年九月に設立された。労働団体・女性団体・教育団体等が参加して、教育運動と教育研究のセンターとしての役割を担った。また、代表の細野武男（立命館大学・法社会学）をはじめとして、奥田修三（立命館大学・歴史学）、貞弘太郎（立命館大学・地学）、立川文彦（京都大学・政治学）、安永武人（同志社大学・

日本文学）らを擁し、顧問には末川博、田畑忍、恒藤恭が名を連ねていた。民科京都支部や末川博の人脈を活用した同センターは、勤評闘争をきっかけにつくられた京都における左派知識人の一つのセンターでもあった。結集した知識人は、日教組では「講師」と呼ばれたのに対し、京都では早くから「共同研究者」として位置づけたところにも、京都の先駆性を見出すことができる。さらに、事務局員として京教組から派遣された寺島洋之助は、一九五四年の旭丘中学校事件で処分を受けた三教員の一人であり（なお、北小路昂は共産党府議会議員、山本正行は京教組書記次長）、その後も同事件を国民教育運動あるいは民主教育の先駆として語る役割を果たした[17]。

京都教育センターは、国民教育論を独自に発展させることに取り組んだ。それは、第十一次京教組教育研究五月集会の細野武男の講演「ふたたび国民教育論について」における、全面発達、科学的認識、集団主義の「三つの原則」の提起に結実している[18]。講演要旨しか残されていないため、当時の詳しい議論は不明であるものの、当時のマルクス主義教育学の最新の議論を踏まえた提起であったと思われる。「三つの原則」は、それぞれ教育目標論、内容論、方法論に対応しており、実践志向の強い議論であったことが判る。こうした京都独自の国民教育論は、例えば上原専禄の「国民づくり」と「民族独立」を軸とした難解な国民教育論[19]とは位相の異なるものであった。京教組でも、共産党の文化政策を受け止めるかたちで、「民族的、民主的、科学的な教育文化の創造」を教育研究活動の基本目標に据え、教育センターの提起した「全面発達、科学的認識、集団主義の教育」を基本方針に置くとした運動方針を掲げた[20]。

とはいえ、労働組合運動と教育実践の結合がただちにうまく運んだわけではない。一九六〇年代を通して京教組は財政難と組織分裂に苦しんでおり、六〇年代後半は教育研究活動の「停滞」が生じていたという[21]。国民教育論の方はどうであったか。一九六九～七〇年に「シリーズ教育実践の三つの視点」が京都教育センターの『季刊教育運動』誌に連載されており、個別には興味深い論点が示されている[22]。しかし、この議論を見る限り、京都独自の国民教育論がそれ自体として高い理論水準と体系性を有していたとは言いがたい。一九六六年から同センターも国民教育研究所の地域研究に参加するようになって全国的な交流が進んでいたが、教育会館の二度の火災による資料の焼失や財政難といった困難のなかで、調査研究活動には制約が付きまとっていた[23]。一九六〇年代の京都における国民教育論は、こうした独自性と困難性が絡まりながら展開したのであった。

三　国民教育運動としての「丹後の教育」の発見

一九六〇年代の京都における国民教育論の展開は、地域における教育運動との関わり、というもう一方の角度から論じたとき、また別の様相を見せる。国民教育研究所は、一九七一年度の六つの研究主題の一つに、「京都・奥丹後地方教育運動の調査」を設定した（『国民教育研究所年報』一九七一年度版）。その後、七〇～八〇年代にかけて「丹後の教育」は全国的に知られる存在となってゆく。それでは、京都府北部のローカルな教育実践は、どのようにして発見されたのか。本節では、ふたたび六〇年代初頭に時間を遡って、このことを論じてゆきたい。

設立されたばかりの京都教育センターは、一九六一年八～九月に京都府北部の丹後地域の調査を二度にわたって行った[24]。この時の報告書『奥丹後教育運動調査記録』（一九六一年）は現在のところ発見できずにいるため実態は不明であるものの、国民教育研究所が行っていた地域研究がモデルであろう。当時、丹後地域では「ちりめん闘争」と呼ばれた地場産業である絹織物業の労働争議が行われていて、学校教員がこれを支援していたことが背景にあったと思われる[25]。この調査結果に基づいて、第十一次京教組教研十一月集会で貞広太郎「奥丹後教育運動から何を学ぶか」が報告されている。

ちりめん闘争に代表される丹後地域の労働運動・文化運動は、国民教育運動の成果として評価された。同年十一月に開かれた第十一次教育研究奥丹後集会の文化集会では、争議を闘いぬいた織物女工が壇上に立ち、争議を通じて自己変革を成し遂げたことが高らかに謳いあげた[26]。この時の国民教育分科会のレポートは、岩井一夫「民族民主統一戦線の形成と国民教育」で、共産党の政治スローガンがそのままタイトルになったものであった。内容は五十河小学校の学テ闘争において農民組合・織物労組・解放同盟と共闘した経験を語り、労農同盟の統一戦線運動として位置づけたものでる[27]。このレポートは京都教研の〈国民教育運動〉分科会で評価されることとなり、冬の全国教研に提出された。

京都教研の〈国民教育運動〉分科会において、次に丹後の実践が全国に送り出されたのは、一九六七年度の第十七次教研のことであった。岩井一夫「一〇・二六闘争と国民教育運動」は、公務員共闘の秋季闘争において奥丹教組が一〇八パーセントの参加率を達成した際の取り組みを語ったものである[28]。全国集会に提出されたレポートの「まとめ」は次のように述べる。「われわれの組織では、かねてから方明の教師運動の三原則に学び、こんにち日本が置かれている現実から、民族民主統一戦線を一歩一歩つくりあげていく中でこそ教育は守られ、そのことが国民教育運動の道すじであることをかって……提起したし、その路線を現在も歩みつづけている。／そして、民族的、民主的、科学的な教育を、全面発達、科学的認識、集団主義の教育理想の中に求めて、とりくみつつある」。これ以降、丹後の運動が全国教研〈国民教育運動〉関係の分科会における京都代表の常連になる。

こうした丹後地域における国民教育運動の盛り上がりは、一九六〇年代を通じた教育研究活動の発展という側面を持つ。丹後では一九五九年の第九次教研から統一集会が行われているが、その時に丹後から全国集会に提出されたレポートは計三本であった。それが一九六九年度の第十九次教研では計六本、続く第二十次教研では計七本を数えたように、レポート数は増加傾向にあった。第九次から第二十次までの合計五〇本のレポートの主な内訳は、同和教育＝三本、社会科・へき地＝各四本、青少年文化・国民教育運動＝各五本、集団主義を謳った生徒・進路指導＝六本となっている。こうした動向からは、集団主義の生徒・進路指導、社会科、同和、へき地教育実践などを通じて蓄積されたものが「国民教育運動」として位置づけられてゆく、という構図が明らかになる。

例えば、〈へき地教育〉分科会のレポートの場合、次のような実践が全国集会に報告されている。田中道夫「『村に残る教育』をめざして」は、弥栄中学校野間分校の廃校反対運動を組織するなかで、反対期成同盟が地域住民の八割の署名を集め、職場の組織化や青年・高校生との交流を果たし、新しい産業を興す取り組みと絡めながら運動を行ったという。さらに廃校阻止に成功してからは、「村に残る教育」を軸とする教育課程を新たに編成することに取り組んだと報告している[29]。これまで村を支えていた養蚕や製炭が立ちゆかなくなって労働力が流出するなかでの、教員集団の実践がここでは語られている。

また、田辺一嘉「生活を守り育てる教育」は、山間地の小学校で、悪路ゆえに行われなかった健康診断のレントゲン車の乗り入れを、保護者や町勤労者協議会とともに要求して実現させたという。さらに雪崩防止工事の実施や暮らしを守る会の設立などにも取り組んだと報告している[30]。ここで紹介されている学校は、後に池井保『亡び村の子らと生きて』（一九七七年）で知られる虎杖小学校のことである。このように、僻地という社会的条件のなかで学校を拠点に住民を組織し、新しい教育を創造しようとする実践が、教育研究集会を通じて全国に紹介されていった。

〈青少年の文化〉の分科会では、西村弘が全国集会の報告を三回も果たしている。一回目の報告「青年団・青年学級の問題」（第十次教研）では、青年の悩みに即した生活と教育の要求の組織化が必要であるとされ、「地域の問題」という視点が早くも現われている。「①教師の指導者意識が、より深い統一をはばんでいたのではないか。……③教師は、真に労仂者の一人として、自分たちの問題と、青年たちの問題とを、真剣にかみあわせて来たろうか。④教育の中身で、地域の問題をどうとらえていったのだろうか。中学校を卒業したまま地域に残る青年も多い現在、学校教育が、地域の問題とのあいだに断層をつくることは、大きな問題である」と反省的な提起が語られている。[31] こうした反省に立った実践は、一九六〇年代後半から大きく身を結ぶようになった。二回目の報告（第十八次教研）や三回目の報告（第十九次教研）では、映画『祇園祭』（原作・西口克己）の上映運動、教員による創作劇『雪崩』（劇団京芸）の公演、峰山青年団や海部青年団の演劇活動、峰山中学校・川上小学校・田村小学校の文化活動など幅広い活動を紹介し、集団主義教育の観点から青少年の文化運動を位置づけている。[32]

このように、京教組と京都教育センターによる教育研究活動は、一九六〇年代後半に丹後の僻地教育実践や文化運動を発見し、全国に繰り返し紹介した。丹後地域の教育運動の側も、単に量的な拡大を果たしたばかりでなく、紹介に応じることのできる幅の広さと層の厚さをつくり上げていた。第十八次全国教研〈国民教育運動〉分科会に提出された吉田三郎「過疎現象下の国民教育運動」は、学校統廃合反対運動の経験を語りながら、強力な職場の組合運動を軸として地域住民を幅広く組織したことを報告している。[33] 続く第十九次全国教研の同分科会では、渋谷忠男が「地域変革のたたかいと教育労働者」と題して、産業構造の変化に見舞われている地域社会の課題に即して労働者や部落解放運動を組織し、くらしを守る会の運動や父母教研の開催した経験を語り、高い評価を受けた。渋谷報告では、ここまで見てきた一連の取り組みを「地域変革」に繋がる運動として位置づけたことが特筆できよう。第二十次全国教研からは〈国民教育運動〉の分科会が分割されて〈過疎・過密、へき地の教育〉〈教育労働者と文化運動〉等の分科会に再編されたが、引き続き京都代表として「丹後の教育」が紹介されている。[34]

丹後の活動家たちが、自らの経験を歴史化して捉える発想を有していたことも重要である。吉岡時夫「奥丹後の教育運動（1・2）」（『季刊教育運動』四・五号連載、一九六四―六五年）は、方明報告への言及から始まり、地域と関わる諸運動が並べられ、生活指導実践への関心を語ったものである。あるいは、一九六九年の国民教育研究所の研究集会の報告では、奥丹教組の川戸利一書記次長が、強力な組合運動を通じた地域の労農・政治・平和運動を幅広く組織したことについて総括的に語ったものと思われる(35)。

一九七一年に国民教育研究所が「丹後の教育」の調査が掲げたのは、以上のような経過の到達点であった。一九六〇年代を通じて形成された京都府丹後地域における労働運動と教育運動とを一体的に進める取り組みが、日教組や京教組、京都教育センターが模索する国民教育運動にふさわしいものとして発見されたのである。既に述べたように、一九五〇年代後半に日教組が考えていた「国民教育」とは、父母の子どもや学校に対する教育要求を組織し、国民的支持のもとに労働運動と教育運動を進めてゆこうとするものであった。これに対し、一九六〇年代を通じて形成された丹後の国民教育運動は、地域社会の課題を運動と教育の両面から組織することに取り組んだのであり、六〇年代末に至って「地域変革」を正面から語るようになった。ここから、七〇～八〇年代に「丹後の教育」が本格的に展開してゆくこととなる。

四　おわりに

ここまで論じてきたことをまとめる。一九五〇年代後半から六〇年代にかけて、革新ナショナリズムに基づく教育思想が地域的に展開するとともに、ローカルな教育実践やこれと結び付いた社会運動が「国民教育」の名のもとに発見された。当初、日教組にとってそれは労働運動と教育運動とを取り結ぶ役割を持った言葉であったが、やがて地域の課題に即した労働運動や教育運動を位置づける言葉へとなった。国民教育論とは、このような社会的広がりを有した言説であった。京都においては、京都教職員組合が京都教育センターを設立し、国民教育論に媒介された研究・実践・運動の一拠点となった。細野武男をはじめとした京都教育センターの知識人は、中央における国民教育論を読み替えて、全面発達・科学的認識・集団主義の三つの原則や「民族的・民主的・科学的な教育」といったスローガンを生みだした。その独自性は、⑴細野武男をはじめとする左派知識人の結集と、その背景としての民科京都支部や末川博の人脈、⑵共産党の政治的・思想的な影響力の大きさ、⑶労働組合運動と教育実践の結合を強く志向したことを挙げることができよう。

このような特徴を持っていた京都独自の国民教育論は、困難に直面し、必ずしも順調な展開を遂げたわけではないことにも注意を払いたい。本稿では触れることができなかったが、当然ながら内部からの批判も存在したものと思われる。実際に筆者による元学校教員への聞き取りでも、三つの原則が形式的に捉えられていたことを批判する声や、運動や実践の原則性や指導性に反発する声もあった。こうした声を検証することは、本稿の残された課題の一つである。

京都における国民教育論の展開は、「地域」の発見を伴うものでもあった。それは教育労働運動の盛んな地域の発見という、組織本位の側面を持っていたことは確かに否定できない。しかし、発見された側の地域の運動は、国民教育論の提起に学びながら過疎や産業の衰退といった地域社会の課題を教育問題として自ら受け止め、これを国民教育運動として広範に組織するという新たな動きを示していた。この動きは、敗戦後の政治変動から生まれた地域教育計画とは異なる、高度成長による巨大な社会変動によってもたらされた、日本現代史上の新たな段階における地域の教育運動であった。京都府下に限っても、過疎地における教育実践を試みた奥丹後や北桑田地域、急速な都市化を背景とする乙訓地域等が存在しており、さらに日本各地で、多様で個性的な運動が取り組まれた。また、世界史的には、冷戦体制下の地域社会における教育の取り組みが、冷戦の政治的言説によって多義的に価値づけられたのが国民教育論という戦後日本の経験であったとも言えるだろう。

こうした国民教育論の歴史的経験を総体的に見通すためには、本報告の言説史的アプローチばかりでなく、取り組みの現場からのアプローチが必要となる。これは本稿の残されたもう一つの課題として別稿を期したい。

注

(1) 日高六郎「国民教育について」(『思想』四四二号、一九六一年、のち『日高六郎教育論集』、一ツ橋書房、一九七〇年に収録)。

(2) 矢川徳光『新教育への批判』刀江書院、一九五〇年、上原専禄・宗像誠也『日本人の創造』東洋書館、一九五二年など。

(3) 城丸章夫「〈解説〉『教師の友』とは何であったのか」(復刻版『教師の友』手引、桐書房、一九八八年)、一六頁。

(4) 小熊英二『〈民主〉と〈愛国〉』新曜社、二〇〇二年、第九章。

(5) 矢川徳光『国民教育学』明治図書出版、一九五七年、勝田守一『教育学』青木書店、一九五八年、上原専禄『歴史意識に立つ教育』国土社、一九五八年、長洲一二『国民教育学序説』新評論、一九六〇年、宗像誠也『教育と教育政策』岩波新書、一九六一年、矢川徳光『国民教育学の探求』明治図書出版、一九六二年、上原専禄『国民形成の教育』新評論、一九六四年、勝田守一『国民教育の課題』国土社、一九六六年、宗像誠也編『教育基本法』新評論、一九六六年、勝田守一『教育と教育学』岩波書店、一九七〇年など。

(6) 佐藤隆「生成期国民教育論における「学力・能力」と「人格」の位相」(東京都立大学『人文学報』二五〇号、一九九四年)、同「国民教育論と日本教職員組合の教育研究活動」(同二七〇号、一九九六年)、同「日本教職員組合の教育研究活動論の「転換」と国民教育論の生成――第四次教育研究集会をめぐって」(『日本教育政策学会年報』四号、一九九七年)など。また、佐藤の問題関心については、「国民教育論はいま、どこへ……」(『教育』四五巻二号、一九九五年)を参照のこと。

(7) 佐藤隆「一九五〇年代の国民教育運動と地域教育主体の形成――岐阜県恵那地域の勤評闘争を手がかりに」(『人

民の歴史学』一四九号、二〇〇一年）、同「高度成長期における国民教育運動と恵那の教育」（大門正克ほか編『高度成長時代1 復興と離陸』大月書店、二〇一〇年）。

（8）主なものとして、村井淳志「上原専禄の教育観と国民観」（東京都立大学『教育科学研究』五号、一九八六年）、片岡弘勝「上原専禄「国民教育」思想研究序説（その一）――「地域と教育」論の基本構造」（『名古屋大学教育学部紀要（教育学科）』三五巻、一九八九年）、朱浩東『戦後日本の「地域と教育」論』亜紀書房、二〇〇〇年など。

（9）拙稿「戦後日本における上原専禄の教育論――もう一つの国民教育論の成立」（韓国日本近代学会『日本近代学研究』四四輯、二〇一四年）、同「戦後日本における上原専禄の教育論（二）――国民教育論と地域論の展開」（同五九輯、二〇一八年）。

（10）「昭和三一年度年度運動方針案　子どもと教育を守る斗い」（『日教組教育新聞』三五七号、一九五六年四月二十日付）。

（11）上原専禄「国民教育について」（日教組情宣部編『国民教育』合同出版、一九五八年）、三四頁。

（12）細野武男「国民教育の創造のために」（京都教職員組合『京都の教育』四号、一九六〇年）。

（13）山元一郎「国民教育創造の理論――現代教育における近代主義的思想について」（同前所収）。

（14）例えば、上田耕一郎・不破哲三『マルクス主義と現代イデオロギー』上下巻、大月書店、一九六三年。

（15）「共通の敵を前に団結を」（『日教組教育新聞』五七五号、一九六一年二月十日付）。なお、同報告は教研集会報告書『日本の教育』第一〇集や日教組機関誌『教育評論』などには掲載されていない。

（16）国民教育研究所・京都教育センター監修『民主教育――戦後京都の教育運動史』民衆社、一九七四年、一九八頁。なお、学習会にあたっては、三番目の「知識人として」は日本の現状にそぐわないとして、「組織者として」に読み替えて広めている。

この他、教育センターは、一九六三年末に来日した中国学術調査団との交流や、一九六四年の北京シンポジウムへの参加も行っていることが確認できる（『京都教育センター会報』一六号、一九六四年）。この点については、拙稿「一九六〇年代日本の歴史学における「科学者の社会的責任」――科学運動の理念と背景」（『歴史科学』二二七号、二〇一七年）も参照のこと。

（17）五十嵐顕ほか編『旭丘に光あれ――資料・旭丘中学校の記録』あゆみ出版、一九七八年。

（18）細野武男「ふたたび国民教育論について」（『京都の教育』一〇号、一九六一年）。

（19）前掲拙稿「戦後日本における上原専禄の教育論（二）」。

（20）京教組執行委員会「第一二次教育文化活動の方針」（『京都の教育』一二号、一九六二年）。その後、「現代にふさわしい民族的・民主的・科学的な教育を国民とともに」（『京都の教育』一三号、一九六三年）という独自のスローガンが京教組で長く使われた。

（21）前掲『民主教育』、二〇八頁以下。

（22）小川太郎「集団主義教育」（『季刊教育運動』一五号、一九六九年）、貞広太郎「科学的認識」（同一六号、一九七〇年）、細野武男「全面発達」（同一七号、一九七〇年）。

（23）京都府共同研究者集団（文責・野中一也）「地域での統一戦線をめざす教育運動」（『国民教育研究所年報』一九六九年度版、一九七〇年）、四五頁以下。

（24）「京都教育センター活動報告」（『京都教育センター会報』七号、一九六一年）。また、同年七月に舞鶴市立由良川中学校の同和教育運動についても調査が行われている。

（25）ちりめん闘争については、拙稿「高度成長前半期における地域社会運動と教育――京都府丹後地域のちりめん闘争と「丹後の教育」」（『部落問題研究』二〇五輯、二〇一六年）を参照のこと。

（26）奥丹後地方教職員組合編『第一一次教研集録』（一九六二年）。なお、この教研集録には方明報告の全文が資料として収められている。

（27）岩井一夫「民族民主統一戦線の形成と国民教育」（第十一次全国教研〈国民教育運動〉分科会レポート、簿冊『第一一次全国教研京都レポート』所収）。

（28）岩井一夫「一〇・二六闘争と国民教育運動」（第十七次全国教研〈国民教育運動〉分科会レポート、簿冊『第一七次全国教研京都報告書』所収、一九六八年）。

（29）田中道夫「『村に残る教育』をめざして　へき地農山村の現状と課題」（第十五次全国教研〈へき地〉分科会レポート、簿冊『第一五次教研京都レポート』所収、一九六六年）。
（30）田辺一嘉「生活を守り育てる教育　もらうかまえからとるかまえへ」（第十八次全国教研〈へき地〉分科会レポート、『京都の教育』一八号、一九六九年）。
（31）西村弘「青年団・青年学級の問題」（第十次全国教研〈青少年の文化〉分科会レポート、簿冊『第一〇次全国教研京都報告書』所収、一九六一年）。
（32）西村弘「限りない創造性をひき出し集団の変革をめざす文化活動」（第十八次全国教研〈青少年の文化〉分科会レポート、前掲『京都の教育』一八号）、同「集団の質を高め地域をゆり動かす文化活動」（第十九次全国教研〈青少年の文化〉分科会レポート、『京都の教育』一九号、一九七〇年）。
（33）吉田三郎「過疎現象下の国民教育運動　学校統廃合反対の闘いを中心に」（第十八次全国教研〈国民教育運動〉分科会レポート、前掲『京都の教育』一八号）。
（34）西村弘「主権者としての生活実態調査運動　農民自身が生活の現実を科学的につかみ、農民が農業政策を父母と教師が教育政策をつくりだす運動」（第二十次全国教研〈過疎・過密、へき地の教育〉分科会レポート）、川戸利一「地域の文化運動と教育労働者の任務」（同〈教育労働者と文化運動〉分科会レポート、いずれも簿冊『第二〇次全国教研京都レポート』所収、一九七一年）。
（35）川戸利一「京都（奥丹後地方）における六〇年代の教育運動」（民研第三回共同研究集会〈国民教育運動〉分科会レポート、一九六九年）。

※京都教育センターが所蔵する資料については同センターの本田久美子氏に調査・閲覧の便を図っていただいた。記して感謝申し上げたい。

あとがき

本書は、東アジアにおける「遭遇する知」とそのあり方について論じたものである。主に日中韓の若い研究者らを中心に、思想史や制度史、移動と亡命の経験、宗教と知識、運動の様子などを、国民国家の枠に拘らず、多面的に検討しようとした。収録されている論文の多くが、日本における知識や思想のありようと東アジアとの関係を述べているが、一読すれば明らかなように、それらは日本の特殊性・固有性を強調するためではなく、むしろ東アジアのなかへと日本を開いていくことを目指している。本書に載せられている多彩な議論は、中華思想と自他認識、帝国と植民地、あるいは地域からの観点などを重視しているが、その目的は日本の知識と思想を東アジアから読みほどいていくことにある。

とりわけ、単に知識や思想の伝播・受容・変形の過程を描くのではなく、序論で桂島宣弘氏が述べているように、東アジアにおける共時的歴史、そして常態としての「遭遇する知」を普遍性の領域において考えることに尽力した。東アジアにおける共時性と普遍性、そして「遭遇する知」のあり方が国民国家の論理に回収される前に、それを書きとどめることこそ、本書の著者らが共有していた最大の問題意識だったといえる。もっとも「遭遇する知」というのが、近代以前の知の様態を率直に表明するだけでなく、近代以降においても――暴力と偏見を伴う場合が多かったとはいえ――「知」はつねに相互の関係と認識によって生成されること、とりもなおさず、知は単独で成立しうるものではないことを想起するならば、本書の試みは、知の本来の姿を探求しようとする人文学の基本的作業にほかならないともいえる。

さて、こうした本書の試みが、単なる理論上の問題として思惟されたものではないことについて、少し述べさせていただきたい。本書の編者である桂島氏は一九九五年四月から立命館大学文学部日本史学専攻助教授に就任し、同教授や文学部長などを経て、二〇一九年三月をもって定年退職の時期を迎えた。かつてから中韓を含め、東アジアの問題に深い関心を有していた氏は、序論にもあるように、二〇〇五年から「東アジア思想文化研究会」を組織し、各種の研究会やシンポジウムを継続して開くのみならず、その成果を公刊してきた（『東アジアの思想と文化』一～一〇号）。桂島研究室には、アジアからの数多くの留学生はもちろん、アメリカ、ドイツ、スペイン、ロシア、イタリアなどからきた留学生でいつも活気に溢れていた。桂島研究室のメンバーたちは、ほぼ毎週研究会を行い、様々な観点とそれぞれの思いを熱く交わしていた。議論の内容も、日本思想史や宗教史を中心としつつも、それらをどのように解体・再構築していくのかを問うものとなっていた。議論すべき時代や分野が広がっていくにつれて、東アジア思想文化研究会は『朝鮮史』研究会、東アジア史学思想史研究会などをその内部に組織し、日本国内はもちろん、海外からも多くの研究者を招聘し、講演会・シンポジウムを数次にわたって開催した。

なお、二〇〇九年からは、ほぼ毎年、中韓の各地をまわり、研究調査活動および現地の大学との合同シンポジウムを行ってきた（高麗大学校、全北大学校、江原大学校、済州大学校、広東外語外貿大学、南開大学、哈爾浜師範大学、四川大学）。東アジアの諸地域を実際に歩いてみる経験は、幾重にも重なっている東アジアの歴史を実感する時間となった。

桂島研究室は、一時期参加者のほぼ全員が留学生で構成されるほどであったが、日本史学専攻の研究室にこれほど多くの留学生が集まり、またかれらが研究会やゼミの主役になったというのは、おそらく日本の大学では類例をみないことではないかと思う。もちろん、世界各国から多様な留学生が集まったことは、日本人の院生にとっても大変恵まれた環境を提供してくれた。そのため、桂島研究室には、そもそもある歴史的思想やテキストを一定の国民国家に限定して考える姿勢がほとんど存在せず、その意味では「遭遇する知」の再現の場所でもあったといえる。今振り返ってみると、桂島研究室は、いわゆる「立命史学」における批判精神を継承しつつ、それを東アジアという共時的・普遍的時空間から捉えなおす巨大な実験場、ないしは苦難の実践の場であった。桂島氏は、その種まきを少年の好奇心をもって楽しく、同時に自らへの厳しい戒めをも込めて行っているようにみえた。

本書の土台となったのは、こうした二〇年以上にわたる日々の研究活動の蓄積である。その成果を具体的にまとめるため、二〇一八年の夏から沈熙燦、金津日出美、長志珠絵を編集委員とする「東アジア思想史研究の現在」研究会を企画し、原稿を募集した。本書の刊行は以上の経緯を踏まえたものであり、日中韓の若い研究者を中心に既往の東アジア論を乗り越えようとする新たな試みをも含めている。

一九九〇年代以降、新たな地域共同体の理論として登場した多様な「東アジア論」は、「アジア」という言葉の歴史性と曖昧さ、現実における政治・経済・社会的諸問題の制約を受けながらも、戦争や植民地支配の過去、そして互いの敵対的な認識を越えて域内諸国間の平和と信頼関係を構築することに大きく貢献してきた。しかしながら、一方で国民国家の壁は依然として強固であり、東アジアにおいて益々高まっていく緊張感は、これ以上放っておくわけにはいかない水準にまで至っている。

本書の内容が、こうした排他的な国民国家の境界を相対化し、協力と交流を通した相互理解の深化を支えていく「新しい東アジア論」の展開に役立つことができれば幸いである。

最後に、出版不況が叫ばれる昨今、本書の刊行を快くお引き受けいただいた文理閣・黒川美富子氏、編集の労をとっていただいた山下信氏に感謝申し上げたい。

二〇一九年三月

沈熙燦、金津日出美、長志珠絵

編者・執筆者略歴

桂島宣弘（かつらじま のぶひろ）
一九五三年生。立命館大学名誉教授、日本思想史。主要業績：『思想史で読む史学概論』文理閣、二〇一九年、『自他認識の思想史』有志舎、二〇〇八年（韓国語版二〇〇九年、中国語版二〇一九年）、『増補改訂版 幕末民衆思想の研究』文理閣、二〇〇五年。

長志珠絵（おさ しずえ）
一九六二年生。神戸大学大学院国際文化学研究科教授、日本近現代史、ジェンダー史。主要業績：「創られる伝統─可視化される「明治」」（歴史学研究会ほか編『創られた明治、創られる明治─「明治一五〇年」が問いかけるもの』岩波書店、二〇一八年）、『新体系日本史⑨ジェンダー史』（共著）山川出版社、二〇一四年、『占領期・占領空間と戦争の記憶』有志舎、二〇一三年。

金津日出美（かなづ ひでみ）
一九六八年生。立命館大学文学部准教授、日本近代史、東アジア文化交流史。主要業績：「植民地朝鮮における「行旅病死人」、その状況と対応」（『部落問題研究』第二二一輯、部落問題研究所、二〇一七年）、「植民地朝鮮의 行旅病死者과 宗教團體」（『韓國宗教』第四一号、圓光大学校宗教問題研究所、二〇一七年）、『思想戰의 記錄─朝鮮의 防共運動』（共編・訳）学古房、二〇一四年。

沈熙燦（しむ ひちゃん）
一九八〇年生。圓光大学校東北アジア人文社会研究所HK研究教授、日本近代史、史学史。主要業績：「戦後民主主義の基底音を聞く─矢部貞治の民主主義論を手がかりに」（坪井秀人編『戦後日本を読みかえる』第六巻、臨川書店、二〇一八年）、「回帰する〈新世界〉─植民地朝鮮の三・一運動と公共性の脈動」（『アリーナ』第一九号、中部大学、二〇一六年）、「実証される植民地、蚕食する帝国─今西龍の朝鮮史研究とその軋み」（『季刊日本思想史』第七六号、ぺりかん社、二〇一〇年）。

尹海東（ゆん へどん）
一九五九年生。漢陽大学校比較歴史文化研究所HK教授、

東アジア史、グローバルヒストリー。主要業績：『脱植民主義 想像의 歴史學으로』푸른역사、二〇一四年、『植民地がつくった近代—植民地朝鮮と帝国日本のもつれを考える』（沈熙燦・原佑介訳）、三元社、二〇一七年、『東亞細亞史로 가는길』책과함께、二〇一八年。

張世眞（じゃん せじん）
一九七一年生。翰林大学校翰林科学院教授、韓国文学、知性史（intellectual history）。主要業績：『想像된 아메리카—一九四五年以後韓國의 네이션 敍事는 어떻게 만들어졌는가』푸른역사、二〇一二年、『슬픈 아시아—韓國知識人들의 아시아紀行』푸른역사、二〇一二年、『숨겨진 未來—脱冷戰想像의 系譜』푸른역사、二〇一八年。

安相憲（あん さんほん）
一九五二年生。忠北大学校名誉教授、社会哲学、歴史哲学、政治哲学、マルクス哲学。主要業績：「데리다와 맑스의 만남과 어긋남」（『文藝美學』第六号、文芸美学会、一九九九年）、「레비나스：絶對的他者로서의 죽음」（安相憲ほか編『哲學、죽음을 말하다』산해、二〇〇四年）、「現代中國의 実践唯物主義（実践的唯物論）」（『大同哲學』第七八輯、大同哲学会、二〇一七年）。

張憲生（ぢゃあん しえんしょん）
一九五四年生。元・広東外語外貿大学東方語言文化学院教授、日本近世思想史専攻。主要業績：『岡熊臣：転換期を生きた郷村知識人—幕末国学者の兵制論と「淫祀」観』、三元社、二〇〇二年、『東亚近世历史与思想的地平线—差异・冲突・融合诸相』（編著）暨南大学出版社、二〇一四年、三谷博『黑船来航』（共訳）、社会科学文献出版社、二〇一五年。

石運（しぃ ゆぃん）
一九九二年生。立命館大学大学院文学研究科博士後期課程、近世儒学思想史。主要業績：「古義堂へのもう一つの眼差し—伊藤蘭嵎の『大学』解釈とその思想」（『日本思想史研究会会報』第三五号、日本思想史研究会、二〇一九年）。

松川雅信（まつかわ まさのぶ）
一九八九年生。日本学術振興会特別研究員、日本近世思想史。主要業績：「稲葉黙斎の喪礼実践論—徂徠学批判・仏教認識に注目して」（『日本思想史学』第五〇号、日本思想史学会、二〇一八年）、「寺檀制下の儒礼—中村習斎『喪礼俗儀』と尾張崎門派の喪礼実践」（『立命館史学』第三七号、立命館史学会、二〇一六年）、「蟠養斎における儒礼論—『家礼』の喪祭儀礼をめぐって」（『日本思想史学』第四七号、日本思想史学会、二〇一五年）。

田中俊亮（たなか しゅんすけ）

一九八七年生。教育関連会社勤務、前期水戸学。主要業績：「前期水戸学における「〈実〉の戦略」―安積澹泊の諸言表をめぐって」（『日本思想史研究会会報』第二九号、日本思想史研究会、二〇一二年）、「「〈実〉の戦略」の分節化と「将軍伝」―三宅観瀾の諸言表をめぐって」（『日本思想史研究会会報』第三〇号、日本思想史研究会、二〇一三年）、「安積澹泊における「正名分」の位相―『資治通鑑』と「音注」」（『立命館文学』第六六〇号、立命館人文学会、二〇一九年）。

松本智也（まつもと ともや）

一九八八年生。立命館大学大学院文学研究科博士後期課程、近世日朝関係史。主要業績：「対馬藩儒満山雷夏の自他認識―「藩屏」論と「礼」論より」（『立命館文学』第六五五号、立命館人文学会、二〇一八年）。

向静静（しあん じぃんじぃん）

一九八七年生。立命館大学大学院文学研究科博士後期課程、江戸時代の医学思想史。主要業績：「论贝原益轩养生思想中〝心〟的修养」（张宪生编『東亚近世历史与思想的地平线―差异・冲突・融合诸相』暨南大学出版社、二〇一四年）、「古医方医家の『傷寒論』認識の再検討―医書・「医」観をめぐって」（『日本思想史研究会会報』第三四号、日本思想史研究会、二〇一八年）。

許智香（ほ じひゃん）

一九八四年生。東京大学人文社会研究科特別研究員、日本近代史、東アジア近代哲学史。主要業績：「麻生義輝の西周著作集編纂に関連して―無政府主義者の一九三〇年代と明治日本」（『立命館史学』第三八号、立命館史学会、二〇一七年）、「京城帝國大學「哲學、哲學史第一」講座教授安部能成의 學問과 現實」（『大東文化研究』第一〇〇号、成均館大学校大東文化研究院、二〇一七年）、「京城帝國大學法文學部哲學科講座開設狀況、講座擔任에 關한 歷史的檢討」（『時代와 哲學』第二九巻二号、韓国哲学思想研究会、二〇一八年）。

青柳周一（あおやぎ しゅういち）

一九七〇年生。滋賀大学経済学部教授、日本近世旅行史・地域史。主要業績：『富嶽旅百景―観光地域史の試み』角川書店、二〇〇二年、「天保期、松坂商人による浜街道の旅―小津久足『陸奥日記』をめぐって」平川新編『江戸時代の政治と地域社会②地域社会と文化』清文堂、二〇一五年)。

朝井佐智子(あさい さちこ)

愛知淑徳大学非常勤講師ほか、日本近代思想史。主要業績:『東邦協会報告』(復刻)解題、ゆまに書房、二〇一三年、「東邦協会の親隣義塾支援に関する一考察」(『法政論叢』、日本法政学会、第四八巻第一号、二〇一一年、「須永元―金玉均を支援した日本人」(『愛知淑徳大学現代社会研究科研究報告』愛知淑徳大学、第三号、二〇〇八年)。

石原和(いしはら やまと)

一九八八年生。国立民族学博物館プロジェクト研究員、日本近世宗教史、日本近世思想史、民衆宗教史。主要業績:「「渇仰の貴賤」の信仰としての如来教―一八〇〇年前後宗教社会から救済言説を読み直す」(『宗教研究』第三八四号、日本宗教学会、二〇一五年)、「民衆宗教世界の形成過程―如来教の秋葉信仰との対峙をめぐって」(『日本思想史学』第四九号、日本思想史学会、二〇一七年)、「民衆宗教」(大谷栄一・菊池暁・永岡崇編『日本宗教史のキーワード 近代主義を超えて』慶應義塾大学出版会、二〇一八年)。

裵貴得(ぺ ぐぃどぅく)

一九七八年生。立命館大学・甲南大学非常勤講師、日韓キリスト教史研究。主要業績:「一九一〇年代、崔重珍とその周辺」(『全北史學』第四〇輯、全北史学会、二〇一二年)、青野正明『帝國神道의 形成―植民地朝鮮과 國家神道의 論理』(共訳)소명、二〇一七年、『植民地朝鮮と宗教―帝国史・国家神道・固有信仰』(共著)三元社、二〇一三年。

朴海仙(ぱく へそん)

一九八七年生。立命館大学大学院文学研究科博士後期課程、近代日韓宗教史。主要業績:「植民地朝鮮과 鄭鑑錄」(『日本近代學研究』第五九輯、韓国日本近代学会、二〇一八年)。

佐藤太久磨(さとう たくま)

一九八二年生。漢陽大学校日本学科助教授、日本近代史、政治思想史。主要業績:「〈アジア〉への回帰―「大東亜共栄圏」と「アジア連合」」(『史叢』第九三号、高麗大学校歴史研究所、二〇一八年)、「ナショナリズムとデモクラシー―日露戦争期における吉野作造の政治思想」(『〈霊性〉と〈平和〉』創刊号、東アジア〈霊性〉・〈平和〉研究会、二〇一六年)、「敗戦・アメリカ・日本国憲法―戦時思想から戦後政治へ」(林尚之・住友陽文編『立憲主義の「危機」とは何か』

すずさわ書店、二〇一五年）。

富山仁貴（とみやま　のりたか）
一九八九年生。関西学院大学大学院研究員、日本近現代史、社会運動史、教育史。主要業績：「高度成長前半期における地域社会運動と教育―京都府丹後地域のちりめん闘争と「丹後の教育」」（『部落問題研究』第二〇五輯、部落問題研究所、二〇一六年）、「一九六〇年代日本の歴史学における「科学者の社会的責任」―科学運動の理念と背景」（『歴史科学』第二二七号、大阪歴史科学協議会、二〇一七年）、「いま、戦後日本における地域社会運動の歴史を研究するということ」（『新しい歴史学のために』第二九三号、京都民科歴史部会、二〇一九年）。

編者紹介

桂島宣弘（かつらじま のぶひろ）

1953年生。立命館大学名誉教授、日本思想史。

長志珠絵（おさ しずえ）

1962年生。神戸大学大学院国際文化学研究科教授、日本近現代史、ジェンダー史。

金津日出美（かなづ ひでみ）

1968年生。立命館大学文学部准教授、日本近代史、東アジア文化交流史。

沈熙燦（しむ ひちゃん）

1980年生。圓光大学校東北アジア人文社会研究所HK研究教授、日本近代史、史学史。

東アジア　遭遇する知と日本

—トランスナショナルな思想史の試み—

2019年5月30日　第1刷発行

編　者　桂島宣弘・長志珠絵・金津日出美・沈熙燦

発行者　黒川美富子

発行所　図書出版　文理閣

京都市下京区七条河原町西南角 〒600-8146

電話 (075) 351-7553　FAX (075) 351-7560

http://www.bunrikaku.com

印　刷　新日本プロセス株式会社

ISBN978-4-89259-843-2